Revolution des Finanzgeschäfts

SCHÄFFER
POESCHEL

Albert Bruer

Revolution des Finanzgeschäfts

Die neuen Spielregeln für Geldanlage und Altersversorgung

1998
Schäffer-Poeschel Verlag Stuttgart

Die Deutsche Bibliothek – CIP-Einheitsaufnahme

Bruer, Albert:
Revolution des Finanzgeschäfts : die neuen Spielregeln
für Geldanlage und Altersversorgung / Albert Bruer.
– Stuttgart : Schäffer-Poeschel, 1998
ISBN 3-7910-1296-7

Gedruckt auf chlorfrei gebleichtem, säurefreiem und alterungsbeständigem Papier

ISBN 3-7910-1296-7

Einbandgestaltung: Willy Löffelhardt
Satz: Dörr + Schiller GmbH, Stuttgart
Druck: Franz Spiegel Buch GmbH, Ulm
Printed in Germany

Schäffer-Poeschel Verlag Stuttgart
Ein Tochterunternehmen der Verlagsgruppe Handelsblatt

Vorwort

Run auf Aktien, zu Ende gehender Boom des Lebenversicherungsgeschäftes, sterbende Bankfilialen, Aufstieg von Investmentfonds, und Finanztransaktionen online – in Deutschlands Finanzgeschäft hat eine Revolution eingesetzt. Noch ist diese Revolution leise und kaum spürbar. Noch scheint es kaum vorstellbar, daß sich die bestehenden Verhältnisse dramatisch verändern werden. Genau dies wird aber schon bald passieren. Und genau dies wird die Macht- wie die Marktverhältnisse zwischen Versicherungen, Banken und Fondsgesellschaften grundlegend verändern. Denn der Trend ist eindeutig: Die nächsten Jahre werden im Zeichen eines Kampfes zwischen Fonds und Lebensversicherern um das Geschäft mit der Vorsorge stehen. Die sich zuspitzende Diskussion um die staatliche Rentenversicherung schlägt hierzu den Takt. Als die neuen Herren des Geldes treten vor allem die Investmentfonds auf, die unter der Devise »Shareholder Value« die Marschrichtung vorgeben – hin zur Aktienanlage. Deutschland holt damit die Revolution nach, die den US-amerikanischen Markt schon vor zwei Jahrzehnten völlig umgekrempelt hat. Die Folgen für Anleger und Sparer sind fundamental. Der Anleger wird mit einer Flut von neuen Angeboten konfrontiert, bei der eine Orientierung immer schwerer fällt. Und erstmals besteht in Deutschland die Chance, daß die Aktie, vorwiegend in Form des Investmentfonds, alle anderen Anlageformen überrundet. Was muß, was kann der Anleger in dieser Situation tun? Worauf muß er achten, wenn er sich am Ende des Arbeitslebens auf eine leistungsfähige Altersversorgung stützen will? Hierauf liefert dieses Buch Antworten. Und eine Antwort kann schon vorab gegeben weden: Der Anleger wird sich daran gewöhnen müssen, die Ruhe zu bewahren. Das heißt, sich nach reiflicher Überlegung für eine Anlage entscheiden und sich weder von den Erfolgsmeldungen von heute noch von den Unheilpropheten von morgen verrückt machen lassen. All dies wird hier ebenso beschrieben wie die in der Isoliertheit unverständlichen Vorgänge Schließung von Bankfilialen oder Wachstum der Investmentfonds, die Elemente eines großen zusammenhängenden Veränderungsprozesses sind. Der Aufstieg der Discount- und Direktbanken steht für einen Aspekt dieser Entwicklung, in dem Hunderttausende von Arbeitsplätzen nicht bloß gefährdet, sondern in den Strategieplänen von Banken und Versicherungen bereits abgebaut sind. Die Epoche der »Angestellten« – in ihrem buchstäblichen Sinn – klingt aus. Unternehmen, die auf den zunehmenden Veränderungsdruck nicht mit neuen Organisationsformen antworten, befinden sich bereits auf der Verliererstraße. Die Frage, wie Unternehmen in diesem sich noch dramatisch beschleunigenden Wandel bestehen können, wird in diesem Buch anhand von Erfahrungsberichten (u.a.: Deutsche Bank, Hypobank, Fidelity, neue leben, Generali) beantwortet. Wobei sich dann vieles in der Schilderung der zwei auch in ihren Krisen für die Investmentszene stellvertretenden Unternehmen bündelt: Fidelity in den USA und DWS (Deutsche Bank) in Deutschland. Von den Wandlungsprozessen in den Unternehmen wird der Bogen zum Anleger gespannt: Was er (sie) tun kann und tun muß, um sich in der Revolution des Finanzgeschäfts für die geeigneten Finanzprodukte zu entscheiden.

Dr. Albert Bruer M.A., Grünwald, Januar 1998

Inhalt

Beginn einer neuen Epoche

Der deutsche Knoten

22. Juli 1997 in dem großen Saal der Börse Frankfurt am Main. Ein heißer Tag. In dem Gewirr von Marktmachern, Kursmaklern und herumeilenden Hektikern hat sich der Börsenmakler Friedrich Hundert (Name hier geändert) in dem großen Saal etwas ins Abseits positioniert. Heute wird der Knoten platzen. Heute wird Hundert zuschlagen. Schon vor längerer Zeit hat er sich auf die Aktie der Bayerischen Vereinsbank AG (BV) eingeschossen. Er weiß, daß es da in und aus München Gerüchte gibt, die BV würde sich bald mit ihrem Rivalen, der Bayerischen Hypotheken- und Wechselbank zusammentun.
»Vor dem Herbst wird das nicht passieren«, hat ein bewährter Informant aus dem Freistaat Hundert zugeflüstert. Deshalb verpflichtete sich Hundert, bis zum Ablauf dieses Monats BV-Aktien für über zwei Millionen DM zu liefern. Sein Kalkül: Vor Herbst wird es nichts mit der Fusion der beiden Bayern-Banken. Und im Sommerloch wird die seinerzeit bei knapp 70 DM pro Stück gelegene BV-Aktie nicht über 85 DM klettern. Innerhalb dieser Bandbreite kann Hundert Kasse machen.

Obwohl Hundert also für das Papier seinerzeit ziemlich optimistische Wertsteigerungen angenommen hatte, bisher erschien ihm die BV-Aktie noch stets zu teuer. Aber jetzt, »jetzt geht es«, ruft Hundert – Ende 30, gestreiftes Hemd, bunte Krawatte und die mittlerweile nahezu unvermeidlichen geblümten Hosenträger, ins Handy. Zeigt auf das Mittige der drei großen Podeste im Börsensaal, die Kampfplätze der Kursmakler. »Kaufen, kaufen, die Signale stehen heute auf Kaufen«, ruft er noch mehr sich selbst als anderen zu, um dann staunend, entsetzt hochzuschrekken.

Aus der auf die Anzeigetafel starrenden Menschentraube ist wie der Flügelschlag einer Vogelherde Geraune hochgesurrt. Langsam, stetig schwillt die Lautstärke dieses Geraunes an. Es steigt, vom Boden in luftigere Höhen, umfängt alles mit einem maßvollen Crescendo, bis, bis es wie ein Netz über dem Börsensaal und den in ihm zappelnden Akteuren liegt. Da, jetzt, und dies ist der Moment, in dem Friedrich Hundert hochschreckt, fallen aus dem nicht mehr zu ortenden Geraune einige Wortbrocken vernehmbar heraus. »Vereinsbank, Hypo«, »Bayern-Banken«, »Fusion, Fusion« tönt es da, dort und von nirgendwo.

Schon die Nachricht von der Annäherung enthält soviel Power, daß es die Kurse sofort nach oben treibt. Von unter 80 steht die BV-Aktie schnell bei 120 DM. In Hunderts Gesicht sieht man die Backenknochen mahlen. Schweiß tropft die Stirn herunter. Griff zum Taschentuch, lautes Durchatmen. Hundert sackt zusammen. Game over. Hundert weiß, daß er das Spiel heute verloren hat. Er muß schwer bezahlen. Er muß die BV-Aktien zu einem schon vor längerer Zeit vereinbarten Preis liefern. Müssen? Ja! Können? Nein! Dennoch, Hundert darf nicht mehr anders als letztlich im Juli zwecks Lieferung kaufen – und das bei den Preisen. Den bulligen Hundert wird dies erschüttern, aber doch nicht umwerfen.

Einige Tage später sitzt er vergleichsweise entspannt in seinem Stammlokal hinter der alten Oper, starrt auf die opulenten Leuchter, reckt das massige Kinn und stößt hervor: »Der deutsche Knoten platzt jetzt endlich.« Der deutsche Knoten? Hundert meint die vielen Sparer und Vermögensinhaber, die sich mit der Aktie hierzulande nie so recht befassen wollten. Und tatsächlich ist der Sommer 1997 aus diesem einen Grund geschichtsträchtig: Die Deutschen haben die Aktie entdeckt. Banken jeglicher Couleur wurden in diesen Tagen mit Aktien-Orders überschwemmt, deren sie kaum mehr Herr werden konnten.

Das Telefoncenter der Citibank in Aachen bewegte mit seinen rund 35 Wertpapierhändlern jeweils bis in die Nacht und übers Jahr rund 230 Millionen DM. Schon innerhalb eines einzigen Monats (Juli 1997: rund 400 Millionen DM) wurde dieses Volumen deutlich übertroffen. Die Anrufer reichten »vom Vorruheständler, der sich aus Spanien mit dem Handy meldet, bis zur Hausfrau aus dem Ruhrpott«, bestätigte Armin Kress, oberster Wertpapierspezialist in dem dreistöckigen Aachener Bürogebäude.

Den »Informationsbedarf« beschrieb Bernhard Hammes, Privatkundenberater für 32 Commerzbank-Filialen in Sachsen, als »sehr hoch«. Hammes erzählte von der »Schalterschlacht des Sommer 1997«. Berichtete, wie ein Kunde unbedingt Pro-Sieben-Aktien kaufen wollte. Aber die Neuemission des Münchner Privatsenders war so hoffnungslos überzeichnet, daß Hammes allein in Sachsen das gesamte Commerzbank-Kontingent hätte verkaufen können. Weil die Order chancenlos war, wurden dem Kunden schließlich Deutsche-Bank-Aktien angeboten. Der Neuling lehnte ab: »Ach nee, das ist mir zu riskant.« Und das muß man sich doch mal vorstellen: Das Papier einer der größten und renditestärksten Banken der Welt wird gegenüber einem Sender als »zu riskant« bewertet, über dessen finanzielle Solidität man durchaus geteilter Meinung sein kann.

Der Run der Laien ist die eine Seite der Medaille. Die von den Profis mit Aufträgen zugeschütteten Marktmacher wie Friedrich Hundert die andere. Das Land, dessen Menschen noch vor kurzem bei dem Wort

»Spekulant« zusammenzuckten, als ob sie der Leibhaftige berührt hätte, ist selbst zu einem einzigen Auditorium Maximum der Spekulation geworden. Vereine wie der Stuttgarter Aktien-Club, die noch vor wenigen Jahren ein Schattendasein führten, wurden von einem neu angefachten Interesse der Anleger fast erdrückt. Investmentclubs wie der »Effectenclub Fortuna« in der Nähe von Bremen schossen wie Pilze aus dem Boden. Schon haben sich bundesweit über 120 000 Freizeit-Spekulanten in rund 5 000 Clubs organisiert.

Köstlich, aber zugleich erschütternd die Anekdote, die Citibanker Kress in dem Nachrichtenmagazin »Der Spiegel« zum Besten gab. Ein Anrufer gab sich bei Kress ganz heiß auf Dollar-Optionen. Frage von Kress: »Call oder Put?« Antwort: »Ist mir doch egal.« Hausfrauen, Rentner und sogar Kinder belagerten die Schalter in den Filialen, um ihre Ersparnisse in Aktien anzulegen. In nur wenigen Wochen verdreifachte sich die Zahl der Wertpapierberatungen in den Banken. Und so ging es weiter. Die Deutschen hat das Börsenfieber gepackt. »Kaufen, kaufen, kaufen«, rief die Hamburger Morgenpost ihren Lesern in dicken Lettern zu: »Jeder will mitkassieren«, titelte die Bild-Zeitung auf der ersten Seite.

Aber wenn die Bild-Zeitung die Börse entdeckt, ist Vorsicht geboten. Das war schon 1986 so. Als die Bundesbürger damals aus den Zeitungen erfahren hatten, daß Aktien im vorangegangenen Spitzenjahr der Börse im Durchschnitt rund 65 Prozent Gewinn erzielt hatten, taumelten sie in einen »Kaufrausch«. Banker und Börsianer mußten tagelang Überstunden machen. Von da an ging es mit den Kursen rasch bergab. Wer 1986 auf dem Höhepunkt der Kurs-Euphorie Deutsche-Bank-Aktien kaufte, mußte bis 1993 warten, ehe die Papiere des Bankenprimus sich vom Kurs-Crash vom Oktober 1987 erholt und den Einstandswert wieder erreicht hatten.

Mitten in der Urlaubssaison 1997 schien sich die Geschichte zu wiederholen. Am 24. Juli titelte Bild: »Deutsche stürmen die Börse«. An den Tagen zuvor hätten die Deutschen »ihre Konten geplündert« und so viele Aktien geordert, »daß die Computer abstürzten«. An einem einzigen Tag stiegen die Kurse der 30 Dax-Werte duchschnittlich um mehr als vier Prozent auf den Rekordwert von über 4 400 Punkten. Mit einem Kurs-Gewinn-Verhältnis von rund 25 wurden sie damit teurer gehandelt als vor dem Kurseinbruch vom Oktober 1987. Die Aktien von Börsenneulingen, meist kleine Unternehmen, deren Namen zuvor kaum einer Handvoll Deutscher bekannt waren, wurden den Banken in diesem Sommer förmlich aus der Hand gerissen. Überzeichnungen neuer Aktien bis zum 150fachen des ausgegebenen Volumens waren keine Seltenheit.

Selbst bei der Postbank, deren Kunden gewiß nicht zu den typischen Aktienkäufern gehören, schlug der Boom an den Finanzmärkten voll durch. In der Bonner Telefonzentrale, freute sich Sprecher Joachim Strunk, klingelte es seit Tagen ununterbrochen. Die Einlagen in den postbankeigenen Dax-Fonds stiegen stündlich. »Eine völlig neue Dimension der Aktienkultur«, staunte Klaus Schlote von der Dresdner-Bank-Tochter Kleinwort Benson.

Dienstmädchen-Hausse oder neue deutsche Aktienkultur? Je mehr Geld an die Börse floss, um so deutlicher meldeten sich die Mahner zu Wort. So erinnerte die Schutzgemeinschaft der Kleinaktionäre daran, daß die Aktienkurse auch wieder nach unten gehen könnten. Auch der Vorstandssprecher der Deutschen Bank warnte wiederholt vor Übertreibungen an der Börse. Jochen Neynaber, Chef der Privatbank Schröder Münchmeyer Hengst & Co. (SMH), fragte sich auf der Suche nach den Ursachen für den Börsenboom sogar, ob die warme Meeresströmung El Niño im Pazifischen Ozean hierzulande sowohl für die Fluten in Ostdeutschland als auch für die Börsenkurse verantwortlich sein konnte: »Unser Research hat nichts unversucht gelassen.« Aber alle Bemühungen, »Regen, Fluten und Sonne mit der Börsenentwicklung in Verbindung zu bringen, führten zu sprachlosen PC-Druckern und -Bildschirmen«.

Nach der Kapitalmarktstatistik der Deutschen Bundesbank kauften die Anleger in den ersten fünf Monaten des Jahres 1997 Aktien im Wert von rund 44 Milliarden DM – fast doppelt so viel wie von Januar bis Mai 1996. Die deutschen Investmentgesellschaften (und ihre ausländischen Töchter) verbuchten in ihren Aktienfonds im ersten Halbjahr 1997 Mittelzuflüsse von 15,6 Milliarden DM – rund 50 Prozent mehr als im gesamten bisherigen Spitzenjahr 1994.

Über Wochen steuerte die Deutsche Börse einen Rekord nach dem anderen an. Noch nie wurden bei so vielen Dax-Werten sattere Gewinne eingefahren, selten höhere Umsätze getätigt. Der Börsengang der Telekom, die Ende 1996 Aktien im Wert von 13 Milliarden DM bei den deutschen Anlegern plaziert hatte, produzierte Zutrauen. Und die kräftigen Gewinne der deutschen Unternehmen seit Frühjahr 1997 ließen die letzten Hemmungen fallen.

Um rund 50 Prozent war der Deutsche Aktienindex (Dax) vom Januar bis zum Sommer 1997 gestiegen. »Was da passiert«, stöhnte ein schweißgebadeter Händler in der Frankfurter Börse, »ist der helle Wahnsinn«. Die Fortsetzung der Hausse, schrieb die Frankfurter Allgemeine Zeitung, »scheint unaufhaltsam«. Denn angesichts des seinerzeitigen Zinsniveau schien es zu Aktien einfach keine Alternative zu geben. Sogar die Computer in Frankfurt hielten dem Ansturm (3,5 Millionen Operationen allein an einem Tag) nicht mehr stand. Mehrmals brach das millionenteure System zusammen. Die Berliner Zeitung spottete: »An der Börse wird gekauft, daß die Computer krachen.« Selbst langjährige Profis wie Hans-Günter Vomhof, der Leiter des inländischen Aktienhandels bei der Westdeutschen Landesbank, standen dem Boom fassungslos gegenüber. »Erklären kann man das nicht mehr.«

Erfahrene Börsianer wissen: Das Ende des Kursanstiegs ist dann erreicht, wenn alle Börsianer an weitere Kurssteigerungen glauben und die Depots aller potentiellen Käufer prall mit Aktien gefüllt sind. Wenn aber alle schon Aktien satt haben, wer soll dann noch kaufen? Der Run der großen Masse der Sparer, die die Aktien meist als letzte entdecken, gilt in der Regel als Indiz für das nahende Ende der Kurs-Hausse. Gemessen am Verhältnis von Kursen und erwarteten Gewinnen der Gesellschaften, meint SMH-Banker Neynaber, »hätte man schon längst verkaufen müssen«.

Und doch war in diesem Boom manches anders. Neu war beispielsweise der Restrukturierungseifer der deutschen Industrie nach angloamerikanischem Vorbild. Zeigte man früher so wenig Gewinn wie möglich, so ging es jetzt eher umgekehrt: Man zeigte Gewinne, ging in die Finanzmärkte und hielt sich mit der Aufnahme teurer Kredite zurück. Mit spektakulären Übernahmen erschlossen sich die Unternehmen zusätzliche Rationalisierungspotentiale. Lange Zeit wurden Aktionäre nach der Devise behandelt, die der Bankier Carl Fürstenberg im 19 Jahrhundert aufgestellt hatte: »Aktionäre sind dumm, weil sie sich an Unternehmen beteiligen. Sie sind frech, weil sie auch noch eine Rendite erwarten.« Seit Mitte der 90 Jahre werden Aktionäre von den Unternehmen zumindest deklaratorisch als eine Grundlage ihres Handeln dargestellt.

Die deutschen Banker lobten über Monate hinweg die Telekom für ihre geschickte Aktienemission, ihren Vorstandschef Ron Sommer und dessen (Werbe-)Sprachrohr Manfred Krug, ob der hohen Verdienste, die sie sich für die Aktienkultur in Deutschland erworben hatten. Ob diese jedoch Bestand haben wird, muß sich erst noch erweisen. Immerhin spricht einiges dafür, daß diese »Aktienkultur« Bestand hat, selbst wenn die Börse wieder einmal in rauhere Klimazonen gerät. Viele Jungbörsianer werden dem Anlagemedium Aktie in guten wie in schlechten Tagen die Treue halten.

Den Grund dafür machte die angesehene britische Zeitschrift Euromoney schon vor einigen Jahren aus. Die Fachzeitschrift, die sich normalerweise ausschließlich den Zinsmärkten widmet, entschloß sich damals sogar zu dem für das Blatt außergewöhnlichen Schritt, das Thema Aktie auf die Titelseite zu heben. Angesichts des demographischen Wandels in den meisten Industrieländern, so die Überlegung der Euromoney-Redaktion damals, bleibe den jungen Leuten von heute gar nichts anderes übrig, als selbst für den Erhalt des Lebensstandards im Alter vorzusorgen. Dabei werde die junge Generation an Aktien gar nicht vorbei gehen können, weil diese in der langfristigen Anlage allen anderen Formen des Investment überlegen sei.

Das Finanzmarktförderungsgesetz, im Herbst 1997 vom Bundeskabinett verabschiedet, folgt dieser Linie. Erstmals werden künftig sogenannte Pensions-Sondervermögen einen breiteren Raum einnehmen als die bisherigen Formen des Vorsorgesparens. Diese einschneidende Veränderung der Wettbewerbslage wird die Lebensversicherer unter Zugzwang setzen, im Wettlauf um die höchsten Anlagerenditen der Aktie eine größere Bedeutung als bisher beizumessen. Wenn aber die Lebensversicherer nur zehn Prozent ihrer jährlichen Neuanlagen in Aktien investieren, so bedeutet dies schon einen Acht-Milliarden-Mark-Schub für die Börse.

Der enorme Kursanstieg im Sommer 1997 hat beim breiten Börsenpublikum gewiß das kurzfristige Gewinndenken gefördert. Fast 50 Prozent Gewinn bei der Telekom-Aktie hinterließen ihre Spuren. Aber die Börse ist keine Einbahnstraße. Und Aktien(fonds)besitzer sind von Natur aus Optimisten, denen ein kleiner entgangener Gewinn wesentlich länger im Gedächtnis haften bleibt, als ein viel größerer Verlust. SMH-Banker Neynaber rät: »Empfehle niemals einen 100-prozentigen Verkauf einer Portefeuilles, weil Du ein Desaster erwartest. Die statistische Wahrscheinlichkeit, daß dies tatsächlich eintritt, beträgt nur zehn Prozent.«

Selbst Fachleute wie Neynaber stehen seit langer Zeit vor einem fundamentalen Rätsel: Warum crasht es immer im Herbst, meist im Oktober? Bei diesem Phänomen sind wir heute nicht klüger als ein Mr. Langston, der im Dezember 1857 in einem Vortrag bei der Manchester Statistical Society erklärte: »Finanzkrisen treten immer im Herbst auf.« Wie recht der Mann hatte, zeigen die größten Abstürze an der Wall Street in diesem Jahrhundert.

Von den 15 größten Baisse-Bewegungen des Dow Jones während eines Tages erfolgten seit dem Jahr 1928 allein zehn Abstürze zwischen dem 24. September und dem 11. November. Hingegen pflegten die ungewöhnlichen Aufwärts-Bewegungen meist im Januar einzusetzen. Für Aktien- und Aktienfonds-Anleger ein klarer Fall: Im Sommer öfter mal Kasse machen und die Erlöse für den Einstieg im Oktober trocken halten. Allerdings: Wer daraus ein blind zu befolgendes Patentrezept machen will, wird auf die Nase fallen. Es kommt hier insbesondere auf das Feeling an.

So viel Feeling immerhin, damit nicht das passiert, worüber sich eine mit so vielen blitzgescheiten Leuten besetzte Institution wie die Harvard Economic Society seit 1929 ärgert. Nur wenige Wochen vor dem dann

Crash Nr. 1	**29. Okt. 1929**
Crash Nr. 2	**6. Okt. 1932**
Crash Nr. 3	**18. Okt. 1937**
Crahs Nr. 4	**19. Okt. 1987**
Crash Nr. 5	**13. Okt. 1989**
Crash Nr. 6	**28. Okt. 1997** *(Minicrash)*
A. Bruer nach James Dale Davidson & William Rees-Mogg: The Great Reckoning, London 1992, S. 253 ff.	

Tabelle 1: Die großen Abstürze an der Wall Street.

eintretenden »Schwarzen Freitag« meinten die Harvardianer: »Eine schwere Depression steht außerhalb jeder Wahrscheinlichkeit.«

Außerhalb jeder Wahrscheinlichkeit stand im Frühjahr 1997 auch der Run der Deutschen auf Aktien und Aktienfonds. Was also ist mit den Deutschen im Aktien-Sommer 1997 geschehen? Massenwahn, kollektive Hysterie? Verrückt Gewordene, die von Aktien vorher nichts wissen wollten, nun aber selbst bei neu in den Markt gekommenen Papieren völlig unbekannter Unternehmen außer Rand und Band geraten? Etwas anderes steckt dahinter.

Aktien und Spekulation werden immer dann salonfähig, wenn es an der Börse brummt und andere Anlageformen an Popularität verlieren. In Deutschland war über viele Jahre die kapitalbildende Lebensversicherung die dominierende Anlageform. Seit Mitte der 90er Jahre beginnt sie aber an Popularität zu verlieren. Ihr Prinzip »no risk, no fun« wird von den Bundesbürgern zu Gunsten des Prinzips »more risk, more fun« zunehmend in Zweifel gezogen. Zudem, die Rentenkassen sind leer und werden den Menschen in den nächsten Jahrzehnten nicht mehr viel bieten. Der Drang zur schnellen Mark, der – unter Inkaufnahme von Risiken – nur an der Börse zu realisieren ist, nimmt zu und wird die deutsche Finanzszene grundlegend verändern.

Wie von einem Perpetuum mobile angetrieben, ergießt sich eine Flut von Geld in die Börsen und zu den Geld verwaltenden Investmentfonds. Deutschland 1997: Monat für Monat flossen allein den Aktienfonds zwischen zwei und drei Milliarden DM zu. Einer, der »Top 50 Welt« der Deutsche-Bank-Tochter DWS, vereinnahmte allein während der ersten sechs Monate seiner Existenz sechs Milliarden DM. Er wurde damit zum zweitgrößten Fonds des Landes. Andere deutsche Fonds benötigten für vergleichbare Entwicklungen mehrere Jahrzehnte.

Das Geschäft mit der Masse

In anderen Ländern ist dies schon Vergangenheit. Dort hat die Finanzbranche den Reifungs- und Professionalisierungsprozeß, der Deutschland bevorsteht, bereits hinter sich. In den USA – auch hier Schrittmacher wie in so vielem – rangierten noch während der fünfziger Jahren Aktien, Banken, Versicherungen und die vergleichsweise wenigen Finanzberater für die US-Bürger nahezu am Ende der Beachtungs-Skala. Man interessierte sich einfach nicht für die Branche, ihre Angebote und ihre Beschäftigten. Daß dies sich dramatisch geändert hat, ist bekannt. Weniger bekannt, wenngleich höchst aufschlußreich für den deutschen Markt, sind die Faktoren des Wandels, der von den Anbietern selbst ausgelöst wurde. Die Parallelen und Bezüge zur deutschen Finanzszene liegen auf der Hand.[1]

Wie die US-Anbieter während der 50er und 60er Jahre den Privatkunden entdeckten und wie sie daraus ein Geschäftsvolumen machten, das alle anfänglichen Erwartungen weit übertraf, läßt sich anhand von vier Vorgängen darstellen. Als man in Deutschland von »Wohlstand für alle« sprach, propagierten:

Bank of America –	*»Kreditkarten für alle«*
Merrill Lynch –	*»Aktien für alle«*
Fidelity –	*»Investmentfonds für alle«*
Charles Schwab –	*»Discount für alle«*

Die Bank of America legte für die Vermarktung von Kreditkarten als Massenprodukt den Grundstein und errichtete auf diese Weise die Basis für Visa, die größte Kreditkartenorganisation der Welt. Charles Merrill wertete den in den zwanziger und dreißiger Jahren als – nicht minder wie die Profession »Finanzberater« derzeit bei uns – dubios angesehenen Beruf des Brokers durch Professionalisierung nachhaltig auf. Merrill legte Wert darauf, daß für ihn tätige Broker ein Festgehalt bezogen und es somit nicht nötig hatten, ihren Lebensunterhalt ausschließlich über Provisionsgeschäfte beim Kunden zu finanzieren. Mit der zunehmen-

1 Der amerikanische Finanzjournalist Joseph Nocera beschreibt dies in seinem vorzüglichen Buch »A Piece of the Action – how the Middle Class joined the Money Class«, New York 1994. Sinngemäße Übersetzung: Wie sich der Mittelstand mit der Finanzaristokratie verheiratete. Robert Sobel: Dangerous Dreamers. The Financial Innovators from Charles Merrill to Michael Milken, New York 1993.

den Akzeptanz seiner vielen Broker wuchs Merrill Lynch zu einer der maßgeblichen Finanzinstitutionen der USA heran.

Im Jahre 1972, als Merrill Lynch schon zu den Großen zählte, hatte bei dem damals unscheinbaren Bostoner Unternehmen Fidelity Ned Johnson III von seinem Vater die Geschäftsleitung übernommen. Fidelity verwaltete damals in seinen Investmentfonds 3,9 Milliarden US Dollar. Johnson III entschloß sich, das Anlageinstrument Investmentfonds als Massenprodukt und mit den Mitteln des Konsumgüter-Marketing zu vermarkten. Damit schrieb Fidelity, nicht anders als Merrill Lynch, ein wichtiges Kapitel in der neueren Finanzgeschichte. Aus dem Bostoner Unternehmen wurde die mit Abstand größte Fondsgesellschaft der Welt. Das Anlagevolumen der mittlerweile über 200 unterschiedlichen Fidelity-Fonds beläuft sich derzeit auf weit über eine halbe Billion US Dollar.

Generell hatte Fidelitys immer schneller laufende Marketing- und Geldmaschine zur Folge, daß gemanagte markentypische Finanzprodukte an die Stelle der ungleich riskanteren Einzeltitel traten. Und damit war klar, daß die neuen Stars der Finanzwelt nicht mehr Stockpicker und Aktiendealer wie der in den siebziger Jahren so legendäre Henry Kaufman waren, sondern Fondsmanager wie Fidelitys Peter Lynch – die personifizierte Investmentsaga der 80er Jahre. Ebenso klar, daß Discountbroker wie Charles Schwab ihre Nachlaßpolitik bei Gebühren für den Kauf einzelner Wertpapiere bald auf den Erwerb von Investmentfonds-Anteilen übertrugen. Diese von dem Finanzjournalisten Joseph Nocera geschilderten Entwicklungen in den USA zeigen sich nun auch bei uns.

Nicht von ungefähr ist noch Ende der siebziger Jahre ein Vorstand der Deutschen Bank von seinen Kollegen ausgelacht worden, als er den Privatkunden als lohnendes Geschäftsfeld beschrieb. Nicht von ungefähr hat sich Deutschlands erster Discountbroker, die Münchner Direkt Anlage Bank (DAB), zu ihrer Premiere im Hinblick auf den von Charles Schwab erwarteten Einstieg in den deutschen Markt entschlossen. Nicht von ungefähr wird Fidelity von keiner europäischen Investmentgesellschaft so genau wie der DWS, der Fondsgesellschaft der Deutschen Bank, beobachtet. Und nicht von ungefähr schließlich, wird die ursprüngliche Rolle des Investmentfonds als isoliertes Markenprodukt um weitere Funktionen ergänzt. Indem der Fonds als Modul beispielsweise überall dort eingebaut wird, wo es um Vermögensbildung und Anlagemanagement geht. Während diese Phase in den USA bereits als abgeschlossen gelten kann, beginnt sie in Deutschland gerade erst.

Wichtiges Signal hierzu ist der anhaltende Vormarsch der Fondsgebundenen Lebensversicherung, der für die Assekuranz die Gefahr bringt, vom »Seniorlieferanten der Altersversorgung und Vermögensbildung des Bürgers« zum »Juniorlieferanten des Risikoschutzes« abzusteigen. Dies zeigt an, daß die Lebensversicherer als Branche insgesamt mit schwer lösbaren Problemen zu kämpfen haben werden; mit all den absehbaren Folgen für (unter anderem): Arbeitsplätze und Ausstattung mit Kapital. Auch das kennt man bereits aus den USA, wo der Lebensversicherungsmarkt unter der Gattungsbezeichnung »Universal Life« von einer langweiligen Veranstaltung mit uniformen Produkten zu einem spannenden Geschäft mit vielfältigen Angeboten verwandelt wurde. Das Spiegelbild hierzu lieferte in den vergangenen Jahrzehnten der immer mehr an Finanzinformationen interessierte Verbraucher.

Wohlstands-Effekte

Nichts prägt die Werteordnung einer Gesellschaft tiefer als die psychischen Reaktionen auf die Lage der Wirtschaft. Vor allem unsere Wahrnehmung des Wohlstands – der »Wohlstands-Effekt« – erklärt den rasanten Wertewandel in Amerika, Westeuropa und in Japan. Diese Sicht bekräftigt Daniel Yankelovich, einer der führenden empirischen Sozialforscher der USA.[2]

In den Forschungen und Umfragen von Yankelovich findet die schon seit langer Zeit bekannte Annahme von den erstaunlich ähnlichen Entwicklungen in den Werteordnungen der großen Industrienationen eine neuerliche und eindrucksvolle Bestätigung. Dies gilt auch für die »Vorreiterrolle« der USA.

Yankelovich: »Der schnelle technologische Fortschritt, das Ende des großen Ost-West-Konfliktes und die Krise in der Sozialpolitik – all dies trägt heute zur Transformation der Werte bei. Eine Ursache aber sticht bei den demoskopischen Erhebungen besonders hervor: die Art und Weise, wie die Menschen psychisch auf das vermeintliche Wachsen oder Schrumpfen des Wohlstands reagieren.« Diese Reaktion, wie also Menschen den Grad ihres Wohlstands bewerten und empfinden, nennt Yankelovich den sich typischerweise in drei Phasen entwickelnden »Wohlstands-Effekt«.

---

2 Vgl. sein zu Beginn der neunziger Jahre erstellter Report der Brookings Institution, Washington für die Clinton-Regierung; auszugsweise veröffentlicht in: Psychologie Heute, Nr. 3, 1994, »Wohlstand und Wertewandel – Das Ende der fetten Jahre«, S. 28 ff. Hierzu auch: J. Walker Smith, Ann Clurman: Rocking the Ages. The Yankelovich Report on Generational Marketing, New York 1997.

Phase Eins, vergangenheitsorientiert: Westeuropa, USA und Japan in den Jahrzehnten nach dem Zweiten Weltkrieg – während ein neuer Wohlstand entsteht, hält sich die Furcht, daß der Überfluß nicht von Dauer sein wird. Im Rahmen einer überwiegend konservativen Werteordung dominieren traditionelle Werte wie soziale Bindung, Opferbereitschaft, Fleiß, harte Arbeit und Sparen für die Zukunft. Den persönlichen Wahlmöglichkeiten bleiben enge Grenzen gesetzt.

»Erst ein Vierteljahrhundert nach Kriegsende konnten sich die Amerikaner von ihrer *Depressionspsyche*, von ihrer Angst, Unsicherheit und Skepsis lösen«, schreibt Yankelovich. »In Deutschland und Japan erwiesen sich Weltwirtschaftskrise, Inflation, Diktatur, Niederlage im Krieg und nachfolgende Armut als so traumatische Erfahrungen, daß die Lebensauffassung, die sie hervorbrachten, vielen Jahren des wachsenden Wohlstands trotzte. Japan und Deutschland erreichten deshalb erst in den 80er Jahren die zweite Phase des Wohlstands-Effektes.«

Phase Zwei, gegenwartsorientiert: Kontinuierlich steigende Einkommen bewirken den Übergang von der sachlich unbegründeten Skepsis zu einem ebenso illusionären Optimismus. »Der Wohlstand gilt jetzt als dauerhaft. Einzelne wie auch ganze Nationen glauben nun, sie könnten nach Belieben Geld ausgeben, ohne sich um die Zukunft zu sorgen. Man gönnt sich etwas, holt Versäumtes nach... Das Streben nach Selbstausdruck und Selbstverwirklichung prägt die neue Werteordung.« Charakteristische Tendenzen:

- mehr Individualismus, weniger Konformität,
- als selbstverständlich empfundener Wohlstand und eine ungehemmte Bereitschaft, diesen Wohlstand durch Lifestyle-Konsum zu dokumentieren (die »Yuppy«-Generation der achtziger Jahre),
- Mentalität des »Wir-leben-heute« mit dem Wunsch nach sofortiger Bedürfnisbefriedigung,
- abnehmende Bereitschaft, unter persönlichen Einschränkungen für die Zukunft vorzusorgen,
- insbesondere im Privatleben zunehmende Bereitschaft, mehr und größere Risiken einzugehen.

Phase Drei, zukunftsorientiert: Spätestens in den frühen neunziger Jahren kippt die zweite Phase des Wohlstands-Effektes. Vor dem Hintergrund einer sich abzeichnenden volkswirtschaftlichen Stagnation setzt dies in den USA schon Ende der achtziger Jahre ein. »Lebensqualität« wird von den Amerikanern in der dritten Phase des Wohlstands-Effektes, so von Yankelovich verarbeitete eigene und fremde Umfrageergebnisse aus dem Jahre 1991, an folgenden Punkten festgemacht:

- Fähigkeit zum Sparen und zur Kontrolle der persönlichen Finanzen,

- wenig Streß auch in anderen Bereichen als den Finanzen,
- harmonisches Familienleben und gute Beziehungen zu den Menschen, die einem nahestehen,
- Gesundheit, Aussehen und Kontrolle über die Zeitplanung,
- Umweltbewußtsein.

Dies dürfte für Deutschland kaum anders aussehen. Auch hier vollzieht sich der Übergang in die dritte Phase des Wohlstandseffektes – angesichts der Probleme der neuen Bundesländer und der gewaltig steigenden Arbeitslosigkeit – ab Beginn der neunziger Jahre unerwartet rasch. Die Menschen sorgen sich um ihre Arbeitsplätze, ihre Einkommen und die Sicherheit ihrer Altersversorgung. All das wird durch die Angst vor der kommenden Euro-Währung noch verstärkt. Man schraubt die Ansprüche zurück und paßt sich schwierigen neuen wirtschaftlichen Verhältnissen an.

Dieser Wertewandel beeinflußt das Verhalten der Menschen als Arbeitnehmer, Kunden und Steuerzahler auf fundamentale Weise. In der Sozialpolitik bewirkt er vor dem Hintergrund eines in der Menschheitsgeschichte einzigartigen demographischen Umsturzes beispielsweise, daß die Fragen nach »Leistung« und »Gegenleistung« mit zunehmender Aggressivität gestellt werden. In allen westlichen Gesellschaften werden die Alten schier unaufhaltsam älter – und dies bei schrumpfenden Geburtenraten.

Im Jahre 2030 könnte die durchschnittliche Lebenserwartung in den Industriestaaten zwischen 90 und 95 Jahren liegen, meint der Nobelpreisträger für Wirtschaftswissenschaften des Jahres 1993, Robert William Fogel.[3] Die rapide Zunahme der durchschnittlichen Lebenserwartung in diesem Jahrhundert – in den USA von 40 Jahren (1850) auf 68 (1950) – hängt natürlich mit der besseren ärztlichen Versorgung, der erfolgreichen Bekämpfung ansteckender Krankheiten zusammen. Neuere Untersuchungen in den USA zeigen, so Fogel, daß selbst chronische Beschwerden wie an Herz und Atemwegen an Bedeutung verlieren. In den vergangenen 70 Jahren sind diese Leiden pro Dekade um sechs Prozent zurückgegangen. Diese Fortschritte sind vor allem auf bessere Hygiene, Ernährung und Umweltbedingungen zurückzuführen. Die Veränderung des menschlichen Körpers – größere und robustere Menschen haben eine höhere Lebenserwartung – ist hierfür ein Indiz. Im dritten Quartal des vorigen Jahrhunderts maßen Männer in Großbritannien durch-

---

3 Handelsblatt, 18.4.1994: Lebenserwartung, Altersversorgung, Bevölkerungsentwicklung – Nobelpreisträger Fogel zu den Trends der Zukunft.

schnittlich nur 166 cm. 100 Jahre später: 175 cm und fast jedes Jahr kommen im Schnitt einige Millimeter hinzu. Bis 2030 sieht Fogel die durchschnittliche Lebenserwartung auf bis zu 95 Jahre steigen.

Fatale Folge: Die Rentenkassen der OECD-Länder können diesen Prozeß nicht mehr verkraften. Sie sind hoffnungslos unterfinanziert. In Deutschland wird 2040 auf jeden Erwerbstätigen ein Rentner kommen. Die Jungen müssen dann jede dritte Mark, die sie verdienen, zur Finanzierung der Rentner abliefern – ohne davon ausgehen zu dürfen, später einmal selbst genug zum Leben zu haben. Nur in Nuancen sieht dies für die Schweiz, Österreich, Frankreich, England oder Japan anders aus. So dürfte die Alpenrepublik im Jahre 2015 bei den über 60jährigen mehr als 24 Prozent und bei den 20jährigen nur noch 18 Prozent aufweisen. Spätestens 2030 wird jeder dritte Österreicher ein Senior sein.

Die gesetzlichen Krankenkassen Deutschlands haben 1994 pro Kopf ihrer insgesamt 71,7 Millionen Versicherten rund 3 020 DM ausgegeben – für jeden der 16,2 Millionen Rentner und ihre Angehörigen fast 5 690 DM. Für die 55,5 Millionen erwerbstätigen Versicherten und ihre Familienangehörigen reichte hingegen ein Pro-Kopf-Budget von 2 240 DM. Somit belaufen sich die Krankheitskosten der Rentner auf das gut 2,5fache der Ausgaben für die Aktiven – und dieser Niveauunterschied wird immer größer: 1985 lag er erst beim 2,3fachen und 1990 beim 2,4fachen. [4]

Meinhard Miegel, einer der profundesten Kenner dieser Thematik, schreibt hierzu: »Insbesondere müßte ein weitreichender Umverteilungsprozeß in Gang gesetzt werden, der unvermeidlich vor allem zu Lasten der künftig alten Generation ginge. Die aber stellt während des fraglichen Zeitraums bis zu 50 von Hundert des Wählerpotentials. Die Politik müßte also die Lebensbedingungen dieser Wähler empfindlich verschlechtern, um die Lebensbedingungen von Nichtwählern und noch nicht einmal Geborenen zu verbessern.«[5]

---

4 Vgl. Achim Seffen: Sozialfibel – Das System der sozialen Sicherung in Deutschland und die Reformvorschläge. Köln 1995.

5 Meinhard Miegel, Stefanie Wahl: Das Ende des Individualismus. Die Kultur des Westens zerstört sich selbst. München 1993, S. 107 u. 127.

Alzheimers Staffellauf

Der Generationenvertrag, den im Jahre 1891 der Reichskanzler Otto von Bismarck von oben vereinbarte, bildet heute noch die Grundlage für die Finanzierung der gesetzlichen Rentenversicherung. Das dem Vertrag zugrundeliegende Prinzip ist verblüffend einfach und vor dem Hintergrund der damaligen Zeit durchaus plausibel:

Die Rentenversicherung finanziert ihre Leistungen über die aktuellen Beitragszahlungen (Umlageverfahren) der Pflichtversicherten. Mit ihrer Einführung im Jahr 1891 waren alle Arbeiter ab einem bestimmten Mindestalter pflichtversichert. Der Beitragssatz wurde je zur Hälfte von Arbeitnehmer und Arbeitgeber getragen. Er lag damals bei 1,7 Prozent. Rentenberechtigt waren alle Arbeiter über 70 Jahre. Vor dem Hintergrund einer damals mit 40 Jahren äußerst niedrigen Lebenserwartung konnte die Rechnung aufgehen. Heute werden nicht nur Arbeiter, sondern auch Angestellte ins Rentenversicherungssystem einbezogen, und weil man die Leistungen erheblich ausbaute, stieg die Kostenbelastung auf ein Vielfaches. Derzeit beträgt der Beitragssatz 19,6 Prozent des Bruttoeinkommens und wird schon bald bei über 21 Prozent liegen.

Von einer Stabilität des Rentensystems kann nicht mehr die Rede sein. In einem Sozialsystem, das sich über laufende Beiträge finanziert, müssen möglichst viele Menschen nicht nur Arbeit haben, sondern durch diese Arbeit auch so viel Geld verdienen, daß sie mit ihren Beiträgen zur Finanzierung der Rentenkasse beitragen können. Dies ist immer weniger der Fall, weil einerseits die Teilzeitarbeiter (derzeit etwa ein Viertel aller Beschäftigten) mit ihren in der Regel geringen Einkommen fast ausfallen.

Als noch gravierender ist aber nach den Feststellungen einer Expertenkommission der Bundesregierung zu Beginn des Jahres 1997, daß »es immer schwieriger wird, mit den geringen Sozialversicherungsbeiträgen« die Rentenansprüche ehemals Vollbeschäftigter zu finanzieren. Die Entwicklung habe »weitreichende Folgen« und führe dazu, daß »auf viele Jahre hinaus Millionen von Rentnern, die in Vollzeitbeschäftigungen Ansprüche auf Vollrenten erworben haben, Millionen von Beitragszahlern gegenüberstehen, die aufgrund ihrer reduzierten Beschäftigung und ihres reduzierten Einkommens auch nur reduzierte Rentenversicherungsbeiträge leisten«. Die als »unvermeidlich« bezeichnete Folge: »Ein beschleunigter Anstieg der Beitragssätze bei sinkenden Renten.« Und deshalb, so das Fazit, dürfe soziale Sicherheit »nicht länger fast ausschließlich auf Erwerbsarbeit aufbauen, die kein ausreichend tragfähiges Fundament mehr ist«.

Dagegen möchte die Politik die Illusion von der »lohnbezogenen

Rente« noch aufrechterhalten. Wer diese Illusion für bare Münze nimmt und weiter in die Rentenkasse zahlt, wird mit herben Enttäuschungen rechnen müssen – trotz längerer Lebensarbeitszeit und höheren Beiträgen.

Je jünger die Bundesbürger sind, desto stärker lehnen sie inzwischen nach einer empirischen Studie des Forschungsinstituts für Ordnungspolitik, Köln, den Generationenvertrag ab. Das Institut, eine von privaten Stiftungen finanzierte gemeinnützige GmbH, befragte rund 1 200 Personen nach deren Einstellung zur sozialen Sicherung. Ergebnis: 52,5 Prozent der 18- bis 24jährigen und rund 40 Prozent der 26- bis 49jährigen würden eine individuelle Altersvorsorge nach dem Kapitaldeckungsverfahren bevorzugen. Die Zustimmung zum gegenwärtigen Verfahren steigt bei den 40- bis 64jährigen auf 75,2 Prozent und bei den über 65jährigen auf 81,4 Prozent.

Während also die Jüngeren heute schon ahnen, daß sie befriedigende Leistungen von dem sozialen Versorgungssystem künftig nicht mehr erwarten können, wissen die Älteren, daß ihnen ein verstärkt privat ausgerichtetes Versorgungssystem nichts Gutes bringen wird.[6]

Folglich zeigt sich vor allem bei den Jüngeren Unzufriedenheit über das Verhältnis zwischen eingezahlten Beträgen und gesetzlichen Leistungsansprüchen. Als schlecht bezeichneten 51 Prozent der Befragten die Relation bei der Rentenversicherung. Bei der Pflegeversicherung betrug die Quote der Unzufriedenen 45,3 Prozent und bei der Krankenversicherung 32,2 Prozent der Befragten.

Gleichzeitig wird die Belastung der Bürger durch Sozialabgaben von 76,8 Prozent als zu hoch empfunden. Immerhin würden 60,6 Prozent eine Leistungseinschränkung hinnehmen, um die Finanzierbarkeit des Sozialversicherungssystems zu sichern. Mehr als die Hälfte der Befragten geht davon aus, daß Veränderungen in der Sozialversicherung politisch nur schwer durchzusetzen seien.

Zusammenfassend urteilt das Forschungsinstitut, die zunehmende Reformbereitschaft der Bevölkerung deute darauf hin, daß »vernünftige Reformansätze in der Gesellschaft grundsätzlich konsensfähig« seien. Statt willkürlicher Kürzungen seien aber Gesamtkonzepte gefragt. Denn das Zustimmungspotential könne nur umgesetzt werden, wenn das Sozialversicherungssystem im Kern erhalten bleibe. Dem »hohen Sicher-

---

6 Für die USA fällt der Befund kaum anders aus. Auch dort erscheint der Junge von heute als »net loser over its life span«. Vgl. hierzu Richard Posner: Aging and Old Age, Chicago 1996.

heitsbedürfnis« der Bundesbürger müsse dabei Rechnung getragen werden.

Geradezu unvermeidlich erscheinen bei diesem Trend die Auflösung des Generationenvertrags und das Aufeinanderprallen zwischen den Wünschen der Alten mit den Ansprüchen der Jungen. Immer mehr Menschen werden versuchen, sich »aus dem selbstzerstörerischen Sozialsystem auszuklinken«, fürchtet der Darmstädter Sozialrichter Jürgen Borchert. Und die befürchtete Kraftprobe der Generationen könnte die Gesellschaftsstruktur verändern. Der Wiener Soziologe Leopold Rosenmayr hält sogar den »Beginn einer vielleicht neuen Weltzeit« für möglich. Der deutsche Altersforscher Konrad Hummel prophezeit: »Es wird erbarmungslose Verteilungskämpfe geben.« In den USA spricht man bereits von den »age wars«, auf deutsch dem Krieg der Alten mit den Jungen und umgekehrt.[7]

Eine repräsentative Studie des Allensbacher Instituts für Demoskopie für die Colonia Lebensversicherung AG kam 1966 zu folgenden Ergebnissen: Der Anteil der Alten, denen es wirtschaftlich »sehr gut« geht, hat sich verdoppelt. Halbiert hat sich dagegen die Zahl derjenigen Alten, die sich gesundheitlich »schlecht« fühlen. »Dieses selbstbewußte, optimistische Lebensgefühl der konsumfreudigen jungen Alten steht im Widerspruch zum Pessimismus der Jungen«, stellte die Colonia fest.

Denn die Jungen zahlen die Zeche durch immer schneller steigende Beiträge zur gesetzlichen Rentenversicherung. Allein ab 1. Januar 1996 stieg der Rentenversicherungsbeitrag von 18,6 auf 19,2 Prozent. Und das geht so weiter, bestätigt der Verband der Rentenversicherungsträger (VDR). Und weil die Rentenversicherung viel mehr als nur ein Finanzierungs- und Abgabenproblem ist, gab die Colonia zu bedenken: »Wenn die Jungen den Konsum der Alten nicht mehr unbeschränkt finanzieren wollen, kann es durchaus zu heftigen Auseinandersetzungen zwischen

---

7 Natürlich ist hierzu mit der Idee des »Kommunitarismus« bereits eine Gegenbewegung in Sicht, die neue Möglichkeiten des solidarischen Zusammenlebens aufzeigt,. Es bedarf nicht viel Phantasie zu der Vorstellung, daß sich bald auch deutsche Politiker des Kommunitarismus als einer Art »Sedativ« gegen drohende Verteilungskämpfe bedienen werden. Zum Kommunitarismus: Amitai Etzioni: Die faire Gesellschaft. Jenseits von Sozialismus und Kapitalismus, Suttgart 1994 (Original: New York 1988); Micha Brumlik, Hauke Brunkhorst (Hrsg.): Gemeinschaft und Gerechtigkeit, Frankfurt a. M. 1993.
Das US-Präsidenten-Ehepaar Clinton ist der prominenteste Vertreter dieser Richtung, die sich vor allem auf den Sozialwissenschaftler Etzioni und den Philosophen Charles Taylor stützt.

den Generationen kommen. Auf den Kampf um Beitragssätze und Rentenerhöhungen folgt ein Kampf der Generationen.«

Wie die Studie der Colonia empirisch abgesichert zeigt, ist allein in den alten Ländern der Prozentsatz der Erwerbsfähigen, die glauben, auch im Alter so leben zu können wie bisher, in 14 Jahren von 50 auf 32 Prozent gesunken. 52 Prozent glauben, sie müßten für die eigene Altersversorgung trotz gestiegener Beitragssätze noch mehr als bisher tun. In den neuen Ländern ist diese Angst sogar noch ausgeprägter. Und dabei kommen die wahren Probleme erst noch. Denn noch stehen den 60jährigen eine gleich große Zahl von unter 20jährigen gegenüber. Aber schon in 30 Jahren kommen auf zehn Senioren nur noch sechs Junge.[8]

In seiner derzeitigen Form läuft das als »Solidarsystem« bezeichnete System auf den Sprengsatz »Umverteilung« hinaus. Der Generationenvertrag gerät zum Staffellauf Alzheimerscher Prägung, bei dem an die zum Verteilungs-Start spät erscheinenden Generationen ein immer kümmerlicherer Stab weitergereicht wird, den sie über ihre Strecke mit einer stetig größeren Belastung schleppen müssen. Die teuer bezahlten

---

8 »Hinter diesen Einschätzungen stehen ernstzunehmende Debatten um die Frage der Gerechtigkeit zwischen den Generationen.... Es geht in hohem Maße um gesellschaftspolitische Entscheidungen und Prioritätensetzungen, bei denen generationenspezifische Aspekte eine wesentliche Rolle spielen. Verteilungsprobleme können in Akzeptanzprobleme einmünden. Insbesondere im Falle wirtschaftlicher Einbrüche wird das Aufeinandertreffen von sog. Altenlast im Renten und Gesundheitswesen und sog. Jugendlast als Bildungs- und Ausstattungsinvestitionen zu kontroversen Alternativentscheidungen für das eine oder andere führen. Es wird Forderungskataloge geben, die sich angesichts auch künftiger Haushaltslagen ausschließen...« Hans-Ulrich Klose: Die Zukunft hat schon begonnen. Überlegungen zur Bewältigung des demographischen Wandels, in: Hans-Ulrich Klose, Hrsg.: Altern der Gesellschaft, Köln 1993.

Konrad Adam: Der Weg in die Knechtschaft, Frankfurter Allgemeine Zeitung vom 10.5.1997: »Wenn es ein Muster gibt für ... einen sittenwidrigen Vertrag, der alle Vorteile auf der einen und die Nachteile auf der anderen Seite konzentriert, dann den Vertrag der Generationen, das Herzstück der deutschen Wohlfahrtsindustrie... Die einseitige Begünstigung des Alters hat die Alten zur tonangebenden Schicht gemacht und den Wunsch, nichts zu bewegen, zum herrschenden Instinkt der Deutschen. Was früher nur ein Slogan war, die Sprüche Weiter so und Keine Experimente, ist zur politischen Maxime geworden, die man nur um den Preis einer verlorenen Wahl mißachten darf.« Dazu auch Monika Queisser: Die Rente mit Kapital unterlegen, Frankfurter Allgemeine Zeitung vom 24.1.1998. Jürgen Borchert: Die Rentenpolitik vor dem Offenbarungseid, Süddeutsche Zeitung vom 7.1.1998.

Rentenleistungen nähern sich immer mehr dem (steuerfinanzierten) Sozialhilfeniveau an. Aus Sicht der Jüngeren wird das System damit zum Betrug an ihrer Zukunft.

Eine sinnvolle Reform der staatlichen Altersversorgungssysteme ist fast aussichtslos. So verspricht sich der bereits genannte US-Ökonom Fogel in der öffentlichen Altersversorgung von einer Kürzung der Renten nur wenig. Denn die Arbeitnehmer würden dann als Ausgleich höhere Betriebsrenten von den Unternehmen fordern. Die einzige Lösung für die in allen Industrieländern offenkundige Rentenkrise sieht Fogel in der Privatisierung der Rentenversicherungen, etwa nach dem Beispiel Singapurs, wo die Regierung die Bürger verpflichtete, für ihre Rente zu sparen. Rentenversicherungen müßten privatwirtschaftlich organisiert sein, der Bürger solle in Pensionsfonds einzahlen. Die Regierung müsse lediglich dafür sorgen, daß jeder Zugang zu diesen Versicherungen habe und darüber hinaus für eine Mindestrente aufkommen.

Fogel hat wohl recht, weil sich Generationenverträge angesichts der demographischen Veränderungen nicht mehr durchhalten lassen. In der Tat ist es sinnvoller, den Einzelnen von seiner Einbindung in die sozialen Großsysteme zu entlasten und ihm dafür ein Mehr an Freiheit bieten, für das Alter selbst vorzusorgen.

Den Kapitalstock dürften professionelle Geldverwalter wie Fondsmanager an den Kapitalmärkten anlegen. Denn wo ein Kapitaldeckungsstock entsteht oder besteht, sind die Vermögensverwalter in ihren unterschiedlichen Ausprägungen nicht weit, die sich ihre Dienste natürlich honorieren lassen. In den USA legen bereits rund 23 Millionen Arbeitnehmer ihre Ersparnisse für das Alter nach Artikel 401(k) des US-Einkommensteuergesetzes an. Bei der Auswahl der Anlagemedien sind sie frei.

Zur Beratung dieser Mitarbeiter engagieren immer mehr Firmen namhafte Finanz-Dienstleistungsunternehmen. »Finanzdienstleister«, hat die Zeitung »USA Today« festgestellt, »registrieren eine steigende Nachfrage« nach solchen Serviceleistungen. So hat sich dieses Geschäftsfeld in den vergangenen Jahren bei Geldhäusern wie Merrill Lynch verdreifacht. American Express konnte in drei Jahren hierfür über 2000 Unternehmen als Kunden gewinnen. Die Investmentgesellschaft Fidelity hat in diesem Bereich in vergleichsweise kurzer Zeit ein riesiges Marktsegmant erschlossen – mit Kunden wie General Motors, AT & T und Hewlett-Packard.

Zwar nahmen im März 1997 lediglich zehn bis 20 Prozent von denen, die nach 401(k) Altersvorsorge betreiben, den Rat der professionellen Vermögensverwalter in Anspruch. Aber nach den Prognosen des Unternehmensberaters Tom Harvey (Cleveland, Ohio) werde professionelle

Hilfe in fünf Jahren die Regel sein. [9] Ein typischer »Baby Boomer« (die Generation der gut verdienenden 40- bis 50jährigen), hat für die Altersvorsorge über die Firma im Schnitt etwa 100 000 Dollar anzulegen. Und wenn da nicht professioneller Rat zur Verfügung steht, so Harvey, »könnten die Leute doch leicht in Panik geraten«.

In Deutschland wurde die private Vorsorge bislang von den Lebensversicherern dominiert. In dieses Geschäft drängen nun aber auch hierzulande Banken und Investmentgesellschaften mit einer bislang nicht gekannten Aggressivität. Der von der Krise der staatlichen Versorgungssysteme produzierte neue Bedarf an privater Vorsorge wird folglich zu heftigen Verteilungskämpfen unterschiedlicher Anbietergruppen um dieses Anlagepotential führen. Im Klartext: Der deutsche Finanzmarkt wird im Zeichen eines unerhört scharfen Wettbewerbs stehen.

Angetrieben wird dies dadurch, daß die gesetzliche Rentenversicherung in ihrer gegenwärtigen Form auch in Deutschland nicht durchzuhalten ist, weil bei immer älter werdenden Rentnern nicht mehr genug Jugend nachwächst. Eine schrumpfende Arbeitsgeneration der Jungen muß für eine wachsende Ruhestandsgeneration der Alten aufkommen. Mit steigenden Arbeitslosenzahlen fallen zudem entsprechend viele Zahler aus. [10]

Auch hierzu liefert Yankelovich einen durch Umfragen abgesicherten Befund. »In der Phase Drei des Wohlstands Effektes hat Amerika soeben ein weiteres Konzept zum Grundwert für die Sozialpolitik erhoben. Umfragedaten legen den Schluß nahe, daß die Amerikaner bereit sind, die

---

9 Vgl. hierzu auch Tom Harveys wichtiges Buch »The Banking Revolution. Positioning Your Bank in the new Financial Services Marketplace, Chicago 1996.

10 Alexander Burger: Deregulierungspotentiale in der gesetzlichen Rentenversicherung. Reformnotwendigkeiten versus Reformmöglichkeiten, Frankfurt a. M. 1996.
Axel Börsch-Supan, Professor für Makroökonomik und Wirtschaftspolitik an der Universität Mannheim: »Die reale Rendite des Umlageverfahrens wird für die jetzt 30- bis 40jährigen kaum über Null liegen. Gleichzeitig hat sich der Kapitalmarkt aus seinem Aschenputteldasein befreit: Die Aktienkurse haben sich von 1974 bis 1993 mehr als vervierfacht, mit Zinseinnahmen und Dividenden hat der deutsche Unternehmenssektor von 1974 bis 1993 eine Rendite von jährlich etwa 7 Prozent erzeugt... Ein Tor, wer hier nicht eins und eins zusammenrechnet. War die Einrichtung des Umlageverfahrens nach dem Zweiten Weltkrieg klug und ökonomisch sinnvoll, ist seine Weiterführung als alleinfinanzierende Rentenversicherung weder ökonomisch attraktiv noch weise... Eine schlechte Rendite mag man eine Zeitlang durch Rhetorik verstecken können, nicht aber auf Dauer.«

Einbahnstraße der Ansprüche in beide Richtungen zu öffnen. Konkret bedeutet dies: Wer Unterstützung von der Allgemeinheit bezieht, muß davon etwas in angemessener Form zurückgeben. Der neue Wert heißt *Gegenseitigkeit*. Niemand soll mehr etwas erwarten ohne dies durch die bestmögliche Gegenleistung zu entgelten. Kein realistisch denkender Sozialpolitiker in den USA wird sich diesem Wertewandel infolge des Wohlstands-Effektes entziehen können.«

All das sind vergleichsweise abstrakte Gedanken und Konstruktionen, die in dem hier angenommenen Zusammenhang weitere Fragen aufwerfen. Die Antwort wird dort zu finden sein, wo es um das epochen- und zeitbezogene Verhalten der Kunden geht. So spiegelt der deutsche Finanzmarkt die drei unterschiedlichen Phasen des Wohlstands-Effektes auf folgende Weise wider:

Phase 1 (bis 1980): Der Kunde kauft, was man ihm verkauft. Er fühlt sich gut beraten und fragt nur selten nach Rendite, Sicherheit und Kosten.

Phase 2 (bis 1990): Der Kunde kauft, was er vermeintlich braucht. Er beginnt an der Beratungsqualität zu zweifeln und fragt – noch unsicher, zögernd – nach Rendite, Sicherheit und Kosten.

Phase 3 (ab 1990): Der Kunde kauft weniger und selektiver. Er erwartet eine individuelle Beratung. Rendite, Sicherheit und Kosten betrachtet er in zunehmendem Maße als die entscheidenden Punkte.

Da von einem gewissen Grundbedarf an Finanzdienstleistungen stets auszugehen ist, heißt dies weiter, daß in den unterschiedlichen Phasen des Wohlstands-Effekts auch unterschiedliche Produkte und Produkttypen dominieren. So wird beim Übergang von Phase Zwei auf Drei dem Thema Alterversorgung und den entsprechenden Produkten ein deutlich wachsendes Interesse zukommen. Freilich konzentriert sich dieses Interesse dann nicht mehr so deutlich wie in Phase Zwei auf ein Produkt wie die Kapitalbildende Lebensversicherung. Der Grund liegt auf der Hand: Immer mehr Verbraucher betrachten das Thema »Vorsorge« unter der Lupe der Vermögensbildung und der am Ende dieses Einsatzes dann zur Verfügung stehenden Ablaufleistung. Unter dieser Perspektive, die bei Yankelovich als »Gegenseitigkeit« auftaucht, werden scheinbar unterschiedliche Produkte – Lebens-, Rentenversicherungen, Sparpläne, Anktien, Anleihen, Investmentanlagen, Immobilien, Beteiligungsmodelle – vergleichbar.

Gefordert: Scharfe Schnitte im System

Weil die Ansprüche der Rentenversicherten in der Regel nicht in den offiziellen Daten zur Staatsverschuldung enthalten sind, analysierten Paul van den Noord und Richard Herd im Auftrag der OECD die Belastung der öffentlichen Haushalte in den Industrienationen durch Rentenansprüche. Ausgangspunkt: Die aktuell geltenden Rentensysteme und der Beginn des Rentenalters mit 60 Jahren. Die Methode: Zahlungen an die heutigen Pensionäre sowie Rentenansprüche der arbeitenden Bevölkerung und künftiger Generationen wurden auf das aktuelle Datum abgezinst und addiert. Davon wurde die Summe der abgezinsten künftigen Beitragszahlungen abgezogen. Der Saldo entspricht der Staatsschuld. Alarmierendes Ergebnis: Die aus aufgelaufenen Rentenversprechen resultierenden Staatsschulden übersteigen die Sozialprodukte der jeweiligen Länder um das ein- bis 2,5fache.

Jetzt helfen nur noch harte Maßnahmen. Van den Noord und Herd haben vier Alternativen durchgerechnet. Erstens: Beibehaltung des Umlageverfahrens und kontinuierliche Beitragserhöhung. Zweitens: einmalige Erhöhung der Beiträge, um einen Kapitalstock aufzubauen. Drittens: geringere Anpassung der Renten an die Einkommensentwicklung. Viertens: Erhöhung des Rentenalters. Die deutschen Sozialpolitiker haben die Wahl: Steigerung des Rentenalters auf 71 Jahre oder Rentenanpassung nur noch um den Faktor 0,5. Das bedeutet: Stiegen die Reallöhne um drei Prozent, würden die Renten nur um 1,5 Prozent erhöht. Damit verringerten sich die Renten im Verhältnis zum Lebenseinkommen kontinuierlich.

Nichts tun führt jedenfalls sicher in die Katastrophe. Die dann notwendige Verdoppelung der Rentenversicherungsbeiträge könnte die Wirtschaft nicht verkraften.

FINANZEN, Nr. 2/1995, S. 24

Rettung für die Renten						
	Staatsschulden aus Rentenansprüchen*	Aufwand f. die Rentenversicher**	Mögliche Lösungen des Rentenproblems			
			Aufwandserhöhung***		Rentenanpassung[3]	Anstieg des Rentenalters
Land			**Variante A[1]**	**Variante A[2]**		
USA	43%	5,9%	4,4%	1,1%	0,5	64 Jahre
Japan	200%	5,7%	6,8%	4,3%	0,3	69
Deutschland[4]	160%	6,6%	6,2%	3,6%	0,5	71
Frankreich	216%	9,2%	5,5%	4,0%	0,6	68
Italien	233%	11,0%	11,9%	5,3%	0,4	70
UK	186%	6,3%	4,8%	3,5%	0,5	72
Kanada	250%	3,9%	6,3%	4,4%	0,2	76

* in % des BSP; ** in % des BSP (1990); *** in Prozent;
1 Maximaler Anstieg z. Zp. der höchsten Belastung bei Festhalten am Umlageverfahren;
2 Sofortige, einmalige Erhöhung zum Ziel der Kapitalansammlung;
3 Steigerung der Renten in Relation zur Erhöhung der Realeinkommen;
4 nur Westdeutschl.
Quelle: OECD; Tabelle aus: FINANZEN 2/1995, S. 24.

Tabelle 2: Szenarien zur Reform der Rentensysteme.

Revolution

Der Tag – grau. Die Menschen – bunt, schreiend. Aufgeregt umringen sie ein Ungetüm, eine Art stählernen Bandwurm, dessen einzelne Waggons von Pferden hierher gezogen wurden. Ein Krachen, Verstärkung rückt heran. Pfeifend und Dampf verströmend rattert die Lokomotive »Experience« mit einigen Waggons, aus denen gut gekleidete Passagiere – Honoratioren und Aktionäre der Bahngesellschaft offenbar – zu der erregten Menge winken.

Die Experience, ein Ruck ist zu spüren, einige Hammerschläge sind zu hören, wird mit dem Zug verbunden. Ein Signal, die Menge schreit auf, die Experience setzt sich in Bewegung. Männer schwenken Hüte, Mützen, Frauen winken mit ihren erhobenen Regenschirmen, Kindern laufen lachend hin, laufen schreiend zurück – schwankend zwischen Begeisterung, Neugier und Furcht. Nun, die Experience und mit ihr der ganze große Zug gewinnen an Fahrt.

Eine Gruppe von Reitern, die sich mit ihren Pferden bisher abseits gehalten hat, stößt zu den Waggons des Zuges vor. Die wie zur Jagd gekleideten Männer in ihren roten Röcken reiten neben dem langsam an Fahrt gewinnenden Zug her. Begleitet vom Gejohle der Menge feuern die Reiter ihre Pferde an. Mit »hoho«, »gogo« winken sie den Passagieren des Zuges zu. Sie scheinen den Zug zu überholen. Sie versuchen es. Aber immer schneller schlägt die Experience den Takt. Immer rascher steigt sie den kleinen Berg empor. Immer mehr Mühe haben die Reiter dem eisernen Ungetüm zu folgen. Bis, ja bis sie noch vor der Kuppe des Berges zurückfallen und den großen Zug nur noch entschwinden sehen. Und so wie den Reitern der Koloß auf Schienen entschwindet, entschwindet nun auch den Pferden die Zukunft – in Gestalt einer Maschine, die in sich eine Vielzahl von Pferdestärken birgt.

Ein Bild aus der Vergangenheit; die Schilderung der ersten Bahnfahrt der Welt, der Londoner Times vom September 1825 nachempfunden. Ein Bild aus der Gegenwart, eine Mittelmeerinsel. Die nur leicht von der Gischt bedeckten Wellen rollen gegen die Mole. Die Fischer haben ihr Tagwerk bereits vollbracht. Sie scheuern ihre Kähne und warten auf das Ende des Tages. Nur einige hundert Meter entfernt, sitzt der Düsseldorfer Geschäftsmann Herbert Maisler auf der Terrasse des angemieteten Haues. Er hat heute für die Betrachtung der mediterranen Idylle keine Zeit, nimmt seinen kleinen Computer vom Tisch und schaltet ihn ein.

Klick: Internet. Klick: Verbindung mit dem Vermögensverwalter in London. Klick: Maislers Betreuer erscheint auf dem Bildschirm. Aus dem Lautsprecher des Computers: »Hallo Mr. Maisler. Ich wollte Sie sowieso sprechen. Nach aktuellem Stand haben Sie in Ihrem Depot IBM im Gesamtwert von 677 531 Dollar. Ich empfehle, jetzt zu verkaufen. Dann Microsoft mit 989 000 Dollar. Ich empfehle, noch zu halten. Als Investment rate ich zu den Fonds Fidelity Nordic, Templeton Global Growth und DWS Provesta. Was meinen Sie?«

Maisler spricht in das Mikrophon seines Computers. »Microsoft halten; IBM verkaufen; Anlage 700 000 Dollar zu gleichen Teilen in Templeton Growth Fund und DWS Provesta. Jeweils direkt abschließen. Zu den üblichen Konditionen – no load, no commission. Dann an mich über E-mail bestätigen. Jetzt würde ich aber noch gerne mit Fidelity in Luxemburg sprechen. Können Sie mich verbinden?« Der Vermögensverwalter: Ich schalte Sie über unsere Standleitung zu Fidelity durch. Bye, bye.« Fidelity-Kundenbetreuer Mitch Kramer in Luxemburg erscheint auf dem Bildschirm. »Guten Tag, Herr Maisler, Was kann ich für Sie tun?«

Solche über viele tausend Kilometer online abgewickelte Multimedia-Dialoge sind bereits Wirklichkeit in der neuen Welt von Cyberspace. Alle wesentlichen Komponenten der Kommunikation – PC, Telefon oder TV – wachsen in dieser neuen Welt zu ganzheitlichen Systemen zusammen. Es fällt nicht schwer, das Gemeinsame der beiden Bilder, die erste Bahnfahrt von 1825 und die Gegenwart der Online-Kommunikation, zu erkennen. Wie der Eisenbahnbau die Welt des 19. Jahrhunderts veränderte, so wandeln sich nun die Realitäten des zu Ende gehenden Jahrtausends. Was das Dampfroß für den Verkehr bedeutete, das sind heute die elektronischen Medien, die von der Produktentwicklung bis zum direkten Kontakt mit dem Kunden eine neue Welt öffnen. Und wie damals das Pferd gegenüber dem neuen Dampfroß ins Hintertreffen geriet, so wird jetzt auch das etablierte Finanzgeschäft mit den traditionellen Vertriebs- und Marketingmethoden an Boden verlieren.

Von den Rändern der Gesellschaft, von den vergleichsweise wenigen »digitalen Spinnern« breitet sich die online-Kommunikation wie ein Tintenfleck in die Mitte aus. Sie löst soziale Prozesse, neue Verhaltensweisen aus und verwandelt damit auch Ausführung von Geschäften. Eine mächtige Veränderungswelle beginnt Banken, Versicherungen und Vertriebsgesellschaften zu überspülen. Und diese Welle wird nahezu nichts so bestehen lassen wie es mal war.

Neue Mobilität

»Verkehrsbehinderungen während der rush hour können Faith Wohl nichts anhaben. Dank neuer Technologien erledigt die Washingtoner Bundesbedienstete einen Großteil ihrer Arbeit zu Hause – drei Autostunden von der US-Hauptstadt entfernt. Wie rund neun Millionen anderer Amerikaner profitiert sie von der wachsenden Bereitschaft von Großunternehmen und Behörden, Ganztags- und Teilzeitarbeitsplätze in den häuslichen Bereich auszulagern... Susan Sears, Mitarbeiterin in der PR-Abteilung des Telekommunikationsgiganten AT & T, schwört auf *Teleworking* in den eigenen vier Wänden. Sie lebt mit ihrer Familie in Phoenix (Arizona), rund 3 200 Kilometer von ihrem Büro in New Jersey entfernt. *Ich kann eigentlich von überall aus problemlos arbeiten,* schildert sie ihre Erfahrungen. Die entsprechende Computer-Technologie sei leicht zusammenzustellen. Bei AT & T wurden in den vergangenen Jahren

47000 Stellen ganz oder teilweise in den Heimbereich ausgelagert, so spart das Unternehmen jährlich rund 80 Millionen Dollar.« [11]

Das herkömmliche Büro wird zum Auslaufmodell. »Hot Desk«, »Hoteling« und »Cubicles« lauten die Schlagwörter einer neuen Arbeitsplatzkultur, die sich vor allem in den »hot-shot-Unternehmen« des kalifornischen Silicon Valley breit macht. Zwischen New York und Los Angeles vagabundieren inzwischen immer mehr Amerikaner zwischen den heiß bestuhlten Tischen ihrer Schreibkammern, um an den sogenannten Hot Desks für einen Tag Platz zu nehmen. An diesen neuen Schreibtischen der neuen sozialen Mobilität sitzt heute dieser, morgen ein anderer Mitarbeiter. Das noch vor kurzem zum Besitzstand zählende eigene Büro mit Namensschild an der Tür und Ausstattung je nach Rang des Inhabers in der Firmenhierarchie ist in den USA bereits passé.

Auf jeden Fall sind die zwischen Kammern hin und her vagabundierenden Büromenschen ebenso eine Facette der neuen Welt wie die Heim-/Telearbeit. Denn die Verlagerung des Arbeitsplatzes schafft andere Formen des Arbeitslebens und Beschäftigungsstrukturen. Für Deutschland, das seinen Rang in der Weltwirtschaft auch den fest definierten Berufsbildern, den Ausbildungsrichtlinien und dem Sozialsystem verdankt, wird dies von besonderer Tragweite sein. Denn die Technologie hebelt dies sowie die bisher zwingenden Orts- und Zeitbezüge aus. An ihre Stelle tritt mit der andersgearteten Erreichbarkeit eine bislang nicht mögliche räumliche und zeitliche Flexibilität.

In der Kreditwirtschaft machte die Bayerische Hypotheken- und Wechsel-Bank AG (Hypo-Bank) den Anfang, indem sie im Februar 1996 ihren Beschäftigten anbot, den Arbeitsplatz zeitweise auch nach Hause zu verlegen. Das Kreditinstitut bezahlt dabei auch die Kosten für die Büroeinrichtung des »zweiten« Arbeitsplatzes. Nachdem sich schon bei einem Pilotprojekt die Vorteile des Modells »Arbeit zu Hause« deutlich gezeigt hatten, rechnet die Bank bereits für 1996 mit etwa 100 »Home-Office-Stellen«.

Die Übertragung von Sprache, Daten und Bildern ermöglicht Telekooperation bis hin zu virtuellen Arbeitsgruppen. Multimedia und neue Software als Groupware markieren den Weg zu der virtuellen Präsenz, die eine körperlich-physische Anwesenheit nicht mehr erforderlich macht. Folgen: Kostenersparnis durch Reduzierung der Büroflächen, ne-

---

11 Die Welt 5.1.1996, USA fördern Teleheimarbeit. Regierung will Zahl der externen Arbeitsplätze auf 60000 erhöhen. Peter Matthies: Telearbeit. Das Unternehmen der Zukunft. Umwälzungen in der Arbeitswelt, Haar bei München 1997.

ben den volkswirtschaftlichen Einparungen durch Reduzierung des Pendlerverkehrs in Ballungszentren, vor allem Produktivitätssteigerung durch bessere, vor allem schnellere und flexiblere Arbeitsabläufe. Und obwohl die neuen Arbeitsformen noch lange nicht etabliert sind, lösen sie die bislang gewohnte Arbeitswelt schon jetzt Stück für Stück auf.

An die Stelle lebenslanger vertraglich geregelter Arbeitgeber-/Arbeitnehmerbeziehungen treten projektbezogene Kooperationen auf Zeit. »Angestellte« werden dabei zu Unternehmern, die ihre Fertigkeiten dem Auftraggeber für eine bestimmte Zeit zur Verfügung stellen. »Da berufliche Tätigkeit in Zukunft langfristig kaum noch planbar sein wird, werden sich die jeweiligen aktuellen Tätigkeiten halb geplant und halb zufällig ergeben. Der zukünftige Selbstangestellte wird wesentlich stärker bereit sein, sich bietende neue Betätigungen zu ergreifen und Neues auszuprobieren.

Es wird für ihn ganz selbstverständlich sein, sich in einer ständigen verändernden Tätigkeitslandschaft zu bewegen, ihm wird die derzeitige Fixierung auf eine Tätigkeit zur Zeit und über das gesamte Arbeitsleben hinweg seltsam erscheinen. Diese Flexibililtät fällt ihm auch deshalb leicht, weil der Übergang zwischen den einzelnen Tätigkeitsphasen fließender ist. Voll- oder sogar Überbeschäftigung und Arbeitslosigkeit sind bei dem Selbstangestellten nur zwei Extrempunkte, er wird sich normalerweise irgendwo dazwischen bewegen.«[12]

Diese Selbstangestellten fallen aus den sozialen Systemen heraus. Sie stehen als Beitragszahler nicht mehr zur Verfügung und verschärfen dadurch die Probleme des Generationenvertrages in der Rentenversicherung. Weil eine Verpflichtung zur regelmäßigen Leistung von Beiträgen für sie nicht besteht, werden sie für das Alter auf privatwirtschaftliche Weise durch Eigenleistungen Vorsorge treffen müssen. Mit den heute üblichen starren, kaum modifizierbaren Angeboten der deutschen Lebensversicherer? Wohl kaum. Die an Bedeutung zunehmenden »selbstangestellten Unternehmer« werden gerade von den Lebensversicherern flexible Lebensphasenkonzepte fordern. Und wenn die Lebensversicherer diese Chance nicht nutzen wollen oder können, werden Wettbewerber wie die Investmentgesellschaften das Rennen machen.

---

12 Peter Fischer: Die Selbständigen von morgen. Unternehmer oder Tagelöhner?, Frankfurt a.M. 1995, S. 141. Birgit Godehardt, Andrea Worch, Günter Förster: Teleworking. So verwirklichen Unternehmen das Büro der Zukunft, Landsberg/Lech 1997.

Die neue Weltordnung

Das ehemalige Reservat der jungen, digitalen Spinner, die sich mit Modem und PC in Datennetze wie Internet einklinken oder ihre E-mails über den Globus jagen, hat sich in eine ständig wachsende globale online-Gemeinschaft verwandelt. Daraus entsteht ein gigantisches Geschäft mit fast unendlichen Nutzungsmöglichkeiten. Allein der deutsche Markt für online-Dienste soll es nach einer Branchenanalyse der Dresdner Bank im Jahre 2003 auf einen Umsatz von 94 Milliarden Mark bringen. Und auf dem Internet könnten bis zur Jahrtausendwende, so das Marktforschungsinstitut Dataquest, weltweit 200 Milliarden Dollar p.a. umgesetzt werden.

Im Internet verschmelzen Telefon, TV und Kabel-TV mit PC plus Modem als Schaltstelle zu der Informationseinheit für jedermann. Aus dem bloßen Konsumenten wird damit der »interaktiv handelnde Prosument«, der als Eintrittskarte in die interaktive Welt neben der Hardware bloß noch eine TAE-Dose so klein wie ein Schlüsselloch braucht. Diese früher nur für das Anschließen von Telefonen taugliche Buchse ist mit der Software die Installationsbasis für alles, was mit der Datenfernübertratung (DFÜ) zu tun hat.

Die Multi-Media-Welt kommt dann ins Wohnzimmer. Aktuellste Nachrichten abrufen, die Reise online buchen, das neue Auto im Cyberspace durch eine fiktive Probefahrt steuern, zu Hause am Bildschirm die zur Miete angebotene neue Wohnung besichtigen oder mit Gleichgesinnten rund um den Globus das neue Betriebssystem von Microsoft diskutieren – das sind nur einige der Nutzungsmöglichkeiten. Mehrere tausend Zeitungen und Zeitschriften bieten im Internet bereits elektronische Dienstleistungen an. In dieser immateriellen Welt des Internet wurden auch schon Universitäten mit virtuellen Hörsälen sowie Bibliotheken gegründet.

All das kann nur auf den ersten Blick als banal eingeschätzt werden. Hinter der Datenautobahn und den online-Netzen steckt eine Infrastruktur von enormer Komplexität und sozialer Explosivität. So richtig erkennbar wird dies an folgender Passage aus einem wortgewaltigen und an Visionen reichen Manifest: »Das zentrale Ereignis des 20. Jahrhunderts ist der Sturz der Materie. In Technik, Wirtschaft und Politik hat der Wohlstand in Form materieller Ressourcen an Bedeutung verloren. Überall gewinnen die Kräfte des Geistes die Oberhand über die rohe Macht der Dinge. In einer Ökonomie der *ersten Welle* sind der Boden und die Handarbeit die wichtigsten *Produktionsfaktoren*. In einer Ökonomie der *zweiten Welle* bleibt der Boden wertvoll, während sich die Arbeitskraft um Maschinen und Großindustrie massiert. In der Ökonomie der *dritten Welle* ist die zentrale Ressource... das abrufbare Wissen.

Das Industriezeitalter ist noch nicht zu Ende. Klassische Sektoren der *zweiten Welle* (Öl, Stahl, Autoproduktion) haben von den technologischen Errungenschaften der *dritten Welle* zu profitieren gelernt – so daß die landwirtschaftliche Produktivität der *ersten Welle* von der Technisierung der Landwirtschaft in der *zweiten Welle* exponentiell profitiert hat.

Aber die *dritte Welle* und das Zeitalter des Wissens, das mit ihr angebrochen ist, werden ihre Potentiale nicht freisetzen, wenn ihre wachsende technologische und ökonomische Stärke sich nicht auch in gesellschaftlicher und politischer Dominanz niederschlägt. Das bedeutet: Ablösung von gesetzlichen Bestimmungen und sozialen Einstellungen, die der Phase der *zweiten Welle* angehören. In diesem Zusammenhang wächst den Politikern fortgeschrittener Demokratien eine besondere Verantwortung zu: den Übergang zu beschleunigen und zu erläutern.

Wenn die Menschheit diese neue elektronische Grenze, die eine Wissensgrenze ist, erkundet, muß sie sich abermals der Frage stellen, wie sie sich im Hinblick auf das Gemeinwohl selbst organisieren soll. Begriffe wie Freiheit, Selbstverwaltung, Eigentum, Konkurrenz, Kooperation, Gemeinsinn und Fortschritt müssen für das Zeitalter des Wissens neu definiert werden, so wie sie vor zweihundertfünfzig Jahren für das anbrechende Industriezeitalter neu definiert wurden.«

Diese Passage aus dem 1994 verfaßten Manifest »Cyberspace and the American Dream: A Magna Charta for the Knowledge Age« erschließt die Dimension des Ganzen. Denn das Manifest bietet nichts weniger als eine Vision der gesellschaftlichen Veränderungen, die durch Cyberspace zu erwarten sind. Als Autoren sind unter anderem zu nennen: der amerikanische Futurologe Alvin Toffler, George A. Keyworth, der ehemalige wissenschaftliche Berater von Präsident Reagan, und der in der Reagan-Ära als »supply sider« bekannt gewordene Ökonom George Gilder.[13]

»Auf den Cyberspace, der nach zehnjähriger Metamorphose von einem sarkastischen Begriff der literarischen Sciencefiction zur hoffnungsfrohen Gesamtbezeichnung aller elektronischen Kommunikationsweisen vom Telefon bis zum Internet geworden ist, gründet die *Magna Charta* ihre Gewißheit, daß die Vereinigten Staaten die Führung in der Wachstumswirtschaft aus dem Fernen Osten nach Amerika zurückholen werden.«[14] Denn: »Die Erforschung des Cyberspace birgt grö-

13 Cyberspace und der amerikanische Traum, Frankfurter Allgemeine Zeitung, FAZ, 26. 8. 1995.

14 Horst Bredekamp: Cyberspace, ein Geisterreich, FAZ, 3. 2. 1996.

ßere Chancen, aber auch größere Herausforderungen als alle Abenteuer, auf die sich die Menschheit bisher eingelassen hat. Die *dritte Welle* hat weitreichende Auswirkungen auf das Wesen und die Bedeutung von Eigentum, Markt, Gemeinschaft und individueller Freiheit. Sie bildet neue Verhaltensformen aus, die jeden Organismus und jede Institution – Familie, Nachbarschaft, Kirchengemeinde, Firma, Regierung, Nation – unerbittlich über jede Standardisierung und über die materialistische Fixierung auf Energie, Geld und Kontrolle hinausdrängen... Das Internet – jenes riesige... globale, 135 Länder umspannende, schnell um monatlich 10 bis 15 Prozent anwachsende Netzwerk, das die Phantasie Amerikas so sehr beschäftigt – ist nur ein winziger Teil des Cyberspace.«

Wer dies als abgehobene Dramaturgie einschätzt, mag damit recht haben. Er sollte dann aber auch wissen, was hinter den bombastischen Sprach- und Denkbildern der Maga Charta steht. Die Urversion dieses Dokuments wurde im August 1994 vom Herausgeber der Zeitschrift jener »Progress and Freedom Foundation« (PFF) verfaßt, die auch als Herausgeber der »Magna Charta« firmiert. Die PFF, die sich einer »positiven, in den historischen Prinzipien der amerikanischen Idee gegründeten Zukunftsvision« verschrieben hat, wird unter anderem von AT & T, Bell South, Turner Broadcasting Systems, Cox Cable Communications und

Interaktiv statt Einweg-Kommunikation	
Marketing-Medium	**Merkmale/Charakteristika**
Herkömmliche Werbeträger (TV, Printmedien, Radio)	• setzen auf passive Empfänger • sind bedingt zielgruppenorientiert • bieten Einweg-Kommunikation • sind manipulativ, starr, unflexibel
Multimedia	• setzt auf vorhandene Kundenbeziehungen auf • spielt sich im Rahmen vorhersehbarer Bedürfnisse ab • bedingt Aktivität des Kunden ist unterstützend informativ, interaktiv
Online-Marketing, Internet	• verlangt vom Empfänger aktiv zu werden • ist an individuellen, gruppenspezifischen Bedürfnissen orientiert • bietet Zwei-Wege-Kommunikation • ist informativ, wissensorientiert, flexibel, aktualisiert
Thomas Pelkmann, Reinhild Freitag: Business-Lösungen im Internet. 25 deutsche Unternehmen berichten, Feldkirchen 1996, S. 53.	

Tabelle 3: Wirkung und Potential unterschiedlicher Kommunikationsmedien.

dem Cyberspace-Magazin »Wired« unterstützt. Gleichzeitig dient sie dem Führer der Republikaner, Newt Gingrich, über den sie mit dem konservativen Flügel der Partei verbunden ist, als eine Art »Thinktank«.

Hinter dem elektronischen Geisterreich stehen also viel Geld und viel Macht. So viel Geld und so viel Macht treten nicht an, um sich an einem Geisterreich zu erfreuen. Finanzkraft und Macht werden das Geisterreich zur Realität machen. Im Wissen um dieses Eine: Geld wird nur in einer realen Welt verdient. In dieser realen Welt wird das A4-Prinzip gelten. Das heißt, daß online-Netze dem Nutzer das A4-Potential geben. »anywhere« (überall) kann »anyone« (jeder) im Netz »anytime« (jederzeit) »anyservice« (jeden Service) abrufen. Dies und nichts anderes ist die große Dimensionen der online-Kommunikation.

Die Trends

1. Allgemein

- Telecommuting. Ein Großteil der Arbeit wird zu Hause erledigt. Für Pendler, die jeden Tag Zeit für die Fahrt zur Arbeitsstelle vergeuden, für diejenigen, die Kindererziehung und Beruf vereinbaren müssen, ist dies ein riesiger Vorteil. Allerdings: Viele zwischenmenschliche Kontakte fallen weg. Die Berechnung der Arbeitsleistung erfordert neue Entlohnungsmodelle.
- Die Erfahrungswerte verschieben sich. Internet und Intranet sind die Domäne der Jüngeren. Wegen dieses Herrschaftswissens der nachwachsenden Generation erfolgt eine schnelle Ablösung der Erfahrungswerte der älteren Generation – in den Unternehmen, in der Politik und im kulturellen Bereich.
- Informationsmenge. Mit den neuen Diensten ensteht ein gewaltiges Problem. Wie kann ein einzelner aus dem schier endlosen Angebot die für ihn wichtigen Informationen filtern? Der zeitliche Aufwand, um an die gewünschten Daten zu kommen, ist schon jetzt sehr hoch; Tendenz steigend. Was trotz Internet-Browsern wie »Netscape« oder Suchmaschinen wie »Yahoo« fehlt, sind intelligente Programme, die Netze und Online-Dienste als Agenten für ihre Besitzer durchsuchen.
- Informationsqualität. Der schnelle Zugriff auf die elektronischen Dienste führt zu einer Leistungsspirale: Wer die aktuellsten Neuigkeiten anbieten kann, hat einen Vorsprung gegenüber Mitbewerbern. Die Schattenseite: Nachrichten und Informationen auf dem Niveau einer multimedialen Bild-Zeitung.

2. Marketing

- Der Information Highway schafft mit seiner Entkoppelung von Absatzmittler und Hersteller einen neuen direkten Absatz- und Kommunikationskanal zum Kunden. Der Handel könnte überflüssig werden.
- Der Vermarktungsprozeß kehrt sich um. Das Unternehmen erstellt nicht das Produkt und sucht den Kunden, sondern hat bereits eine Kundenbasis und erstellt für diese passende Produkte: Pull-Marketing tritt an die Stelle von Push-Marketing.
- Durch die direkte Kommunikation zwischen Hersteller und Kunde kann dieser unmittelbar den Produktionsprozeß beeinflussen (»Prosument«). Der Kommunikationsprozeß ändert gleichfalls seine Richtung. Die Initiative geht vom zunehmend vom »Empfänger« und nicht mehr vom »Sender« aus.
- Die direkte Ansprache der Konsumenten ermöglicht die Loslösung der Werbung von klassischen Werbeträgern und gezielte Massenkommunikation mit geringen Streuverlusten.
- Das klassische Denken in Zielgruppen bleibt zwar noch für lange Zeit im Vordergrund, wird aber langsam und sukzessive durch Versuche verdrängt, an den Erlebniswelten der Konsumenten unmittelbar beteiligt zu sein (»Clienting«).

Das Geschäft des Geldes

Banken und Versicherungen stehen vor gewaltigen Veränderungen. Weil alle typischen Transaktionen am Bildschirm durchgeführt werden können, dürften Geschäfte per PC oder Telefon bald die Regel, die über die Filialen die Ausnahme sein. Schon Ende 1966 wurden in Deutschland von insgesamt rund 65 Millionen Girokonten über zwei Millionen online geführt – 40 Prozent mehr als noch vor einem Jahr. Allein bei den Sparkassen, dem Marktführer im Geldverkehr, wickeln nahezu 700 000 Kunden ihre Geschäft per Modem und PC ab. Schon 1998 verfügen in Deutschland etwa sechs Millionen Haushalte über Modems mit hohen Übertragungsgeschwindigkeiten oder ISDN-Anschlüsse. Für online-Kontakte mit deutschen oder ausländischen Anbietern ist damit eine wesentliche Voraussetzung erfüllt.

Nach einer im Sommer 1996 durchführten Umfrage der Kreditkarten-Organisation Visa bei 300 Mitgliedsbanken glauben bereits 77 Prozent der Banken, daß sie ihren Kunden bis zum Jahr 2000 einen kompletten PC-Bankservice bieten müssen. Immerhin 63 Prozent sind der Überzeugung, daß die elektronische Geldbörse inform von Chipkarten und Cybermoney in den nächsten Jahren eine Realität sein wird.

Die virtuelle, die unsichtbare Bank ist praktisch schon Realität. Graeme Ward, Director of Strategy and Planning bei der britischen ACI Limited (Watford), einer der weltweit führenden Systemanbieter für den elektronischen Zahlungsverkehr im Bankwesen: »Im nächsten Jahrzehnt wird etwas ganz Neues kommen, an dessen Ende die *Unsichtbarkeit* steht. Diese Unsichtbarkeit bedeutet, daß Kunden ihre Bank im Prinzip nur noch als eine Palette von Dienstleistungen wahrnehmen, aber nicht mehr als physisch vorhandene Einrichtung. Wenn nämlich Einrichtungen für die dezentrale Abwicklung von Bankgeschäften vorhanden sind und funktionieren, dann muß es die Bank nicht mehr als sichtbares Gebäude geben – die nur virtuell existierende Bank reicht hierfür aus.«

Die Bank der Zukunft wird in erster Linie ein mit Elektronik ausgestattetes Gehäuse sein, das über offene Netze wie Internet, Online-Dienste wie CompuServe, T online oder AOL (America Online) und eigene Systeme zu den Kunden Kontakt hält. In diesen Netzen kann jeder Anbieter mit einem leicht verständlichen Katalog auf seine Dienstleistungen hinweisen. Ein bloßes Klicken des Kunden reicht aus, um diese Dienstleistungen online in Anspruch zu nehmen. Transaktionen wie Überweisungen, An-/Verkauf von Investmentfondsanteilen nehmen die Kunden per Telefon oder E-mail selbst vor. Beratung – »kostenpflichtig« – gibt es dann nur noch in einigen wenigen Großfilialen.

Die drei Wellen von Online- und Multimedia-Banking		
1990–1996	**1994–2005**	**2000+**
Verfügbarkeit/Bequemlichkeit durch Geldautomaten und Telefon	Information/finanzielle Kontrolle durch PC und Online-Service	Preisvorteile/Bequemlichkeit, zusätzliche Servicequalität durch E-cash und interaktives TV/Video
Zahlungsmittel/ Zahlungsverkehr: • Debit • Kredit • Elektronische Bezahlung/Überweisung	• Online-Nutzung. • Finanz-Software und Netze • Elektronische Zahlungs- u. Überweisungssysteme als Standard • Elektronischer Handel/Einkaufen	• E-cash und Chipkarten ersetzen Bargeld und Scheckformulare. • Finanzdienstleistungen mittels interaktiver Video-Technologie • Verbindung unterschiedlichster Zahlungs-/ Informationssysteme
Quelle: Brian Johnson u. a.: Banking on Multimedia, The McKinsey Quarterly, Nr. 2/1995, S. 94 ff., S. 99.		

Tabelle 4: Kundennutzen treibt den Wandel voran.

Pineville, eine verschlafene Kleinstadt im US-Staat Kentucky. Hier hat die Security First Network Bank, die erste wirklich virtuelle, weil nur im Internet erreichbare Bank der Welt, ihre Zentrale. Security First-Chef Michael Karlin: »Unser Bankgeschäft sieht keine Marmorflure mit Kunstwerken an den Wänden vor. Wir brauchen weder kugelsichere Schalter noch endlose Reihen von wichtigtuerischen Vizepräsidenten. Deshalb können wir mit erheblich reduzierten Kosten arbeiten.« Kontoführung, Kreditkarten zur Benutzung an Geldautomaten angeschlossener Netzwerke oder Geldanlage zu überdurchschnittlichen Zinsen gibt es bei Security First wegen des geringeren Kostenaufwands zu ungewöhnlich günstigen Bedingungen.

So zahlte die Internet-Bank auf Festgeld mit einer Laufzeit von einem Jahr im Sommer 1996 sechs Prozent Zinsen, während es die US-Institute bei durchschnittlich 4,91 Prozent beließen. An der Einrichtung einer elektronischen Anlageberatung wird bei Security First gearbeitet. Vorreiter wie Security First haben in den USA eine Gründungswelle von Internet-Banken ausgelöst. In den kommenden Jahren werden noch Hunderte von US-Banken mit Adressen im Internet aufwarten. Denn insbesondere für die zahllosen Regional- und Lokalbanken ist dies die Chance, mit geringem Aufwand nicht nur landesweit, sondern sogar weltweit aufzutreten.

In Europa verläuft die Entwicklung kaum weniger stürmisch. Nach einer Untersuchung der Unternehmensberatung Booz-Allen & Hamilton traten 1996 bereits über 150 europäische Banken im Internet an, wobei die Anzahl der Seiten jährlich um 90 Prozent zunimmt. »Zwar enthalten typische Web-Sites von Banken heute kaum mehr als Werbeinformationen mit minimalem Transaktionswert«, weiß Mary Cirillo, senior Vice-President for world-wide Operations and Technology bei der Citibank in New York. »Aber das wird sich ändern, und zwar viel schneller als manche glauben mögen. Die Citibank zum Beispiel untersucht sorgfältig die Möglichkeiten, Web-Technologien für Transaktionen und Informationsdienste im Rahmen des Electronic Banking zu nutzen.«

Bedenken, daß es noch sieben bis zehn Jahre dauern könnte, bis größere Handelsgeschäfte über das Internet laufen würden, hält Cirillo entgegen: »Schauen Sie sich doch mal an, was in den letzten drei Jahren auf der Verbraucherseite passierte. Es gibt wirklich Tausende von Home-Pages im WWW und dort wird alles verkauft – von Horoskopen bis zu Immobilien. Das Internet wird die Geschäftswelt insgesamt verändern.«

Die Internet-Vorreiter unter den Investmentfonds bestätigen dies bereits. So verzeichnete die Fondsgesellschaft Fleming, Luxemburg, im Sommer 1996 wöchentlich rund 13000 Anfragen über ihre Internet-Seite. Im September 1995, bei der Einführung dieser Dienstleistung, waren es erst 8000 pro Monat. Fleming verkauft über Internet-Kontakte mittlerweile ungleich mehr als mit Direktmarketing-Kampagnen.

Zudem verkürzt die Verbreitung über das Internet, so Fleming, den monatlichen Zeitaufwand für die Veröffentlichung der Performance-Zahlen um vier Tage. Und: Nach den geltenden Regelungen der Europäischen Union dürfen Investmentfonds, die in einem Land der EU zugelassen sind, unter Beachtung der nationalen Bestimmungen auch in anderen EU-Ländern angeboten werden. Indem nun Fondsgesellschaften wie Fleming für jedes Land eine individuelle Seite im Internet anbieten, wird die regionale Expansion unter Beachtung dieser unterschiedlichen Regelungen zu vergleichsweise niedrigen Kosten machbar.

Internet-Dienstleistungen für Investmentfonds boomen jedenfalls bereits. Wie bei der britischen Firma TrustNet Ltd., die per Internet Einzelheiten zu mehr als 500 Investmentgesellschaften oder Fonds in Großbritannien offeriert. TrustNet listet und sortiert nach verschiedenen Kategorien in täglicher Aktualisierung. Die Fondsgesellschaften bezahlen dafür – und das nicht zu knapp.[15]

Und die Lebensversicherer? Hans-Herbert Rospleszcz, Vorstand der Dialog Leben, meint, daß sich das Privatkundengeschäft mehr und mehr auf die Online-Medien verlagern werde. Dialog-Sach-Vorstand Norbert Wulff: »Neben den klassischen Vertriebswegen ist die eigene Präsenz in elektronischen Netzen zukunftsträchtig. Der Vertrieb über elektronische Makler wird schon bald zum Alltag gehören.« Seit Juli 1995 registriert er »einen permanenten Zuwachs der Zugriffe auf unsere Seiten«. Februar 1996: 3882 Zugriffe auf die home page der Dialog, was pro Tag 129 Besuchern entspricht.

Diese Erfahrungen untermauert die EA Generali AG in Wien, zu der die Dialog über den Deutschen Lloyd gehört. Zwischen Juni 1995 und Februar 1996 stiegen die Internet-Zugriffe auf die Seiten der Generali von monatlich 1769 auf 21230; davon rund zehn Prozent aus Deutschland. Der Generali-Aufwand für das erste Jahr im Internet betrug insgesamt 100000 DM. Von diesem Einsatz verspricht sich der Konzern vor al-

15 Eine ganze Publikationsindustrie widmet sich diesem Thema bereits. Wer die Trends kennen will, muß sich US-amerikanischer Titel bedienen wie: Joel Maloff: net-profit. Expanding your Business using the Internet, Foster City 1995, insbes. S. 50ff.; Kim Komando: CyberBucks. Making Money online, Foster City 1996. Deutsche Publikationen kommen erst langsam; z.B.: Thomas Pelkmann, Reinhild Freitag: Business-Lösungen im Internet. 25 deutsche Unternehmen berichten, Feldkirchen 1996. Heinz-Rüdiger Huly, Stefan Raake: Marketing Online. Gewinnchancen auf der Datenautobahn, Frankfurt a.M. 1995.

lem eine Sensibilisierung für ergänzende Vertriebswege und ein »Training on the job« für die Mitarbeiter mit dem neuem Marketing-Instrument.

Für den Kunden, der eine Kfz-Versicherung abschließen will, wird die Versicherungswelt bald so aussehen: Gegen eine Nutzungsgebühr von zwei DM Pro Viertelstunde loggt er sich in den »online-shop Versicherungen« einer Firma, die »Integra« oder sonst wie heißen kann, ein, die alle am Markt erhältlichen Versicherungen anbietet.

Für die im konkreten Fall geeignete Police muß der Kunde die Sparte Kfz aufrufen. Nachdem er dort die einzelnen Anbieter mit ihren Prämien studieren konnte, tippt er die geforderten Angaben wie Halter, Kfz-Typ, Standort, Unfallhäufigkeit ein. Das Programm wertet diese Angaben aus und präsentiert die geeigneten Angebote – auf Wunsch mit näheren Erläuterungen. Der Kunde kann sofort abschließen. Der Antrag wird am Bildschirm an die Versicherungsgesellschaft abgeschickt. Zugangsbestätigung erfolgt sofort. Der nach Prüfung akzeptierte Antrag wird wenige Tage später per Post zur Unterschrift zugeschickt.

Im Finanzgeschäft der USA wird im Jahre 2000 über Internet bereits ein Volumen von 2,4 Milliarden Dollar abgewickelt, prognostiziert das britische Beratungsunternehmen Datamonitor. Nahezu zwei Prozent aller Auto- und Hausratversicherungen werden in den USA dann über Internet abgeschlossen. Für Großbritannien meint Datamonitor, daß im Jahre 2000 mehr als ein Prozent der Policen (223 Millionen Dollar) per Internet vereinbart werden.

Wird das Internet die Berater, Vermittler und Verkäufer von Finanzangeboten überflüssig machen? Bei einfachen Angeboten wohl weitgehend. Wo aber Beratung benötigt wird, ergänzt Internet den Vertrieb von Finanzdienstleistungen um ein neues Modul. Schon jetzt drängen sich per Internet zwischen Produktanbieter, Vermittler und Kunden neue Zwischeninstanzen ins Geschäft.

Diese Zwischeninstanzen sind Serviceanbieter; die dem Kunden die Möglichkeit geben, Ratings, Unternehmensinformationen und Produktdetails online abzurufen. Die Tragweite dieses Vorgangs besteht darin, daß über ein Informationsangebot, das bislang nur den Profis in Form von teuren Software-Programmen zur Verfügung stand, den Kunden ein äußerst preiswerter und komfortabler Weg geboten wird, auf diese Daten »just-in-time« zuzugreifen. Und wenn sich die speziellen Serviceanbieter im Versicherungsgeschäft erst mal als Informations-Broker etabliert haben, dann werden sie aus dieser Stellung heraus auch die Rolle der Produkt-Broker übernehmen. Unternehmen wie Strategic Concepts Corporation in San Francisco oder Aktiva Versicherungsbörse in Feldkirchen bei München deuten die Richtung an.

Strategic Concepts hat im Internet den Versicherungsmarkt InsWeb eröffnet (http://www.insweb.com), der Verbrauchern helfen soll, exakt die Versicherungen zu finden, die sie brauchen – und den Unternehmen gleichzeitig eine Plattform für den Direktvertrieb bietet. »InsWeb ist eine neue Art von Internet-Dienst«, erklärt Darrell Ticehurst, Präsident der Strategic Concepts Corporation. »Websurfer werden sich bei uns nicht zufällig einklinken, wie bisher bei den meisten Angeboten im World Wide Web, sondern mit dem ganz konkreten Ziel, die für sie günstigste Versicherung zu finden.«

Die Methode dieser Versicherungsdienste im Internet ist stets identisch. Die Nutzer füllen am Bildschirm einen Fragebogen aus. Der Netzrechner sucht ihnen dann die Angebote der Unternehmen heraus, die für sie in Frage kommen. Bei Lebensversicherungspolicen beispielsweise: Raucher? Nichtraucher? Versicherungssumme? Der Dienst rechnet die erforderlichen Prämienzahlungen blitzschnell aus. Und wenn der Interessent online abschließt, muß er noch ein Formular ausfüllen und sich von einem Arzt untersuchen lassen.

»Im Internet legen die Verbraucher auf die üblichen Werbesprüche einfach keinen Wert«, erklärt Hussein Enan, Geschäftsführer und Mitgründer von InsWeb, das von ihm bereitgestellte umfangreiche Zusatzangebot. »Die Leute wollen objektive Informationen und ganz genau wissen, was mit ihren Daten passiert.« Ticehurst und Enan kommen nur dann auf ihre Kosten, wenn das InsWeb bei den Nutzern ankommt. Denn die Einnahmen von Strategic Concepts und InsWeb bestehen in der Provisionszahlung des jeweiligen Versicherungsunternehmen für jeden vermittelten Vertrag.

Bei uns sorgt der Versicherungs-Makler Aktiva GmbH mit seiner virtuellen Versicherungsbörse im World Wide Web (http://www.aktiva.de) für Aufsehen. So gibt es bei Aktiva reichlich Hinweise zur Beurteilung von Lebensversicherungen oder Immobilienfinanzierungen. Die Benutzer dieser Seite können sich individuelle Angebote aus allen Versicherungssparten erstellen lassen.

»Die Aktiva Versicherungsbörse gibt auf nahezu alle Versicherungsfragen Antworten und vermittelt auch die attraktivsten Angebote«, heißt es in einer Selbstdarstellung. »Über ein userfreundliches Interface (Versicherungsbörse und Lebens-/Renten-Versicherungsbörse), kann der Anwender zu allen Versicherungssparten bequem detaillierte Informationen abrufen. Über die E-mail-Box kann er sich dann zu einzelnen Sparten ein individuelles Angebot erstellen lassen.«

Wo solche Dinge möglich werden, ist die Intuit Inc. mit ihrem Massenprodukt »Quicken« der führende Hersteller von Finanz-Software für Privatverbraucher, in der Regel nicht weit weg. Intuit plant den Vertrieb von Versicherungen über Internet. In der ersten Phase des Projekts können sich Internet-Nutzer durch Intuit mit Lebensversicherern verbinden lassen und dort Informationen abrufen. Danach sollen Lebens-, Kfz- und Hausratversicherungen online abgeschlossen werden können. In Zusammenarbeit mit diversen Partnern bietet Intuit über das Internet bereits eine Reihe von Investmentfonds-, Bank- und Informationsdiensten an, dazu Steuerberatungs- sowie Vermögens- und Nachlaßberatungs-Software.[16]

Und wenn sich elektronische Unterschriften in Zukunft durchsetzen, dann könnten Intuit, Aktiva, InsWeb und all die anderen das leisten, was derzeit noch der Papierwelt vorbehalten ist. Dann wird die Post – im wahrsten Sinne des Wortes – bei diesen Geschäften wirklich abgehen. Dann könnte nämlich selbst das online erledigt werden, was derzeit noch mit Hand und Papier gemacht werden muß: Versicherungspolicen erstellen und verschicken. Resultat: Dem Finanzbereich steht ein Erdbeben bevor, das in vielen Glaspaläste Erschütterungen auslösen wird.

- Banken: Das dicht geknüpfte Filialnetz der deutschen Banken wird sich in den nächsten Jahren nicht mehr halten lassen. Viele Tausende von Arbeitsplätzen sind nicht bloß gefährdet, sondern in den Strategieplänen der Unternehmen bereits abgebaut.
- Aktie: Was über viele Jahre nur Klagen und Jammern auslösen konnte – die Einstellung der Deutschen zu Aktien und Aktienfonds – ist Euphorie gewichen, fast über Nacht.
- Investmentfonds: Die über viele Jahre allenfalls in Randbereichen erfolgreiche Anlageform holt mächtig auf. Sie entwickelt sich zu einem Standardprodukt, das andere Angebote des Finanzgeschäfts in den Hintergrund drängt und die neuen Spielregeln der Altersversorgung festlegt.
- Versicherungen: Die Epoche des eingeschränkten Wettbewerbs ist beendet. Mit den uniformen Produkten der Vergangenheit können die Lebensversicherer nicht mehr überleben. Die rund 130 mehr oder weniger selbständigen deutschen Lebensversicherungsgesellschaften werden innerhalb weniger Jahren um mehr als die Hälfte schrumpfen.
- Kunden: Sie sind »verunsichert, wechselhaft, situationsbezogen«. Als »Gruppenpendler« handeln sie immer weniger aus einem kalkulierbaren Bewußtseins- und Informationszustand heraus, sondern nach der konkreten, von Angst, Hoffnung und Unbehagen geprägten Situation (siehe der Run auf Aktien und Aktienfonds im Sommer 1997). Zudem

16 Vgl. Online-Transaktionen. Dichtung und Wahrheit; Internet. Die Post geht ab, KURS, Monatszeitschrift für die Finanzdienstleistung, Nr. 9/1996, S. 214 ff.

sind sie »clever«, indem sie bei steigenden Informationsansprüchen Preis- und Kostenbewußtsein als gesellschaftsfähige Werte annehmen.

Und über all dem steht eine neue kollektive Angst. Die Angst vor der Not im Alter. Die Angst vor dem in allen hoch entwickelten Gesellschaften zu erwartenden Zerbröckeln der für so sicher gehaltenen staatlichen Versorgungssysteme, die immer mehr Menschen die neue Gefahr erahnen läßt: Aus vermeintlich garantierten Besitzständen in eine Welt ohne Hab und Gut entlassen zu werden. Die Epoche der »Angestellten« – im buchstäblichen Sinn – klingt aus. An ihre Stelle und auch an die der hierarchisch geordneten Großorganisationen mit verläßlichen Laufbahnen treten kleinere, locker ineinander verzahnte und vernetzte Einheiten, in denen Mitarbeiter wie Teams auf Zeit agieren.

Die Wege zu den neuen Organisationsformen gabeln sich an unterschiedlichen Wegmarken. Kreditinstitute, die zur systematischen Bündelung aller möglichen und denkbaren Vertriebswege mit den entsprechenden Folgen für die Mitarbeiterstruktur nicht in der Lage sind, befinden sich bereits auf der Verliererstraße. Versicherungsunternehmen, die auf den zunehmenden Veränderungsdruck nicht mit neuen Organisationsformen und gezielterer, schnellerer Produktentwicklung antworten, sind Übernahmekandidaten – bestenfalls.

In ihrer Bündelung und Gleichzeitigkeit münden diese Prozesse in die »Revolution des Finanzgeschäfts«. Banken und Bankiers wie wir sie kennen, werden entmachtet und – auch dies im wahrsten Sinne des Wortes – zu Dienstleistern umfunktioniert. Als Stopper, aber auch als Beschleuniger der Etablierten treten Unternehmen wie Microsoft, IBM oder AT & T auf. Konzerne, die der Finanzbranche vielleicht als Zulieferer in Randbereichen vertraut sind, aber als Wettbewerber im Kerngeschäft noch wenig zu bedeuten scheinen.

Wie eine Welt aussehen wird, in der kleine Seiteneinsteiger und Serviceanbieter wie der Schwanz mit dem Hund Finanzbranche wackeln? Möglicherweise so, wie dies Felix Rohatyn, der seinerzeitige Leiter des New Yorker Instituts Lazard's Frères vor einigen Jahren für das Investmentbanking beschrieben hat: »Menschen kaufen und verkaufen Chiffren auf einem elektronischen Bildschirm. Sie handeln mit Leuten, die sie nie sehen, telefonieren in fensterlosen Räumen. Sie sitzen und starren auf Bildschirme. Das erinnert fast an moderne Kriegführung, bei der Menschen in Bunkern sitzen, auf Bildschirme blicken, Knöpfe drucken.«[17]

---

17 Anthony Sampson: Geldmacht Geld – Der neue Reichtum in West und Fernost, Hamburg 1990, S. 16 (Original London 1989).

Internet

Entwicklungsgeschichte

1969 ARPANET (4 Hosts)
1973 England und Norwegen verbinden sich
1979 USENET
1982 TCP/IP implementiert
1986 NSF Backbone (Universitäten)
1989 100000 Computer
1989 Erste externe E-mail Verbindungen
1992 1.000.000 Computer – HTTP
1993 InterNic – WWW Einführung
1994 Erste geschäftliche Transaktionen

Steckbrief

über 60 Millionen Nutzer heute, 300 Millionen bis zum Jahr 2000
2 Millionen neue Mitglieder pro Monat
10000 Netze miteinander verbunden
3 Millionen Rechner am Internet
97 Länder in 5 Kontinenten
60 Millionen E-Mail Adressen
ca. 65 Millionen WWW Seiten
Weltumfassendes Computernetzwerk, keine zentrale Organisation
Standardisierte Protokolle/Zugriffe/Dokumentenformate/
World Wide Web und E-Mail als Hauptdienste

Vertriebsweg

»High Potentials« im Internet als Kunden
Hervorragendes Medium für Kundenservice
Erhöhte Markttransparenz schafft Wettbewerbsdruck
Viele deutsche Versicherungen bereits im Internet präsent
Angebot für Kunden aber noch sehr eingeschränkt

Heute:

- Unternehmenspräsentation
- Stellenmarkt

Morgen:

- Neue Formen des Kundenkontaktes
- Anbieten von Dienstleistungen
- Elektronische Policierung

Quelle: Microsoft GmbH, Unterschleißheim, Dezember 1996

Sun Microsystems:
»Niemand wird es aufhalten können. Die Zukunft des Computers wird vom Internet bestimmt«

Ron Laverick, New Scotland Yard, Detective Inspector:
»Gegen das schreckliche Monster Internet können wir nichts mehr unternehmen. Es ist bereits unkontrollierbar.«

Thomas Kocherhans, AT & T Global Information Solution, Schweiz:
»Die Eintrittsbarrieren in das Bankenumfeld werden durchlässiger. Stellen Sie sich vor, daß in Zukunft kleine Finanzboutiquen ihre erfolgreichen Produkte und Dienstleistungen einem breiten Publikum via INTERNET anbieten. Weder eine teure Filianinfrastruktur noch Sprach- oder Landesgrenzen hindern diese virtuelle Bank am Erfolg. Die gleichen Voraussetzungen gelten selbstverständlich auch für alle Formen von Direktbanken.«

Adrian Bult, IBM, Schweiz:
»Banken müssen sich überlegen, ob sie beim Aufbau neuer Vertriebskanäle mit Unternehmen aus dem Nichtbankensektor zusammenarbeiten wollen. Denkbar wären zum Beispiel Kooperationen mit Medienkonzernen, die bereits über langjährige Erfahrung im Umgang mit elektronischen Medien, insbesondere mit Multimedia verfügen. Auch die großen Carrier, online-Dienste und Information-Provider können dank ihrer weltweit augebauten Datennetze und dank ihrer guten Ausgangsposition im Bereich Eletronische Märkte sehr interessante Vertriebspartner für die Banken werden.«

George Schmidt, Oracle, Schweiz:
»Die Banken sind, bedingt durch die schnellen technologischen Entwicklungen, den damit verbundenen Kosten und die zunehmende Komplexität, nicht in der Lage, sämtliche Netzwerke und Anwendungssyteme selbst zu entwickeln. In Kooperationen zwischen Banken und Public-Network-Betreibern werden die Banken den Inhalt liefern und die Netzwerk-Betreiber den Transport zu den Kunden übernehmen. Gleichzeitig sind auch Kooperationen zwischen Banken und Client-Software-Herstellern denkbar, da die Banken keine Kompetenzen haben, Client-Applikationen für den Massenmarkt zu entwickeln und zu betreiben. Die Akzeptanz von neuen Technologien ist auch ein Generationenproblem. Die Jungen von heute, 15–20jährige, die mit dem Computer aufgewachsen sind und sich auf Techno-Parties vergnügen, sind die Bankkunden von morgen. Für Internet-Surfer beispielsweise sind interaktive Bankapplikationen

das Normalste der Welt. Wer diese Zukunftsgeneration binden möchte, muß heute investieren. Lösungen lassen sich durch die Verwendung von Entwicklungsstandards und Standardlösungen vergleichsweise einfach und kostengünstig entwickeln. Eigenstandards haben sich zunehmend als Sackgasse und Innovationsbremse erwiesen. Fraglos werden die »Early Adopters« im Kampf um Marktanteile die Nase vorne haben.«

Fredi Huber, SUN Microsystems AG, Schweiz:
»Das Retailbanking wird sich vom Bankschalter nach Hause und ins Büro verlagern. Alle Bankgeschäfte können jederzeit (24 Stunden/sieben Tage/365 Tage) abgeschlossen werden. Mit der Möglichkeit der objektorientierten Programmierung wird es möglich sein, komplexe Dienstleistungen in einer verständlichen Form anzubieten.«

Hermann Baumgartner, Siemens Nixdorf Informationssysteme AG:
»Ein Bankkunde nutzt eine Dienstleistung, wenn er weiß, wie sie funktioniert, wenn er sie beherrscht und er durch die Nutzung Geld oder wenigstens Zeit spart. Finanzielle Anreize zur schnellen Adaption wären durch eine Änderung der Gebührenpolitik erzielbar. Wenn wir jedoch glauben, daß ein Bankkunde sich an ein SB-Gerät traut und erstmals eine Transaktion probiert, wenn hinter ihm fünf Leute warten, liegen wir falsch. Die schnellste und sicherste Akzeptanz erreichen wir, wenn wir dem Bankkunden jeweils mit einem Dienstleistungsangebot auch ein Simulationsprogramm mitliefern.«
(alles aus Schweizer Bank Nr. 11/1995, S. 53 ff.)

Scott McNealy, Chef von SUN Microsystems:
»Einer der interessantesten Zukunftstrends in dieser Industrie ist die Möglichkeit, die Vertriebsmechanismen grundlegend zu verändern. Man braucht Softwareprogramme nicht unbedingt über den Handel zu verkaufen. Man bietet sie einfach online über ein Datennetz an... Es gibt zwei Wege, ein neues Produkt an den Mann zu bringen. Entweder ich begeistere den Kunden mit technologischer Innovation. Oder ich praktiziere den Deodorant-Werbetrick, indem ich dem Kunden vormache, daß er unter den Armen stinkt und daß er ein Ekel ist, wenn er mein Produkt nicht kauft.
Das ist das Schöne am Internet. Wenn ein neues Programm den richtigen Nerv trifft, kann Mund-zu-Mund-Propaganda sehr viel effizienter sein als teure Werbekampagnen... Der Internet-Vertrieb ermöglicht endlich Volumengeschäfte, wie sie für Kleinunternehmer bisher undenkbar waren.«

Banken

Gewaltige Druckwelle

Wie ein leises Rumoren im Geldgelände hatte es begonnen. Eberhard Martini, Vorstandschef der Bayerischen Hypotheken- und Wechselbank in München, beklagte die unerhörten Belastungen durch die Umstellung auf den Euro und die immer teurer werdende Ausstattung der Bank. Lokalrivale Albrecht Schmidt von der Bayerischen Vereinsbank mochte da nicht zurückbleiben und sprach von zu vielen Filialen mit zu geringen Erträgen. Die Presse nahm es zur Kenntnis und ging zur Tagesordnung über. Was dann aber seit Mitte des Jahres 1996 zunehmend öfter die Spalten der Zeitungen füllte, war mehr als Mitgefühl heischendes Lamentieren über die Beschwerlichkeiten des Kreditgeschäfts. Den beiden Münchner Bankern war klar, daß im Geldgewerbe gewaltige Veränderungen bevorstanden. Und diese Veränderungen würden gerade ihre beiden Häuser betreffen.

Die Hypo hatte sich während der zurückliegenden Jahre ausgesprochen erfolglos geschlagen. Viele notleidend gewordene Immobilien-Engagements, zu viele Mißerfolge im Firmenkundengeschäft wie im Beteiligungsbereich belasteten die Bilanz. Der Großaktionär Allianz war deutlich unzufrieden, bedrängte Martini mit harten Fragen und signalisierte, daß er die bei der Bank anstehende Kapitalerhöhung nicht so ohne weiteres mitmachen würde. Die Bank, noch gegen Ende der 80er Jahre in blendender Verfassung, schien eine umfassende Sanierung zu benötigen.

Und wenn es noch eines Beweises hierfür bedurft hätte, so lieferte diesen die Hauptversammlung im Mai 1997. Noch nie zuvor in der Geschichte der Bank war der Vorstand dermaßen hart, für Insider zurecht, attackiert worden. Mehrere Aktionäre forderten den Rausschmiß des gesamten Vorstands. »Oder müssen wir wirklich warten, bis die Dresdner die Hypo-Bank übernimmt und den Vorstand mit Martini entsorgt?«, rief ein Aktionärssprecher. Andere Aktionärssprecher erregten sich über das im Branchenvergleich schlechte Abschneiden der Bank. Mit 8,1 Prozent befinde sich die Gesamtkapitalquote »hart an der Grenze«, stellte ein Sprecher der Schutzgemeinschaft der Kleinaktionäre fest. Die anhaltenden Verluste verschiedener Tochtergesellschaften wie Hypo Capital Management (H.C.M.), Westfalenbank, Hypo Service-Bank oder Direkt

Anlage Bank kamen mehrmals zur Sprache. Nach dieser Veranstaltung und der völlig unbefriedigenden Vorstellung des Vorstands war klar, daß bei der Hypo etwas passieren mußte – und zwar auf ebenso schnelle wie grundlegende Weise.

Nicht weit von dem stolzen Turmbau der Hypobank in Münchens Stadtteil Bogenhausen hatte die Bayerische Vereinsbank (BV) eine ungleich erfolgreichere Strecke zurückgelegt. Der ursprünglich als »blaß« und »Beamtentyp« gehandelte Albrecht Schmidt hatte sich als beinharter Antreiber erwiesen. Die immer schon etwas feinere und weltgewandtere BV hatte die Hypo schon allein dadurch abgehängt, daß sie sich bei Immobilien-Engagements merklich zurückhielt.

Dennoch, auch bei der BV gab es für Frohsinn keine Veranlassung. Denn im Juni 1996 war bekannt geworden, daß die Deutsche Bank 5,2 Prozent der BV-Aktien erworben hatte. Ein mehr als deutliches Signal. Die Nummer Eins des deutschen und europäischen Kreditgewerbes schien die Übernahme der BV vorzubereiten. Schmidt mußte sich etwas einfallen lassen, wenn er die BV als selbständiges Institut erhalten wollte.

Bald tauchten äußerst starke Bundesgenossen auf. Der Versicherungskonzern Allianz, ohnehin die Macht in der deutschen Finanzwelt, empfand die Inititiative der Deutschen Bank schon deshalb als Affront, weil die BV zehn Prozent der Allianz-Aktien hielt. Wer also die Bank in München kaufte, konnte die Allianz-Aktien gleich mit dazu kaufen. Und machte dies die Deutsche Bank, dann konnte sie ihre eigene Beteiligung von zehn Prozent an der Allianz mit der der BV bündeln. Allianz-Chef Henning Schulte-Noelle ließ der Deutschen Bank ausrichten: »Bis hierher und nicht weiter.«

Schulte-Noelle wußte sich dabei mit der Regierung des Freistaats Bayern einig. Auch sie, direkt wie indirekt ein wichtiger Aktionär der BV, konnte eine Übernahme des weiß-blauen Instituts durch »Ausländer« nicht gutheißen. Denn die Bank hatte sich, wie übrigens auch die Hypo, über Jahrzehnte als zu wichtig für die industriepolitischen Absichten der Landesregierung erwiesen. »Als die Deutsche Bank ihr Fünf-Prozent-Paket an der Bayerischen Vereinsbank offenlegte und von einem strategischen Investment sprach, war ich elektrisiert«, gab Bayerns Ministerpräsident Edmund Stoiber zu. Denn: »Aus der viertgrößten Geschäftsbank Deutschlands drohte eine Dependance zu werden.«

So gingen die Überlegungen der Allianz mit denen der Regierung Bayerns Hand in Hand. Und weil die Allianz nur in einer anderen Konstellation hoffen konnte, ihre Beteiligung Hypo-Bank ruhig, ohne geschäftsschädigende Geräusche zu sanieren, rückte die für alle Beteiligten konsensfähige bayerische Lösung bald in greifbare Nähe. »Wir möchten unseren Weg in die Zukunft alleine gehen«, widersetzte sich Martini noch. Ergänzte aber: »Es macht auch keinen Sinn, mit dem Kopf durch die Wand zu rennen.«

Hypo und BV hatten schon etliche Geheimgespräche auf Vorstandsebene geführt, als es dann Mitte Juli 1997 zur Sache ging. Hypo-Chef Martini tagte an einem Wochenende mit seinem Team in der Rauchersuite des Münchner City Hilton Hotels. Der Rivale und zur Übernahme der Hypo entschlossene Schmidt beriet sich mit seinen Mannen in einer Nichtrauchersuite des Hotels. An diesem Tag und in diesem Hotel handelten Martini und Schmidt schließlich unter strengster Geheimhaltung die letzten Details einer Vereinbarung aus, die als Ouvertüre zu dem Erdbeben der deutschen Kreditwirtschaft zu verstehen ist: der Zusammenschluß der beiden Institute zu der Bayerischen Hypo- und Vereinsbank. Mit einer Bilanzsumme von 743 Milliarden DM rückt die neue Bayern-Bank auf Platz zwei unter Deutschlands Banken vor. Zwar hat sie im internationalen Geschäft nicht viel zu bestellen. Aber in der Immobilienfinanzierung ist sie Europas Nummer Eins.

Kaum hatten Martini und Schmidt ihren Zusammenschluß bekanntgegeben, schossen die Kurse aller Bank- und Versicherungsaktien nach oben. Die Aktien der deutschen Banken stiegen innerhalb von drei Tagen im Schnitt um 20 Prozent. Der Münchner Zusammenschluß ist eine Art Dammbruch, der im deutschen Finanzmarkt eine neue Ära einleitet. Eine neue Aggressivität treibt die Geldhäuser voran. Was kommt jetzt? Wer schluckt wen? Wer ist der nächste Übernahmekandidat? Wo und wie entsteht das nächste große Unternehmensgebilde? Mit dem härter werdenden Kampf um die Kundengelder nimmt für die Schwächeren und Kleineren der Branche die Gefahr zu, im Beteiligungsbesitz eines Größeren aufzugehen. Zugleich wirft die Fusion ein Schlaglicht auf den sich wandelnden Standort Deutschland.

»Radikale Deals sind nun auch in Deutschland möglich«, konstatierte die Financial Times, die dem Zusammenschluß der beiden bayerischen Banken einen »erfrischenden Geschmack« bescheinigte. »Deutschland ändert sich wirklich«, kommentierte die britische Investmentbank Robert Fleming. Die gewohnte Ordnung der deutschen Wirtschaft, in der man sich unter Aufsicht von Allianz und/oder Deutsche Bank nicht weh tat, in der man Fusionen oder gar »feindliche Übernahmen« für unanständig hielt, ist ein Auslaufmodell. Freilich zeigt der Bayern-Deal selbst noch in seinem revolutionären Ausmaß alle Elemente der alten Ordnung. Die Deutsche Bank dominiert. Was sie unternimmt oder auch unterläßt, prägt die Bankenlandschaft.

Leiser, aber noch mächtiger als die Deutsche Bank agiert der Versicherungskonzern Allianz. Als Schmidt und Martini den Zusammenschluß ihrer Banken bekanntgaben, blieb der wichtigste Akteur im Hintergrund: Henning Schulte-Noelle, der Vorstandsvorsitzende der Allianz. Während Rolf E. Breuer, der Vorstandssprecher der Deutschen Bank, von einem »genialen Coup« sprach, begnügte sich Schulte-Noelle mit der Aussage, daß es durch die neue Bank »zu einer deutlichen Erhöhung des Wertes unserer Beteiligungen an den beiden Instituten« komme. So leise, so unverbindlich tönt und agiert die Allianz, der inzwischen größte Versicherer der Welt, der bei der neuen Großbank in München ebenso dominieren wird wie bei der nun überholten Nummer zwei unter Deutschlands Banken, der Dresdner Bank in Frankfurt.

»Der bislang nur schleichende Konzentrationsprozeß wird sich in eine gewaltige Druckwelle verwandeln«, prognostiziert Tiemo Kracht, Bankenberater bei Ray & Berndtson. Die aus den USA kommende Sicht von der Steigerung des Unternehmenswertes als Ziel setzt sich vor allem im Geldgewerbe durch. »Die Erträge deutscher Banken geraten immer mehr unter Druck«, hat die US-Unternehmensbewertung-Agentur Moody's erkannt. Hendrik Borggreve von Salomon Brothers erwartet »eine Welle von Konzentrationen im Finanzbereich«, weil die deutschen Geldhäuser in dem europäischen Markt mit einheitlicher Währung ihre Schlagkraft erhöhen müssen.

Vor diesem Hintergrund hat Deutschland einfach zu viele Banken, zu viele Bankfilialen und zu viele Bankangestellte in der Verwaltung. Konzentration, Straffung der Niederlassungen und Ausdünnungsaktionen bei den Mitarbeitern sind unvermeidlich. Die fusionierte Bayern-Bank zeigt, was ansteht. Die neue Großbank hat im Inland insgesamt 1 404 Geschäftsstellen (BV: 772; Hypo: 632). Davon stehen viele örtlich und regional im direkten Wettbewerb zueinander. Folglich wird von den insgesamt 1 404 Filialen während der nächsten fünf Jahre mindestens ein Viertel geschlossen. Und von der heute noch knapp 40 000 Beschäftigte zählenden Belegschaft werden bestenfalls etwas mehr als 30 000 übrigbleiben.

Solche Aktionen werden noch über viele Jahre zum Alltag des deutschen Bankgewerbes gehören. Denn im internationalen Vergleich hat Deutschland in der Tat zu viele Banken. Obwohl während der vergangenen fünf Jahre schon mehr als 1 000 Institute verschwunden sind, werben immer noch über 3 800 Banken (einschließlich ihrer rund 45 000 Filialen und Niederlassungen etwa 40 Prozent aller Kreditinstitute im EU-Bereich) um die Kunden. In keinem anderen Land Europas ist das Kreditgewerbe so zersplittert wie in Deutschland. Die drei Großbanken – Deutsche, Dresdner und Commerzbank – kommen zusammen auf einen Marktanteil von insgesamt etwa zwölf Prozent. Das Flächengeschäft machen die Sparkassen, die Volks- und Raiffeisenbanken mit ihren über

Beteiligungs-AG Deutschland		
Name	Anteil (Prozent)	Börsenwert der jeweiligen Allianz-Beteiligung*
Münchener Rück	25,5	12 506
Dresdner Bank	21,9	8 765
Veba	10,2	5 014
Hypo-Bank	22,0	4 507
RWE	10,0	4 436
BASF	10,5	3 944
Deutsche Bank	5,0	3 270
Beiersdorf	38,2	2 583
Bayer	4,7	2 278
Bayer. Vereinsbank	8,7	2 152
Siemens	2,8	1 905
MAN	18,0	1 379
Daimler-Benz	1,9	1 323
Viag	5,9	1 318
Lahmeyer	15,2	1 269
Schering	10,0	1 216
Linde	11,0	1 098
BHF-Bank	15,0	721
Thyssen	5,0	705
AMB Aachener & Münchener	5,0	465
IKB	12,0	382
Monachia	46,0	302
Mannesmann	0,8	239
Continental	5,1	262
Metallgesellschaft	4,0	208
Hochtief	3,0	175
Süd-Chemie	19,0	130
Barmag	15,0	93
Leifheit	10,1	30
DLW	11,0	30
Schloßgarten	7,0	12
Kühnle, Kopp & Kausch	4,9	6
Insgesamt:		62 723
* in Millionen DM		
Quelle Allianz, Hoppenstadt, Berechnungen WiWo; Stand: Mitte Oktober 1997; Wirtschaftswoche Nr. 44/97		

Tabelle 5: Allianz-Engagements bei deutschen Aktiengesellschaften.

Beteiligungs-AG International		
Name	Land	Anteil (Prozent)*
Munich American Reinssurance	USA	40,0
MMI General Insurance	Australien	37,6
Crédit Foncier et Communal d'Alsace et de Lorraine	Frankreich	10,9
The Navakij Insurance Public Company	Thailand	10,0
Banco Portugues de Investimento	Portugal	9,2
Banco Popular	Spanien	5,0
Rolo Banca 1473	Italien	4,2
Société de fabrication d'Instruments de Mesures	Frankreich	3,6
Immob. Batibail	Frankreich	3,3
Credito Italiano	Italien	3,0
Pirelli & Co	Italien	3,0
Istituto Mobiliare Italiano	Italien	2,3
Generale Industrie Metallurgiche	Italien	2,0
Mediobanca	Italien	2,0
Société Internationale Pirelli	Schweiz	1,4
Quelle: Allianz		

Tabelle 6: Engagements der Allianz bei ausländischen Gesellschaften.

das Land verstreuten rund 40000 Zweigstellen. Kaum ein anderes Land leistet sich ein derart dichtes und teures Netz, das mit den Zweigstellen, so die Klage vieler Bankmanager, »wie ein Mühlstein am Hals des Bankgewerbes« lastet.

Die Frage ist, ob dies schon alles ist. Denn in Wirklichkeit steht etwas Grundsätzliches zur Beantwortung an. Wozu werden Banken künftig überhaupt noch benötigt? Wie und womit können sie ihre Existenz rechtfertigen? Was zur Geschichte der Zivilisation wie Nahrung, Kleidung, Lesen und Sex zu gehören schien – die Inanspruchnahme von Bankleistungen – löst sich auf und zerfasert in eine neue Fülle von Möglichkeiten. »The world needs banking not banks,« formuliert Bill Gates, der Chef des Softwarekonzerns Microsoft, die für die Banken beängstigende Perspektive.

Denn nahezu nichts, was eine Bank heute leistet, muß auf zwangsläufige Weise künftig noch von einem Kreditinstitut erledigt werden. Kreditvergabe? Kann jeder Finanzierungs-Ableger eines Autokonzerns wie die Banken von VW, BMW oder Ford genauso gut leisten. Geldanlage?

Das Investmentkonto bei einer Fondsgesellschaft ist in der Regel besser und billiger. Zahlungsverkehr? Telefon- oder PC-Banking machen Schalterhallen überflüssig. Der sich unentwegt beschleunigende technische Wandel zerstört die einst klar definierten Grenzen der bankbetrieblichen Tätigkeit. Weltweit formieren sich einige wenige große Häuser, die mit enormen technischen und finanziellen Ressourcen die gesamte Palette der Finanzdienstleistungen rund um den Erdball anbieten.

Revolution im ältesten Gewerbe

Auch dies, die Flucht in die Größe, ist Symptom der großen Angst, die alle Banken dieser Welt erfaßt hat. Denn insgesamt steht das Bankwesen mit seinen Filialen und Belegschaften, der technischen Ausstattung und der sozialen Präsenz vor einer dramatischeren Situation als je zuvor. Ganze Geschäftsfelder werden sich in den nächsten Jahren auflösen und Banken zurücklassen, die den Sinn ihrer unternehmerischen Existenz neu definieren müssen. »Die alte Ordnung des Massen-Bankgeschäfts wird hinweggefegt«, prognostiziert die Londoner Unternehmensberatung Deloitte Touche Tohmatsu International in einer Studie zur Zukunft des Bankgeschäfts. »Die traditionelle Rolle der Filialen wird sich erledigen, die Software wird für den Bankservice neue Standards setzen.«[1]

Die Revolution des ältesten Gewerbes der Welt beschreibt Richard Dobson, Bankenexperte beim US-Wertpapierhaus Provest, »als eine Welt ohne Bankfilialen, in der die Kunden jedes Geschäft über den Geldautomaten oder den Heimcomputer abwickeln können«. Abbau von Filialen und Personal sind die Folgen. Vor mehr als einem Jahrzehnt bezeichnete Ulrich Cartellieri, Vorstandsmitglied der Deutschen Bank, Banken als die »Stahlindustrie der neunziger Jahre«. Heute, gegen Ende des Jahrtausends, erweist sich die seinerzeit als überzogen empfundene Prognose bereits als fast zu milde.

Nach einer aktuellen Studie der Unternehmensberatung Coopers & Lybrand zu den Plänen der 50 führenden Banken der Welt werden über die nächsten zehn Jahre rund 50 Prozent aller noch heute im Geldgeschäft Beschäftigten ihre Jobs verlieren. Rechnet man das auf die deutsche Finanzbranche hoch, dürfte es allein hierzulande bald um einige 100 000

1 Deloitte Touche Tohmatsu International: Aufbruch in neue Bankendimensionen. Eine globale Perspektive, Frankfurt a.M. 1995 (Original: London 1995).

Arbeitsplätze in der Kreditwirtschaft geschehen sein. Dabei wird die Kündigungswelle nicht nur Kassierer und Schalterangestellte, sondern auch das Management erfassen. Der Bankkaufmann am Kundenschalter wird künftig immer seltener gebraucht. Telebanking, Geldautomaten und Kontoauszugsdrucker machen den teuer ausgebildeten Fachkräften Konkurrenz. Jedenfalls dort, wo es um Standardvorgänge geht, die die Mitarbeiter heute noch ganz überwiegend in den Filialen ausführen.

Großbritannien im Jahre 2005, nach der Studie von Deloitte Touche Tohmatsu International: Innerhalb von einem Jahrzehnt sind mehr als 9000 Filialen und 50000 Arbeitsplätze verloren gegangen. USA im Jahre 2005: Nur noch knapp 30000 Bankfilialen landesweit (1995: 59000). Von den 2,8 Millionen Menschen, die noch 1995 in der US-Kreditwirtschaft arbeiteten, haben bereits über eine Million ihre Stellen verloren.

Zurück zur Gegenwart mit ihren unverkennbaren Trends. Trotz steigender Renditen rationalisieren und automatisieren die britischen Großbanken seit Jahren. Überschüssiges Kapital wird an die Aktionäre zurückgegeben. Die National Westminster Bank, mit einem Bilanzvolumen von 164,3 Milliarden Pfund die zweitgrößte britische Bank, kündigte 1996 an, sie werde über die nächsten vier Jahre weitere 10000 Mitarbeiter, etwa jeden fünften in ihrem einheimischen Filialnetz, freisetzen. Die Zahl der Filialen soll nochmals um rund 300 auf 1750 verringert werden. Das wären dann insgesamt tausend weniger als noch im Jahre 1993.

In den USA hat es unter den 50 größten Geldhäusern allein von Ende 1994 bis zum Sommer 1995 acht Zusammenschlüsse oder Übernahmen gegeben. Und weil das so weiter geht, steht für Walter Shipley, Vorstandschef der 1995 mit Chase Manhattan fusionierten Chemical Bank, fest, daß das Kreditgewerbe jetzt ganz anderen Zwängen unterliegt als noch vor wenigen Jahren. Die Gefahren für die etablierten Institute mit ihren Filialen sind unverkennbar. James Chessen, Chefökonom des Amerikanischen Bankenverbandes, sieht in einem Kreditinstitut grundsätzlich nichts anderes als einen Betrieb, der im Rahmen und zum Zweck der Aufrechterhaltung von Kundenbeziehungen große Informationsmengen bewältigt. Da dies Telefon-, Software- oder Kabel-TV-Gesellschaften auch können, besteht für Chessen das Schicksal der Banken darin, dem sich verändernden Kundenverhalten mit neuen Produkten und Dienstleistungsangeboten ständig Rechnung zu tragen. »Wer das nicht versteht, wird bloß noch ein Warenhaus für Kredite sein können und damit in einer schrecklich engen Kiste landen, zu der dann nur noch der Sargnagel fehlt.«

Weltweit hat ein Umbau der Finanzkonzerne eingesetzt, bei dem große, eine lange Tradition aufweisende Häuser einfach hinweggespült werden. Nur wenige Monate nach der Vereinigung der beiden bayerischen Banken gingen die Schweizerische Bankgesellschaft (früher SBG, Mitte der 90er Jahre in UBS umbenannt) und der Schweizerische Bankverein (SBV) zusammen. Aus zwei schon für sich riesigen Konzernen entsteht die UBS, United Bank of Switzerland, die größte Bank Europas und der größte Vermögensverwalter der Welt.

In der neuen Kombination wird von dem einen Institut wie von dem anderen nicht viel übrig bleiben. »Das einzige, was von der UBS bleibt, ist der Name«, kommentiert ein UBS-Mitarbeiter. Nicht viel anders wird es der SBV ergehen, obwohl sie als der kleinere Teil der »Schweizer Elefantenhochzeit« in der neuen Bank vier von fünf Vorstandspositionen stellt. Beide Institute bringen es in der Schweiz auf über 500 Filialen. Mindestens 150 dieser Niederlassungen werden nicht mehr gebraucht.

An der Schwelle zum dritten Jahrtausend geht für alle Banken dieser Welt eine Ära zu Ende. Man hatte Filialen und die Kunden kamen von selbst. Schon jetzt kommen die Kunden seltener, weil die Beziehung zur Bank austauschbar geworden ist. Demnächst werden die Kunden so gut wie gar nicht mehr kommen, weil die Beziehung zur Bank im herkömmlichen Sinn so gut wie gar nicht mehr benötigt wird.

Dies gilt für Deutschlands Banken nicht anders. Nach einer Analyse des Schweizer Finanzkonzerns Julius Bär nimmt der Wettbewerb in allen Geschäftsbereichen zu, »da alle Institute in allen Bereichen auf Marktanteilszugewinne aus sind und in Teilbereichen zusätzlich ausländische Anbieter auftreten. Die neuen Techniken und Medien ermöglichen neue Vertriebsformen... Gute Risiken verschwinden aus der Bilanz. Die Margen sinken... Für die Banken bedeutet dies ein relatives Absinken der zinsgünstigen Kundeneinlagen und eine tendenzielle Verteuerung der Refinanzierung. Die Kundenbeziehungen weichen sowohl im Firmenkunden- als auch im Privatkundengeschäft immer weiter auf. Das Hausbankenprinzip hat immer weniger Gültigkeit. Der Kunde ist in zunehmendem Maße rein produktorientiert. Wachsende Produkttransparenz und Aufgeklärtheit der Kunden erhöhen die Sensibilität für das Preis-Leistungs-Verhältnis.... Der Konzentrationsprozeß im Bankensektor hat auch in Deutschland Einzug gehalten.«[2]

Nach Überzeugung von Bär werden schon in wenigen Jahren nur noch zwei oder drei Bankkonzerne in der Lage sein, den Anforderungen in allen Geschäftsbereichen gerecht zu werden. In erster Linie gelte dies für die Deutsche Bank, bei der »aber intern noch deutliche Anstrengungen und Umstrukturierungen vorgenommen werden müssen, um die

---

2 Aktienanalyse Julius Bär Deutschland, August 1996.

Rentabilitätsziele zu erreichen. Ein zweites Institut, das noch alle Geschäftsbereiche im Bankwesen besetzt, könnte um die Dresdner Bank und aus dem Pooling der Allianz-Interessen im Bankbereich entstehen. Die restlichen Banken werden sich, gezwungen durch die beschriebenen Entwicklungen, auf Kernbereiche spezialisieren, in denen sich für sie auf Grund ihrer Marktstellung und ihres Know-hows Wettbewerbsvorteile ergeben. Die anderen Geschäftsbereiche werden aus Rentabilitätsgründen nach und nach aufgegeben oder verkauft.«

Spät und zögernd nahmen die deutschen Banken solche Prognosen wirklich zur Kenntnis. Dann aber entschloß sich die Branche, die in der Vergangenheit lieber eine Filiale zuviel unterhielt als durch unliebsame Meldungen aufzufallen, doch noch, ihre Zweigstellen massiv abzubauen und zu verändern.[3]

Die Spiegel-Redakteure Hans-Peter Martin und Harald Schumann schreiben in ihrem Buch »Die Globalisierungsfalle«, daß die Deutsche Bank noch über 30 000 von derzeit insgesamt rund 70 000 Mitarbeitern »wegrationalisieren« müsse, um so produktiv wie die amerikanische Citicorp zu werden. Dresdner Bank und Commerzbank müßten jeweils gut die Hälfte ihres Personalbestandes streichen.[4]

Tatsächlich wird in der Kreditwirtschaft die Kundenbetreuung per Telefon und Computer schon jetzt so intensiviert, daß in den nächsten Jahren weit mehr als ein Drittel aller Filialen wegfallen könnte. Die in der Kreditwirtschaft vorherrschende Stimmung bezeichnet Uwe Foullong, Bankenexperte der Gewerkschaft Handel, Banken, Versicherungen (HBV), als »Kulturrevolution«.

Abbau der Belegschaften und Umbau der Banken erfolgen im Hinblick auf Organisationsformen wie »Lean Banking« oder »Business Process Reengineering«. Bestimmte Aufgaben wie Kontoführung oder Ausführung des Zahlungsverkehrs werden in großen Service- und Abwick-

---

3 Gerhard Kutscher: Europas Banken gehen einen schwierigen Weg, Handelsblatt 15.10.1996. Frank Wiebe: Auf der Suche nach der Bankfiliale von morgen, Handelsblatt, 10.12.1996. Vgl. Erich Priewasser: Die Priewasser-Prognose. Bankstrategie und Bankmanagement 2009, Frankfurt a.M. 1994, S. 194 ff. Nach Priewasser werden die Großbanken im Jahre 2009 noch 2 500 und die Regionalinstitute 2 600 Bankstellen halten; Abnahme seit 1992 damit jeweils mehr als 1 000 Einheiten. Das Netz der Sparkassen werde um annähernd 6 000 auf nur mehr 14 200, das der Kreditgenossenschaften um über 4 000 auf 16 600 Geschäftsstellen schrumpfen.

4 Hans-Peter Martin, Harald Schumann: Die Globalisierungsfalle. Der Angriff auf Demokratie und Wohlstand, Reinbek bei Hamburg 1996, S. 140 ff.

lungszentren zentralisiert. Routinetätigkeiten werden automatisiert, Kundenbetreuer auf Verkaufen ausgerichtet.

Insgesamt sollen einfache, genormte Standardprodukte wie Investmentfonds für mehr Effizienz sorgen. Die gesamte Bandbreite des Angebots, von der Finanzierung bis zur Vermögensberatung, gibt es dann nur noch in einigen ausgewählten Kopfstellen mit den entsprechenden Fachleuten. Dem Gros der Filialen, Anlaufstellen mit einer Handvoll Mitarbeiter, bleibt der Basis-Service. Flankierend hierzu erfolgt die Konzentration auf Online-Banking, Multimedia und zusätzliche Vertriebswege.

Während die interne Organisation nach Maßstäben erfolgt, die aus der industriellen Fertigung bekannt sind, wird auch der Vertrieb neu geordnet. Standardkunden – nach McKinsey 62 Prozent aller deutschen Haushalte – werden künftig von einem Serviceteam mit einer knapp gehaltenen Produktpalette möglichst kostengünstig bedient. Für die gehobene Klientel (25 Prozent der Haushalte) gibt es ein erweitertes Produktangebot mit Aktien- und Rentenfonds. Hier soll in der Beratung ein »Generalist« durchschnittlich 1 500 Kunden betreuen.

Zudem teilen praktisch alle Institute ihre Kunden in drei oder vier Klassen ein – private Massenkunden, gehobene Privatkunden, sogenannte »High Potentials«, (lukrative Privatkunden mit großem Vermögen) und kleinere Firmen. Das Ziel: Nicht mehr in jeder Niederlassung alle Leistungen der Bank vorhalten, sondern nur noch in den größeren Filialen. »Die Zahl der Filialen wird sinken. Es wird eine Art Drei-Klassen-Gesellschaft geben«, meint der (ehemalige, bis Sommer 1997 amtierende) IBM-Deutschland-Geschäftsführer Edmund Hug.

»Gehobene Privatkunden« mit einem realen Geldvermögen von mindestens 100 000 DM (circa acht Prozent aller Bankunden heute) haben es in ausgewählten Filialen, räumlich vom Massengeschäft abgetrennt, mit jeweils für rund 300 Kunden zuständige Anlageexperten zu tun. Schließlich die rund fünf Prozent der Top-Kunden (»High Potentials oder VIP). Sie fallen aus dem Raster des Massenkonzepts völlig heraus und genießen Vorzugsbehandlung wie in einer Privatbank.

Vieles davon ist bereits Realität. Die Berliner Bank AG hat ihre 120 Geschäftsstellen in Berlin und Brandenburg drei Kategorien zugeordnet:

1. Filialen, in denen nur noch Standardleistungen angeboten werden.
2. Hauptfilialen für das beratungsintensive Geschäft (gehobene Privat- und Firmenkunden).
3. »VIP-Beratungszentrum« zur Betreuung vermögender Privatkunden (ab 500 000 DM).

Die besten Vermögensberater arbeiten in der Bank-Zentrale in der Berliner Hardenbergstraße, wo mit Umbaukosten von mehr als fünf Millionen DM das VIP-Center entstanden ist. Die rund 20 Mitarbeiter dieser »Privatbank in der Berliner Bank« betreuen mehr als 800 Kunden mit einem Vermögensvolumen von insgesamt über eine Milliarde DM. »Wenn es denn sein muß«, beschreibt Manfred Voit, Leiter des VIP-Centers und des Zentralen Vemögensmanagement die neue Stimmung in der Bank, »kommen wir auch am Heiligen Abend selbst auf eine Insel in der Ostsee«. Für Helmut Strothmann, im Vorstand der Berliner Bank für das Privatkundengeschäft zuständig, läuft auch dies nach dem Prinzip »weg von der Universalbank für alle, hin zum Angebot für spezielle Kundengruppen«.

Auch die Deutsche Bank praktiziert dies, wie die Matrix »Grundorientierungen und Zielgruppen« aus ihrem Geschäftsbereich »Privates Anlagemanagement« zeigt. Sie weiß wie die Branche insgesamt: Mit konventionell organisierten Bankfilialen werden wichtige Teilzielgruppen wie »Selbstbewußte«, »Etablierte«, Aufsteiger« und »Traditionelle« künftig nicht mehr zu halten sein.

Diese Entwicklung wird sich durch die verstärkte Einbeziehung der modernen Transaktionsformen und entsprechende Preisgestaltung enorm beschleunigen. Beispielsweise hatte im Sommer 1996 die vormalige Bayerische Vereinsbank damit begonnen, ihren Wertpapier-Kunden zwei Transaktionswege anzubieten. Wer mit Aktien per Telefon handelt, zahlt bei An- und Verkauf von Papieren nur noch einen Teil der Gebühren. Ergebnis: Bis Ende 1996 wurden im Privatkundengeschäft bereits 12 Prozent aller Aktien per Telefon gehandelt. Weiter hat das Institut in einem Kraftakt während der zurückliegenden drei Jahre etwa sieben Prozent aller Girokonten online-fähig gemacht. Ein online geführtes Konto ist für die Bank und den Kunden um die Hälfte billiger. Weil die Kunden dies verstehen und ihre Konten auf die online-Nutzung ausrichten, glaubt Vereinsbank-Vorstandsmitglied Dr. Stephan Schüller, daß bis zur Jahrtausendwende bereits über 20 Prozent der Kunden ihre Konten online führen werden. Bei entsprechender Ausrichtung der Filialen werden dann viele Arbeitsplätze überflüssig. Im gesamten Privatkundengeschäft kann die Produktivität um bis zu 25 Prozent gesteigert werden.

Grundorientierungen und Zielgruppen			
Vier Grundorientierungen			
1. Die Selbstbewußten	*2. Die Etablierten*	*3. Die Traditionellen*	*4. Die Aufsteiger*
Leistungswille, Unabhängigkeit, Risikobereitschaft (Erfolg im Beruf, Mobilität, Belastbarkeit, gezielte Planung von Karierre und Privatleben, hohe Flexibilität)	**Leistungsbereitschaft, geringe Risikobereitschaft, Vertrauen in konventionelle Abhängigkeiten** (Traditionelle Werte, harmonisches Familienleben, materielle Sicherheit, anerkannte Stellung in der Gesellschaft)	**Leistungsbereitschaft im Rahmen von Konventionen, kaum noch Risikobereitschaft, großes Vertrauen in konventionelle Abhängigkeiten** (Zuverlässigkeit, nicht aus der Rolle fallen, materielle Sicherheit, Harmonie, ausgeprägtes Pflichtbewußtsein)	Zwischen 1. und 2. (Stark von Statussymbolen geleitet, alte Bilder von Macht, Reichtum und Prestige dominant)
Vier Zielgruppen			
1. Die Selbstbewußten	*2. Die Etablierten*	*3. Die Traditionellen*	*4. Die Aufsteiger*
Beratungsorientierte Kundengruppe jüngeren und mittleren Alters **Convenience-Bedarf** Wunsch nach Professionalität und Kompetenz	Anspruchsvolle, geldaktive Kundengruppe **Sicherheits- und statusbewußt** in Geldanlagen erfahren und gut informiert	Gutsituierte »pflegeleichte« Kundengruppe **Sicherheitsorientiert** konservative und langfristige Anlageformen, Loyalität gegenüber Geldinstitut	Ambitionierte, entwicklungsfähige Kundengruppe **Status- und erfolgsorientiert** Wunsch nach Exclusivität und Prestige
* **Die Aufsteiger: Beispiel für Produktnutzung** • Prestigewert einer exklusiven Bankverbindung, Lifestyle-Umfeld, unbürokratische Beratung • Risikotolerant und ertragsorientiert • Hoher Stellenwert von Liquidität • Produkte: Wertpapiere (Aktien und Optionsscheine), Kredite, Geldmarktfonds und Aktienfonds			
** Kerneigenschaft und spezifischer Bedarf in Fettdruck.* *Quelle: Deutsche Bank, Geschäftsbereich Privates Anlagemanagement.*			

Tabelle 7: Wen Privates Anlage-Management (Geschäftsbereich Deutsche Bank) im Visier hat.

Wer wieviel zählt			
	Geschäftsvolumen	**Einlagen**	**Kredite**
Alle Bankengruppen	7 445,4	3 156,4	4 681,9
Kreditbanken	1 829,5	647,3	1 192,5
Girozentralen und Sparkassen	2 830,1	1 302,1	1 747,5
Genossenschaftliche Zentralbanken und Kreditgenossen schaften	1 122,5	664,0	690,8
Sonstige	1 663,4	543,0	1 051,2

Einlagen und Kredite: jeweils von und an Unternehmen, private Haushalte und öffentliche Haushalte.
Kreditbanken: Großbanken, Regionalbanken und sonstige (Zweigstellen ausländischer Banken, Privatbankiers).
Sonstige: Realkreditanstalten (Private Hypothekenbanken, öffentlich-rechtliche Grundkreditanstalten), Kreditinstitute mit Sonderaufgaben.

Quelle: Ursprungsdaten Deutsche Bundesbank mit Berechnungen Deutscher Instituts-Verlag, 5/1996.
Stand: Ende November 1995 jeweils in Milliarden DM

Tabelle 8: Der deutsche Markt für Geld und Kredit.

Future Banking

»Banking kann nicht länger innerhalb der eigenen Mauern betrieben werden«, stellt Mary Cirillo, Vice President der Citibank in New York, fest. Zwar werden Banken spezielle finanzielle Serviceleistungen weiterhin anbieten. Aber nun verstärkt, so Cirillo, »im Rahmen einer umfassenderen, auch global ausgerichteten Vorgehensweise«. Die Citibank tut dies, indem sie »virtuelles Banking« bereits praktiziert. So bildeten AGF Management Limited und Citibank Canada im August 1996 das Joint-Venture für eine »virtual trust company«, die unter Nutzung von Citibanks Mitgliedschaft in Interac, einem ATM-Netzwerk und Debit-Card-System in Kanada arbeitet.[5]

---

5 Aus dem Vortrag von Mary Cirillo »Strategic Perspectives on the role of Technology in Banking«, Oktober 1996, Tagung auf Schloß Reisensburg bei Günzburg »Wie sehen Banken und Versicherungen im Jahre 2000 aus?«. Veranstalter: Universität Ulm und Institut für Finanz- und Aktuarwissenschaft an der Universität Ulm.

Schrumpfende Filialen		
	Beschäftigte (Privatbanken)*	**Filialen****
1990	211600	44345
1991	216650	44863
1992	222450	49186
1993	221000	49118
1994	219200	48721
2000	200000	35000
	** Prognose der Gewerkschaft HBV; für alle Institute ohne Sparkassen, Landesbanken und Genossenschaftsbanken.*	*** Prognose Arthur D. Little, Wiesbaden; für alle Institute einschließlich Sparkassen, Landesbanken und Genossenschaftsbanken*

Tabelle 9: Banken in Deutschland.

Im Prinzip kann ein Unternehmen heute schon Leistungen und Teilleistungen von dem besten Anbieter beziehen – von Brüssel bis Brasilien, egal, wo er sitzt. Diese Explosion des globalen Handels wird von der Technologie vorangetrieben, die die geographischen Grenzen für das

---

Der Begriff »virtuell« kommt aus dem Computerbereich und steht für die Leistungsfähigkeit eines PC, der anscheinend über viel mehr Speicherplatz verfügt als er tatsächlich hat. Die eigentlich nicht vorhandene Speicherkapazität wird durch die Kooperation des Arbeitsspeichers mit anderen Speichermedien simuliert. Übertragen auf die Unternehmenswelt, leistet ein »virtuelles« Unternehmen für seine Kunden sehr viel mehr, als es ihm aufgrund seiner unmittelbar verfügbaren Ressourcen menschlich, technisch und finanziell eigentlich möglich ist.
Vorraussetzung: Die beteiligten Unternehmensmodule sind ihrerseits schlanke Hochleistungsorganisationen. Zwischen ihnen und zwischen den Kunden muß eine vertrauensvolle Kooperation entstehen. Virtuelle Unternehmen brauchen eine Atmosphäre des Teamgeistes, in der alle zusammenarbeiten, um gemeinsame Ziele zu erreichen. In dieser Kooperation entsteht das virtuelle Produkt als Ganzes nach dem Wunsch des Kunden in ungewöhnlich kurzer Zeit.
Vgl. W.H. Davidow, M.S. Malone: The Virtual Corporation. Structuring and Revitalizing the Corporation for the 21st Century, New York 1992. William Knoke: Bold New World. The Essential Road Map tothe Twenty-First Century, New York 1996.William Greider: One World, Ready or Not. The Manic Logic of Global Capitalism, New York 1997.

Wissen ausradiert. Cirillo: »Durch die Informationstechnologie wurde das Wissen völlig portabel.«

Zudem: Was für die Unternehmen als Revolution von außen kommt – Internet –, wird in der Variante Intranet diese Unternehmen auch intern verändern. Heute kann jeder Betrieb für einen exakt definierten Benutzerkreis sein eigenes Netzwerk – Intranet – aufbauen, und damit selbständige, räumlich weit entfernte Einheiten zu einem Ganzen zusammenfügen.

»In dieser neuen globalen Netzverflechtung, die derzeit von Internet und künftig von weiteren leistungsfähigeren Netzanbietern getragen wird, entsteht... ein virtueller Marktplatz für Unterhaltungsanbieter, Kaufhäuser, Universitäten und Banken«, schreibt Prof. Hans Ambros, Direktor der Studiengesellschaft für Sparkassen-Automation und -Innovation in Wien. »Wird am Anfang, um eine möglichst hohe Kundenakzeptanz sicherzustellen, bereits Bekanntes ohne Ladenschluß und Entfernungsproblematik angeboten, so kommen diese Dienstleistungen zunehmend von Quereinsteigern, die ohne die Belastung bestehender Strukturen arbeiten.« In der neuen virtuellen Welt gelte es, rechtzeitig Claims abzustecken. Denn: »Viele traditionelle Unternehmen, die in ihren Strukturen verkrusten, werden nicht rechtzeitig mit ihrem Angebot in dieser neuen Dimension vertreten sein, wodurch so auch wie in der realen Welt die besten Plätze am Hauptplatz oder am Rande der Informationssuperhighways bald von schnelleren Innovationen besetzt sind.«[6]

Das Internet führt zu grundlegenden Veränderung, weg vom statischen, durch Hierarchien definierten Umfeld zu einer dynamischen, aus Netzwerken bestehenden, völlig auf Zusammenarbeit ausgerichteten Umgebung. Dieses »Networking« mündet in neue Formen des Outsourcing, bei dem Banken nur noch das selber machen werden, was Teil ihrer Kernkompetenzen ist. »Networking« und »Outsourcing« erfolgen vor diesem Hintergrund: Die Materie verflüchtigt sich von ihrer gegenständlichen Greifbarkeit immer mehr in die elektronisch vorhandenen

6 Hans Ambros: Virtual Reality – Virtual Banking, Betriebswirtschaftliche Schriftenreihe des Hauptverbandes der österreichischen Sparkassen, Wien 1995. Ambros fordert die ständige Erneuerung, weil sie »zum alltäglichen Überlebenskampf gehört«. Schließlich: »Retail Banks und insbesondere die Sparkassen können sich, ähnlich wie die englischen Staatsbahnen seinerzeit nach der Umstellung von Dampf auf Elektrizität, den Heizer in der E-Lok nicht leisten. Ob die Entwicklung als Chance genutzt oder als Gefahr ignoriert wird, hängt primär von den Führungskräften ab.«

Möglichkeiten des »als ob«. So löst sich anfaßbares Geld auf in elektronische Geldbörsen und Cybermoney. Der Computer wird mit der Software zum Konto, Tresor, Kassiermaschine und Kontoführer in einem.

Sabine Reimers-Mortensen, Leiterin Financial Services bei Andersen Consulting in Hamburg, nennt als Folgen für die Banken: »Virtualisierung der Produkte« und »Virtualisierung der Unternehmen« als »Loslösung von der Materie«. Die Produkte einer Bank entwickeln sich von Standardangeboten (Kontoführung), zu »Differenzierten Produkten« (Anlageberatung), konfektionierten Massenangeboten (Investmentfonds, insbesondere Garantiefonds) und Angeboten zur »Abdeckung zugrundeliegender Bedürfnisse« (Lifestyle-, Lebensphasenkonzepte). Und vom Filialbetrieb mit seinen vergleichsweise starren Öffnungszeiten und der räumlichen Nähe zum Kunden erfolge jetzt der Übergang zu »Kommunikation mit dem Kunden außerhalb der Räume und Öffnungszeiten der Filialen.« Ihr Fazit: »Die Einführung virtueller Vertriebswege erzeugt einen erheblichen Kostendruck auf die Universalbanken.« Die Betrachtung »aller bankwirtschaftlichen Bereiche als notwendige Kerngeschäftsfelder« erweist sich als antiquiert und muß im Sinne von »Networking« flexiblen Allianzen weichen.

Die virtuelle Organisation

Helmut Meier, Unternehmensberatung Booz, Allen & Hamilton:
»Das virtuelle Unternehmen braucht zwar keinen Chef. Aber gerade die Komplexität der Informationsgesellschaft erfordert Führungskräfte, die Leitbilder, Strategien und Visionen entwickeln und Werte leben. Denn je mehr in kleinen schlagkräftigen Unternehmenseinheiten gearbeitet wird, desto wichtiger ist es, daß die übergeordneten Ziele klar festgelegt werden.«

Prof. Peter Mertens, Wirtschaftsinformatiker Universität Erlangen-Nürnberg:
»Stellen sie sich eine Expedition zum Beispiel in den Himalaja vor. Dafür wird ein Konzept entwickelt, dann ein Team aus Experten zusammengestellt, etwa aus Bergsteigern, Trägern, Ärzten. Dieses Team arbeitet hochkonzentriert zusammen, bis es am Ziel ist, und geht dann wieder auseinander. Im Prinzip funktionieren virtuelle Unternehmen so.«

Banken in Deutschland					
	Bilanzsumme in Mia. DM		Mit-arbeiter*	Filialen*	Geldau-tomaten*
	1995	*1996*			
Deutsche Bank	722	866,8	48 400	1 630	1 700
DresdnerBank	484	561,2	35 400	1 210	1 380
Commerzbank	404	448,0	24 900	980	1 000
Bayer. Vereins-bank	360	403,6	14 200	430	750
Hypo-Bank	299	339,4	15 200	490	530
BfG Bank	66		5 000	180	210
Citibank	16		4 200	310	520
** Stand: Ende 1995/96; Quelle: Geschäftsberichte*					

Tabelle 10: Bilanzsummen, Filialen und Geldautomaten der großen Institute.

Von Weihrauch benebelt

Ein Reihenhaus in einem Frankfurter Vorort. Nicht groß, nicht klein, die Eingangstür eingerahmt von akkurat gesetzten Rasenflächen, wirkt hier alles so exakt, als ob es der Hausherr mit dem Lineal ausgerichtet hätte. Unter der Wandgarderobe ein schmaler Tisch, exakt in die Mitte positioniert. Darauf Porzellandosen, genau in die Winkel gestellt. In der Mitte des Raumes ein großer Perser-Teppich. Darauf ein Glastisch, Sessel – und dann und wann Walter Hauber, der Hausherr, hinter dem eine mächtige Standuhr mit ihren für den deutschen Historismus des 19. Jahrhunderts typischen Säulen und Kapitellen gelegentlich schlägt.

Heute, im Frühjahr 1997, wirkt Hauber mehr als bedrückt. Dann bricht es aus ihm heraus. »Mehr als 30 Jahre habe ich für ein Haus, in dem man stolz war zu arbeiten, die Knochen hingehalten; an Wochenenden und auch während des Urlaubs. Und dann wird man rausgesetzt, einfach sozial verträglich rausgesetzt, wie man so das nennt.« Die so akkurat geordnete Welt des Walter Hauber (Name geändert), der »erstmals seit über zwei Jahrzehnten« wieder raucht, ist aus den Fugen geraten. Ohne Vorwarnung hat ihn die Bank vor kurzem über die anstehende Trennung informiert. »Im Zuge der allgemeinen Rationalisierung« wurde sein Arbeitsplatz aufgelöst und »zwei jüngeren Kollegen zugeordnet«. Und jetzt? »Jetzt sitze ich erst mal zu Hause und weiß nicht, was ich tun soll. Mit 56 zum Privatisieren noch zu jung und für einen anderen Job schon zu alt.«

So wie Hauber, der immerhin vergleichsweise sanft fällt, geht es nunmehr vielen, die glaubten, die Bank wäre ihr Zuhause, stets an ihrer Seite. Die vermeintliche Position auf Lebenszeit entpuppt sich als frommer Wunsch, als illusionäre Luftblase, die an der Realität zerplatzt. Denn, das weiß nun gerade Hauber, in so gut wie allen Banken (Privatbanken, Sparkassen, Kreditgenossenschaften der Volks- und Raiffeisenbanken) schlägt die Axt zu. Abbauen, Umbauen, Abspecken, Entlassen, Umstrukturieren sind die Stichworte, mit denen auch Deutschlands Kreditwirtschaft den Weg ins dritte Jahrtausend sucht. Die von den Stäben der Zentralen in Absprache mit Unternehmensberatern wie McKinsey oder Boston Consulting Group geschwungene Axt der Rationalisierung trifft Direktoren wie Hauber, Sachbearbeiter, Referenten, ganze Fachabteilungen, bis hinunter zu den kleinen Angestellten an der Schaltern.

In München hat es Frieda Gerbes getroffen, die »viele Jahre lang in meiner Bank die Frau an der Kasse« war. »Vor 20, 30 Jahren machten unsere hohen Herren da oben«, die heute in bayerische Tracht bunt gewandete Frieda Gerbes deutet mit dem Zeigefinger zum Himmel – murmelt: »der König, Gott hab ihn selig, würde sich im Grabe umdrehen« – »an fast jeder Straßenkreuzung eine neue Zweigstelle auf. Da brauchten sie uns. Jetzt braucht man uns nicht mehr. Früher, ja da hat man stolz sein können auf die noch vom König gegründete Bank, in der man gearbeitet hat. Und wenn mal die Wittelsbacher eine Ausstellung in der Bank eröffnet haben, das war schön. Aber heute ist es nicht mehr schön. Denn heute geht die Angst um«

Was die Frau so volkstümlich ausdrückt, gibt die allgemeinen Verhältnisse zutreffend wieder. Noch lange wird der Alltag in deutschen Banken so aussehen. Nicht nur Beschäftigte an der Basis wie Frieda Gerbes, nicht nur Höherrangige wie Walter Hauber sind Gejagte, Getriebene. Bis hinauf zu den Vorständen geht die Angst um.

Für die eher auf konventionelle Lebensart eingestellten Manager (Sicherheit, Statussymbole, stilvoll unauffällig) sind auffallend unkonventionelle Zeiten angebrochen. Früher vergab man einen Kredit, pflegte die wichtigen Kunden, rüffelte weniger wichtige Mitarbeiter, legte den Oberen schöne Abschlüsse vor – und die Karriere war fast unaufhaltsam, bis zur fristgerechten Pensionierung.

Die »Bank an Ihrer Seite«, die Bank »mit dem grünen Band der Sympathie« oder die mit »Vertrauen ist der Anfang von allem« und so weiter und so fort – das waren zumindest gegenüber den höherrangigen Mitarbeitern nicht bloß Sprüche. Vom hauseigenen Versorgungswerk, dem großzügigen Mutterschutz bis hin zu generösen Regelungen für die Erholung nach Krankheit und den umsorgten, komfortabel prächtigen Filialen in besten City-Lagen ließen sich Deutschlands Banken die Befindlichkeit ihrer Manager und Mitarbeiter sehr viel kosten. »Allein die Raumkosten für das Kreditgewerbe dürften bei schätzungsweise 15 bis 20 Milliarden DM pro Jahr liegen«, meint Georg Krupp, im Vorstand der Deutschen Bank für das Privatkundengeschäft verantwortlich. »Und wie lange«, fragt er, »können oder wollen sich die Banken noch die Parterre-Lokale an den teuersten Innenstadtlagen leisten, die eskalierenden Personalkosten? All das reduziert doch die Rentabilität der Geschäftsstellen.«[7]

Herbst 1994, der Autor spricht mit einem Freund aus New York, Vorstand einer US-Großbank, über mehrere deutsche Institute. »What are these guys doing here«, fragt der Amerikaner mal zwischendurch. Will sagen: »Wollen die Geld oder Wohltätigkeitsmedaillen verdienen? Während auf uns die Aktionäre mit dem Prügel shareholder value eindreschen, sieht es für mich danach aus, als ob deutsche Bank-Manager um den Beliebtheitspreis bei ihren Mitarbeitern wetteifern.« Der Mann aus den USA hatte Recht und Unrecht in einem.

Unrecht: Das Beschäftigungssystem Deutschlands ist grundsätzlich anders als das der USA. US-Banken kennen ein integriertes Ausbildungs- und Arbeitsorganisationsmodell nicht. Die Fluktuation ist sehr hoch. »Während die deutschen und französischen Institute in den letzten Jahrzehnten immer mehr in ihre Ausbildung und Personalentwicklung investiert haben, war der Trend in den USA genau umgekehrt... In den Filialen konzentrierten sich die amerikanischen Banken auf die Einstellung von Teilzeitbeschäftigten, um Geld einzusparen. Dieses Geld wurde in technologische Investitionen weitergeleitet. Teilzeitarbeiter sind in den USA viel billiger als Vollzeitarbeitskräfte, weil sie normalerweise auf Stundenlohnbasis und ohne Sozialversicherung arbeiten. Unter den großen nationalen Banken ist eine Teilzeitarbeitsquote von 70 bis 80

7 Bei den Raumkosten für die Geschäftsstellen läßt sich kräftig sparen. Die Unternehmensberatung Boston Consulting hat eine Modellfiliale entworfen, die mit vier Mitarbeitern auf 120 Quadratmetern das Gleiche schafft wie heute üblicherweise sechs Leute auf 360 Quadratmetern. Die Deutsche Bank experimentiert in Gelsenkirchen mit Mini-Filialen, in denen es nur noch zwei Mitarbeiter gibt. Die mit der BV zusammengelegte Bayern Hypo plant Stützpunkte nach dem Vorbild der amerikanischen Westküstenbank Wells Fargo – mit zwei Mitarbeitern, einem Automaten für Überweisungen, Auszahlungen und Drucken von Kontoauszügen sowie einem Telephonsystem für Direct Banking. Gesamte Betriebskosten im Jahr: 200 000 DM.

Prozent in den Filialen üblich.« Insofern konnte man die beiden Bankenwelten eigentlich nicht vergleichen.[8]

Recht: Deutschlands Banken und ihre Hauptfilialen waren einst als Welten für sich konzipiert, denen allenfalls die Revision etwas anhaben konnte. Zwar gibt es stets einen Vorstand, dem für »seine Filialen« die »Linienverantwortung« zufällt. Aber der Mann oben (Frauen waren in den Spitzenpositionen der Kreditwirtschaft immer etwas sehr Exotisches) kann aufgrund seiner zusätzlichen Verantwortungen kaum mehr tun als die Ergebnisse zur Kenntnis nehmen.

Das Management, von der Mitbestimmung zudem stets auf die »Entdeckung der Langsamkeit« verwiesen, muß lavieren. Wer aufsteigen will, braucht das Wohlwollen der Vorgesetzten. Die wiederum brauchen das Wohlwollen des Aufsichtsrats mit seiner typischen Arbeitsteilung. Die Arbeitgeberseite beurteilt Manager nach den geschäftlichen Erfolgen, nach Auftreten und sozialer Kontaktfähigkeit, einschließlich der Tischmanieren. Die Arbeitnehmerseite wiederum fragt, was der Mann (Frauen hier wie schon festgestellt, »exotische Ausnahmen«) für die Beschäftigten, ihre Klientel, bringt oder gebracht hat.

Im Prinzip muß man bei beiden Fraktionen ankommen. Andernfalls droht das, was in Großbanken schon öfter passierte. Die Arbeitgeberseite läßt einen von den mitbestimmenden Gewerkschaften abgelehnten Manager in kontroversen Situationen als »Bauernopfer« fallen. Nur wer sich bei beiden Seiten durchlaviert, hat eine Chance, in die höheren Ränge aufzurücken. Ist er erst mal Vorstand geworden, muß er auf die Verlängerung seines in der Regel mit fünf Jahren befristeten Vertrages hinarbeiten. Das Eintreten für den von dem US-Bankier kritisierten »Wohlfahrts-Klimbim« war somit für deutsche Manager auch eine Frage des persönlichen Überlebens in der Chefetage. Daß in einer derart von Kompromissen und »konventionellem Wohlverhalten« dominierten Atmosphäre allzu harte Macher, Polarisierer oder Querdenker nicht gefragt waren, liegt auf der Hand.

Weil eindeutige Stellungnahmen und Äußerungen in der Kreditwirtschaft stets unbeliebt waren, entwickelte sich ein Jargon der Nichtigkeiten (z. B.: »Für uns geht Ertrag vor Wachstum«). In den späten 80er und

8 Dies ändert sich. Banken neuen Typs werden in Deutschland zu ähnlichen Verhältnissen wie in den USA führen. Vgl. Brent Keltner: Personalpolitik in amerikanischen Banken: Überlegungen für deutsche Kreditinstitute, Die Bank Nr. 2/95, S. 92 ff., hier S. 95. Zum Grundsätzlichen Albert Bruer (Hrsg.), Terrence Deal, Allan Kennedy: Unternehmenserfolg durch Unternehmenskultur, Bonn 1987, S. 22 ff.

frühen 90er Jahren umgab man diesen Jargon mit dem damals hochgeschätzten rhetorischen Weihrauch von der »Unternehmenskultur«.[9] Mit wolkigem Gerede wurden Alibi-Positionen noch verstärkt, gleichsam weltanschaulich unterlegt. Viele Vorstände und große Teile des Managements ließen sich davon benebeln. Sie empfanden die daraus bezogene Verkleidung der harten Realität als Bereicherung ihrer unternehmerischen Existenz. Es war in Wirklichkeit nicht einmal ein Trostpreis.

Typisches Beispiel hierfür: Die in die große Bayern-Bank eingefügte Bayerische Hypotheken- und Wechselbank. Noch im Jahre 1995, als für Insider die Krise der Bank bereits sichtbar war, schrieben die beiden, für Unternehmenskultur und Unternehmens-Kommunikation verantwortlichen Hypo-Manager Ulrich Wever und Hans-Michael Besig eine rückblickend geradezu peinlich wirkende Eloge auf die Erfolge dieses Instituts. Daraus: »Aus der Perspektive der Kommunikation begann alles damit, daß wir 1978 in einer Serie von Förderungsseminaren für höhere Führungskräfte ein beängstigendes Kommunikations-Defizit ausmachten. Dieses Defizit hat die Hypobank längst beseitigt. Doch Unternehmens-Kommunikation als Lernprozeß hat einen bleibenden Stellenwert

---

9 Unternehmenskultur ist in Wirklichkeit etwas unerhört Konkretes. Allerdings muß man erst einmal diese konkreten Bestandteile (ist/soll) definieren, um sie dann für die Praxis nutzbar zu machen. Unternehmen müssen für ihre Aktionäre und Kunden Leistungen erbringen. Deshalb kann Unternehmenskultur kein Spielplatz für Ausstellungen und Konzerte sein, sondern nur Antriebskraft und Team-bildende Basis für Leistungen. In den deutschen Banken wurde Unternehmenskultur bis zu Beginn der 90er Jahre anders verstanden, meist als Plattform zur Abgehobenheit von der Praxis.
Typisch für diese inzwischen antiquiert wirkende Abgehobenheit, wenngleich besser als die meisten der zahllosen Traktate zu diesem Thema: Ulrich A Wever: Unternehmenskultur in der Praxis. Erfahrungen eines Insiders bei zwei Spitzenunternehmen (= IBM und Bayerische Hypotheken-Wechselbank; ironischerweise war die IBM, wie etwas später auch die Hypo-Bank im Erscheinungsjahr dieses Buches ein Beispiel für Versagen des Top-Managements – auch wegen Fehlentwicklungen in der Unternehmenskultur), Frankfurt a.M. 1989. Oswald Neuberger, Ain Kompa: Wir die Firma. Der Kult um die Unternehmenskultur, Weinheim und Basel 1987. Jetzt für die verändere Sichtweise, wenngleich auf seine Art genauso einseitig wie Wever, Jörg Staute: Das Ende der Unternehmenskultur Firmenalltag im Turbokapitalismus, Frankfurt/New York 1997. D. Quinn Miles, G. Bruce Friesen: Broken Promises. An unconventional View of what went wrong at IBM; Boston 1996. James Collins, Jerry Collins, Jerry I. Porras: Built to last. Succesfull Habits of visionary Companies, New York 1994. Fons Trompenaars: Riding the Waves of Culture. Understanding cultural Diversity in Business, London 1993.

erhalten. Neue defizitäre Bereiche wurden aufgetan und überwunden. Der wirkliche Fortschritt liegt darin, daß das Unternehmen in Bewegung geraten ist und bleibt.«[10]

Freilich lag das Problem in Wirklichkeit darin, daß es diese Fortschritte nicht gab. So war schon früh klar, daß die gegen Ende der 80er Jahre neu aufgebaute Vermögensverwaltung der Bank, die H. C. M. Hypo Capital Management Vermögensbetreuungsgesellschaft, sich zum Fiasko entwickelte. Innerhalb von wenigen Jahren sollte allein dieses Unternehmen, heute nur noch ein Torso, die Bank rund 150 Millionen DM kosten.

In einer wirklichen Unternehmenskultur, in einer tatsächlich stattfindenden Unternehmens-Kommunikation hätte man dies offen sowie kontrovers diskutiert und um Lösungen gekämpft. Bei der Hypo wurden die Probleme der H. C. M. so lange beschönigt, bis es, spätestens am Ende des Jahres 1995, nichts mehr zu beschönigen gab. Danach wurde von einem »Restrukturierungs-Prozeß« gesprochen, den man dann mit der Unternehmensberatung McKinsey durchziehen wollte. [11]

Zu dem Fall H. C. M. vermag die Hypo in ihrer jüngeren Entwicklung noch eine Menge ähnlich gelagerter und noch wesentlich schlimmerer Fehlschläge zu liefern. Man war zum Gefangenen des eigenen wolkigen Geredes geworden und hatte dieses Gerede als Ausdruck von Unternehmenskultur mißverstanden. Aber wie auch bei anderen Banken wird dieses wolkige Gerede nun von der Veränderungswelle zurückgedrängt. Kommentiert ein vergleichsweise junger Vorstand einer Frankfurter Bank: »Geschwätz wird jetzt ebenso hinweggespült wie unsere kommunikativen Tauben, die mit ihren abgehobenen Floskeln doch nur dem konkreten Geschäft ausweichen wollten.«

Der Druck, der von ausufernden Kosten, spärlicher werdenden Gewinnen im Privat-, erst recht im Firmenkundengeschäft ausgeht, ist einfach schon zu groß. Gleichzeitig vollzieht sich in einem von Arbeitslosenzahlen in Rekordhöhe gekennzeichneten Markt die Entmachtung der Gewerkschaften. Tarifvertraglich abgesicherte Arbeitszeitregelungen, Öffnungszeiten, Pausen, Sondervereinbarungen zum Kündigungsschutz und vieles andere mehr verschwindet – mal heimlich, mal vom ohnmächtigen Gepolter der Gewerkschaften begleitet.

---

10 Ulrich A. Wever, Hans-Michael Besig: Unternehmens-Kommunikation als Lernprozeß. Dem Erfolg auf der Spur. Das Beispiel der Hypo-Bank, Frankfurt/New York 1995, S. 16.

11 Typisch, weil wieder völlig unbefriedigend, hierzu die Ausführungen von Wever, Besig: Unternehmens-Kommunikation als Lernprozeß, S. 198 ff.

Was die großen namhaften Unternehmensberater befinden, wird hierbei zu den »Gebetbüchern« des notwendigen Wandels. Wegen der fast epidemischen Berater-Gläubigkeit in den Chefetagen verschwinden Vorstände und Manager von Kreditinstituten bis zur völligen Gesichtslosigkeit hinter den teuer bezahlten Expertisen ihrer Consultants von McKinsey, Arthur Andersen, Boston Consulting, Roland Berger usw. [12]

»Wozu haben wir eigentlich so viele hochqualifizierte und hochbezahlte Manager?«, fragt Walter Hauber. »Wozu sind Leute wie ich Monat für Monat, Jahr für Jahr durch Assessment Center, durch Qualifizierungslehrgänge an Elite-Akademien in Europa und USA gejagt worden? Wozu frage ich, wenn Unternehmensberater jederzeit empfehlen dürfen, uns rauszuwerfen, weil dafür bei einigen Grünschnäbeln job enrichment praktiziert werden soll? Der Aufstieg der für nichts verantwortlichen, aber mit Deckung der Vorstände für alles zuständigen Beratergilde ist Deutschlands Abstieg.«

Überzogen? Wahrscheinlich, schließlich wäre die Forderung, abgewogen zu urteilen, bei einer so fundamentalen Verbitterung schon irgendwie unmenschlich. Was aber sagen und empfehlen die von zahlreichen Managern nur heimlich, hinter vorgehaltener Hand kritisierten McKinseys & Co?

Hälfte der Mitarbeiter austauschen

Nach den Einschätzungen von McKinsey wird in deutschen Großbanken der Bereich Service/Technik allein wegen Automatisierung und Zentralisierung der Abwicklungsarbeiten künftig mit der halben Belegschaft auskommen. Weitere zehn Prozent der Mitarbeiter lassen sich im Privatkundengeschäft durch effizientere Organisationsformen einsparen.

---

12 Wie absurd die Beratergläubigkeit der Manager inzwischen geworden ist, zeigt nichts so deutlich wie die von den Helfern vereinnahmten Honorare. Der US-Telekommunikationskonzern AT & T zahlte zwischen 1989 und 1994 an Unternehmensberater rund eine halbe Milliarde Dollar; davon knapp 100 Millionen allein an McKinsey – ohne auch nur irgendwie nennenswerte Fortschritte zu erzielen. Zwar sind für Deutschland derart aberwitzige Beträge nicht festzustellen. Mit ihren Jahresverdiensten von weit über einer Million DM liegen Top-Berater von McKinsey und anderen Cosultingfirmen in der Regel weit über den Gehältern ihrer Auftraggeber, der Vorstände in den Banken. Vgl. James O'Shea, Charles Madigan: Dangerous Company. The Consulting Powerhouses and the Business they save and ruin, New York 1997, S. 3 ff.

Das eigentlich Alarmierende an der Analyse der in so gut wie allen Banken präsenten McKinsey-Berater: Von den verbleibenden 75–80 Prozent der Mitarbeiter passen nur wenige zu den neuen Anforderungsprofilen. Im Klartext: Für das Standardgeschäft sind die Meisten überqualifiziert, während ihnen für die anspruchsvolle Klientel »hohe Qualifikationen, analytische und interpersonelle Fähigkeiten« fehlen. Das Fazit der Consultants: »Insgesamt muß wahrscheinlich etwa die Hälfte der Mitarbeiter ausgetauscht werden.«[13]

Ergänzt und bestätigt wird dies in dem wichtigen Szenario zur Entwicklung der Banken in den USA und Europa von der Beratungsgesellschaft Deloitte Touche Tohmatsu International. Danach werden die »Banken ihr Monopol für Überweisungen verlieren. Überweisungen von einer Person oder einem Unternehmen zu einem anderen werden zunehmend von einer Vielzahl konkurrierender Anbieter ausgeführt, was – wie in der Telekommunikationsindustrie – einen harten Wettbewerbskampf zur Folge haben wird. Darüber hinaus wird die Zahl der Vertriebskanäle für Produkte der Filialbanken steigen... eine Reihe verschiedener Anbieter (wird) die Vormachtstellung der Banken untergraben. Einige dieser Vertriebskanäle wie Telefon, Post und Geldautomaten sind bereits bekannt. Andere entstehen mit der Datenautobahn.«

Marktanteile nach Produkten

	Einlagen	Konsumentenkredite	Hypotheken	Fonds	Leb.Vers.
Bankfiliale	99% ↓	51% ↘	73% ↘	57% ↘	13% ↗
Vertreter/ Makler		1% →	13% ↗	29% ↗	78% ↘
Sonstige		27% ↗	14% ↗		4% →
Direktmarketing	1% →	11% ↗		14% ↗	4% ↗

** Belgien, Frankreich, Deutschland, Italien, Niederlande, Portugal, Spanien, Schweiz, Großbritannien.*
Quelle: Schmalenbach-Gesellschaft 1991.

Tabelle 11: Traditionelle Vertriebswege/Neue Vertriebskanäle.

13 Zitiert nach Arno Balzer: Banken im Umbruch, Manager Magazin, Nr. 4/1996, S. 48 ff.

Als Konsequenz dieser Entwicklungen sieht Deloitte Touche Tohmatsu International die »Restrukturierung des Massengeschäftes«. Denn: »Innerhalb ihrer derzeitigen monolithischen Struktur können Banken diesen verschiedenen Phänomenen nicht entgegenwirken. Stattdessen werden sie die Performance ihrer verschiedenen Tätigkeitsfelder und die Entwicklung des Wettbewerbs beobachten müssen.« [14]

Die Antworten der Banken auf diese Herausforderungen sind nahezu identisch. Filialen, bisher noch Vollbanken en miniature und deshalb so sehr mit Verwaltungs- und Abwicklungsarbeiten belastet, daß für Beratung und Verkauf zu wenig Zeit bleibt, werden in Verkaufs- und Servicestellen verwandelt.

Bei der Deutschen Bank übernehmen einige hochautomatisierte Abwicklungsfabriken die bisher an insgesamt mehr als hundert Stellen bundesweit durchgeführten Transaktionen. Die »Fabrikleistungen« der Banken werden konzentriert, computerisiert und in großen Einheiten abgewickelt. Und weil es egal ist, wo sich ein solches Zentrum befindet, konzentriert die Deutsche Bank weiter. Den gesamten Zahlungsverkehr zwischen München und Berlin soll ein neues Verarbeitungs- und Vertriebszentrum in Leipzig abwickeln. Daß sich bei Auslastung dieser neuen Kapazitäten Einsparungen in dreistelliger Millionenhöhe realisieren lassen, ist gewiß.

Und die einstigen »Verteidiger des Regionalprinzips« bei Sparkassen und Genossenschaftsbanken? Auch sie sind in Sachen Abwicklung zu Zentralisten geworden. Im Januar 1997 gründete die Westdeutsche Landesbank (WestLB, Düsseldorf) mit den Landesbanken in Mainz und Kiel die Wertpapierservice-Gesellschaft (WPS), Frankfurt a. M. An dem Grün-

---

14 Aufbruch in neue Bankendimensionen. Eine globale Perspektive, Frankfurt a. M. 1955, hier Seite 2 ff.
Oskar Betsch, Professor für Finanzierung und Bankbetriebslehre, Technische Hochschule Darmstadt, in bank und markt, Nr. 3/1996, S. 11: »Der stationäre Vertrieb ist mit zahlreichen organisatorischen und personellen Problemen belastet, die einen bedarfsgerechten und produktiven Vertrieb erheblich erschweren beziehungsweise unmöglich machen. Die Grenzen dieses heutigen Hauptvertriebsweges werden deutlich sichtbar, wenn man die Kapazitätsbindung von Mitarbeitern in Zweigstellen analysiert. Dabei wird ersichtlich, daß bei den meisten Geschäftsstellen heute noch nahezu die Hälfte der personellen Gesamtkapazität für in der Regel unlukrative Bedienungskontakte (45 Prozent) aufgewendet und nicht einmal ein Fünftel (18 Prozent) für die im Normalfall ertragsstarke Beratung eingesetzt wird. Ferner ist erschreckend, daß für Bearbeitungs- und Verwaltungstätigkeiten sowie für Overheadpositionen 37 Prozent der Gesamtkapazität gebunden werden.«

dungskapital beteiligt sich die WestLB mit 83 Prozent, die Landesbank Rheinland-Pfalz mit elf und die Landesbank Schleswig-Holstein mit sechs Prozent. Die drei Landesbanken wollen in der neuen Aktiengesellschaft die komplette Auftragsabwicklung des Wertpapiergeschäftes und die Führung der Depotkonten zusammenfassen, wobei die Anlageberatung (der Verkauf von Bankprodukten) den angeschlossenen Sparkassen vorbehalten bleiben wird. Das Motiv: Kosten senken.

Weiß man, daß sich die Südwestdeutsche Landesbank, Stuttgart, entgegen früheren Plänen nicht an dem Vorhaben beteiligt, sondern mit den Landesbanken in Bayern und Hessen über die Gründung einer eigenen Wertpapierservice-Tochter verhandelt, dann wird klar: In ihrem »Klein-Klein-Geschäft« können die Sparkassen wohl noch das traditionelle »Regionalprinzip« hochhalten. Aber zumindest in der Abwicklung setzt sich bereits das »Zentralisierungsprinzip« durch.

Denn was in Frankfurt und München geschieht, wird auch im Norden passieren. Nach dem Zusammengehen von Bankgesellschaft Berlin und Norddeutsche Landesbank (NordLB) wird es im Norden die dritte zentrale Wertpapierservice-Gesellschaft für die Sparkassen geben. Auch bei den Genossenschaftsbanken und ihren genossenschaftlichen Zentralbanken (SGZ, WGZ, GZB sowie dem Dach-Institut DG-Bank) wird die Zentralisation der Abwicklung nicht aufzuhalten sein.[15]

Das herkömmliche Universalbanksystem, in dem ein Institut alle Arbeiten unter einem Dach erledigt, wird damit beseitigt. Die Spezialisierung und Orientierung an unterschiedlichen Geschäftssparten und Kundengruppen führt zu kleineren Einheiten mit nur noch wenigen Angestellten. Produktion und Vertrieb erfolgen künftig getrennt voneinander. Anlageberater füllen dann beispielsweise keine Formulare mehr aus, sondern konzentrieren sich künftig auf den Verkauf der hauseigenen Finanzprodukte. Die Abwicklung des Geschäfts erledigen spezielle Einheiten oder auch Fremdfirmen, deren Standorte völlig egal sind.

Damit sich diese »radikale Reform« (so Deutsche-Bank-Vorstand Krupp) direkt auf das Geschäft auswirkt, müssen die Mitarbeiter anders ausgewählt, motiviert und geführt werden. Krupp: »Wir brauchen eine neue Generation von Betreuern und Führungskräften.« Wenn nämlich im Jahre 2000 der Kunde nicht mehr in die Bank kommt, müsse »die Bank zum Kunden kommen«, mit mobilem Außendienst, via Kabel im Rahmen des Home Banking, Telefon Banking und Direct Banking – also mit all dem, was das herkömmlichen Bankgeschäft und ihre derzeitigen

---

15 Zu dem internen Streit hierüber: Neue genossenschaftliche Wertpapier-Service-Bank nimmt Form an, FAZ, 4. April 1997.

Akteure nicht bloß ergänzen, sondern auch verdrängen wird. Und damit, so Krupp, »steht dem Bankgewerbe eine Entwicklung ins Haus, die einer regelrechten Revolution gleichkommt« [16]

Noch treten viele Banker für die Erhaltung des Filialnetzes ein. »Denn die Schließung einer Filiale kann doch nur die letzte Aktion sein, nachdem alle anderen Maßnahmen fehlgeschlagen sind«, betont Helmuth Strothmann, Vorstand der Bankgesellschaft Berlin. Ohne es vorher mit Umbau und Reformen versucht zu haben, wollen zahlreiche Banker ihre Filialen folglich noch nicht abschreiben.

Vor allem vier Aspekte rücken dabei in den Vordergrund.:
- Verlängerte Öffnungszeiten
- Strukturierung der vorhandenen Filialen
- Eröffnung neuer Filialtypen
- Intensivierung des Kundenkontaktes durch begleitende Maßnahmen

Öffnungszeiten

Bislang waren die Filialen stets dann geschlossen, wenn die Kunden Zeit hatten – mittags, abends oder am Samstag. Jetzt wertet die Liberalisierung des Ladenschlußgesetzes die Filialen vor allem in Einkaufsstraßen oder -zentren etwas auf. Deutsche Bank, Dresdner Bank und Commerzbank haben schon bei jeweils mehr als 100 Filialen die neue Zeit eingeläutet. Bei den Öffentlich-Rechtlichen ist die Stadtsparkasse Köln der Vorreiter.

Die Reformen verlaufen unterschiedlich. Minimum bei der Erweiterung der Öffnungszeiten ist der Wegfall der Mittagspause. Zusätzlich bleibt länger geöffnet, meist bis 18.30 Uhr, zum Teil auch bis 20 Uhr. Manchmal wird neben dem Donnerstag nur ein zweiter »Dienstleistungsabend« – etwa der Montag – angeboten. Mit den neuen Ladenöffnungszeiten sollen Zweigstellen in den Innenstädten abends zumindest dort offenbleiben, »wo Nachfrage nach Bankdienstleistungen besteht«, verspricht Commerzbank-Sprecher Peter Pietsch.[17]

Strukturierung der vorhandenen Filialen

»Kronprinzstraße in Stuttgart: Ein Kunde der Landesgirokasse will sich über die Finanzierung für seinen neuen Mercedes informieren Er steht vor dem elektronischen Wegweiser im Selbstbedienungsfoyer. Auf dem

16 Gerhard Kutscher: Wir können die Bank nicht mehr wie früher führen, Handelsblatt 23./24.2.1996; Gerhard Kutscher: In vielen Banken staut sich Reformbedarf an, Handelsblatt, 21.2.1996.

17 Frank Wiebe: Auf der Suche nach der Bankfiliale von morgen, Handelsblatt, 10.12.96.

Monitor erscheinen Fotos der verfügbaren Experten beziehungsweise mögliche Beratungsthemen. Der Mann tippt auf das Feld Ratenkredit oder den Berater seiner Wahl, bekommt eine Nummer und geht eine Etage höher in das moderne Beratungscenter.

Hat er zuvor seine EC-Karte in den Schlitz unterhalb des Monitors gesteckt, weiß der Bankmitarbeiter vorab, wer ihn besucht. Nach dem Beratungsgespräch geht der Mercedes-Fahrer in spe noch schnell in den Onlineshop und druckt verschiedene Immobilienangebote aus. Dann setzt er sich nebenan in das italienische Café Banco. Bei einer Tasse Cappuccino vergleicht er in Ruhe die einzelnen Offerten.«[18]

Fast alle Geldhäuser experimentieren mit neuartigen organisierten Filialen. Die Landesgirokasse in Stuttgart, die zweitgrößte deutsche Sparkasse, präsentiert sich in ihrer Testfiliale auf der Kronprinzstraße einerseits als schnelle Bank mit innovativen Serviceautomaten und gleichzeitig als persönliche Bank mit qualifizierten Fachberatern. Im Selbstbedienungsfoyer stehen 23 Automaten. Dort bekommt der Kunde Bargeld, Kontoauszüge, Überweisungsformulare mit codierter Kontonummer, EC-Scheckvordrucke und Fremdwährungen – vom Dollar über den Schweizer Franken bis zum Französischen Franc. Am Kontoserviceterminal kann er Überweisungen eingeben oder vom Papier einscannen, Daueraufträge einrichten, löschen oder ändern, Kontostände sowie Freistellungsaufträge einsehen, am Infoterminal die Monatsbelastung für einen Kredit ermitteln. Abgerundet wird der Selfservice durch ein Onlinecenter im ersten deutschen Homebanking-Shop.

Eröffnung neuer Filialtypen

Die Banken gehen nun auch dort hin, wohin der Kunde geht, anstatt ihn mühsam in die Bankfiliale zu holen. Der Kunde kauft im Supermarkt, braucht also dort Geld. Möglicherweise will er dort – zumal mit dem neuen Ladenschlußgesetz auch noch bis acht Uhr abends oder samstags – auch Bankgeschäfte erledigen und Bankprodukte kaufen. Dieses »Instore-Banking« kommt aus den USA, wo fast fünf Prozent aller Bankfilialen Bestandteile von Supermärkten und Warenhäusern sind. Für solche »bankingshops« – Filialen im Einzelhandel – hat die Deutsche Bank als Potential 200 bis 300 Supermärkte ausgemacht. Sie testet das mit einem Banking-Shop im Allkauf in Duisburg und betont, daß der Supermarkt ein besseres Umfeld sei als Kaufhäuser, weil der Kunde hier täglich einkaufe. Andere Institute wie Commerzbank oder Bayern Hypo unternehmen ähnliche Versuche.

---

18 Heike Braun: Die Erlebnis-Banken, Capital, 10/96, S. 213 ff.

Erhöhung des Kundenkontaktes durch begleitende Maßnahmen
In den USA verbesserte man die Auslastung der Filialen mit Informationsveranstaltungen für Hausbesitzer oder »Wine-Cheese-Partys« für vermögende Witwen. Die Diebold-Beraterin Schwamborn kritisiert in diesem Bereich einen Mangel an Kreativität bei deutschen Banken. Sie hält es für möglich, daß Filialen künftig als »Showroom« mit laufenden Videos - ähnlich wie bei Autohändlern - dem Kunden »Erlebnisse« vermitteln.[19]

Bankfilialen werden nur dann eine Existenzberechtigung haben, wenn in ihnen der soziale Kontakt zwischen Kunden und Kreditinstitut (und umgekehrt) erfolgt, wenn daraus Geschäft resultiert. »Es wäre einfach zu teuer, Filialen als Treffpunkte für Rentner und Einsame zu unterhalten«, versichert Edmund Hug, der frühere Vorsitzende der Geschäftsführung der IBM Deutschland GmbH. Entscheidende Frage somit: Wie können Banken den sozialen Kontakt zu ihrer Kunden halten und verstärken? »Event Marketing« - die geschäftsbezogene Vermarktung von Ereignissen und Veranstaltungen in der Bank - ist eines der Schlagworte hierzu. Berliner-Bank-Vorstand Helmuth Strothmann setzt im VIP Center unter anderem auf Konzerte und Vorträge.

Beim Kampf um die Stabilisierung des sozialen Kontakts ist eigentlich fast nichts mehr tabu. Banken könnten zusätzliche Servicepakete (Umzug, Auto, Reise) anbieten. Oder das Konzept »miles & more« der Lufthansa (wer viel fliegt, erhält Bonusleistungen) auf ihre Geschäft übertragen. Oder gar ihre Filialen zu Club-Centern à la Bertelsmann ausstatten. Immer wieder und künftig immer öfter nach der Devise: Kampf um die Erhaltung des sozialen Kontaktes.

Direkt, Discount, mobil

Oktober 1995, ein Arbeitstag in einer neuen Bank. »Kollegin Vera schiebt sich das Mikrofon dicht vor den Mund. Wie alle im Call-Center lugt sie, mit einem langen Kabel an Telefonanlage und PC gekettet, zum Fernseher in der Mitte des Raums und wartet auf den Startschuß. Dann,

19 Unternehmensberater sprechen hierbei von »Reinventing the branch«, die Filiale neu erfinden. Vgl. Wiebe, Handelsblatt, 10.12.1996. Dwight B. Crane and Zvi Bodie: Form Follows Function. The Transformation Of Banking. Will the Banks of the Twenty-First Century be Banks?«, Harvard Business Review, March-April 1996, S. 109 ff.

endlich, um 19.52 Uhr, kommt der Spot: eine Eule in der Nacht, eine Frau mit Schlafstörungen. Dazu die Information: *Bank 24: Ihre persönliche Unabhängigkeitserklärung. Rufen Sie jetzt an: 0 18-03-24 00 00.*

Sekunden später geht es zu wie bei einem Auswahlwettbewerb für Talk-Radio-Moderatoren: Alle reden, lachen, gestikulieren, wuscheln sich in den Haaren und sind vor allem freundlich, fröhlich, nett, sympathisch und ungeheuer jungdynamisch: *Einen schönen guten Abend, hier ist die Bank 24, rund um die Uhr für Sie da, sieben Tage die Woche. Was darf ich für Sie tun?...*

Zufrieden beobachtet Thomas Holtrop seine unkonventionellen Berater. Telefonierende Mitarbeiter sieht der Generalbevollmächtigte der Bank 24 so gern wie ein herkömmlicher Filialleiter Schlangen am Schalter. Denn in seiner Bank wird die Kundschaft einzig und allein über elektronische Medien bedient: via Telefon, BTX-Datex-J und Internet. *Keine Warteschlangen mehr, keine Parkplatzprobleme, keine Abhängigkeit von Öffnungszeiten, Freiheit total,* singt der Manager das Hohelied auf den Zeitgeist, *bei uns gibt es Kredite ohne physischen Kontakt.* Safer banking eben, in der allzeit bereiten Vollbank ganz ohne Filialen, ohne Schalter, ohne Safe – und ohne Geld. *So haben wir sogar das Problem des Bankraubs gelöst.«*[20]

Rückblende, Spätherbst 1993, an einem Dienstag in der Vorstandsetage der Bayerische Hypotheken- und Wechselbank (Bayern Hypo). Thema: Gründung einer neuen, einer anderen Bank ohne Filialen. Frage: »Machen oder abwarten«? Eine Direktbank wäre für die deutschen Großbanken, die als Kernstück ihrer Aktivitäten bisher stets die Filialen gesehen haben, ein Novum. Nur einige Außenseiter hatten es damit versucht. Was Direktbanking hingegen jetzt bei der Münchner Großbank als sinnvoll erscheinen läßt: Aktuelle Marktuntersuchungen und Umfragen zeigen, daß eine wachsende Zahl der Kundschaft auf den persönlichen Kontakt zur Filiale immmer weniger Wert legt. Wichtiger wäre dieser Klientel, ihre Geschäfte mit der Bank außerhalb der üblichen Arbeitszeit selber abwickeln und damit auch noch Gebühren sparen zu können.

Mit dieser Ausrichtung haben in den USA Discount Broker wie Schwab und Fidelity ihre Marktanteile während der zurückliegenden zehn Jahren fast verdreifacht. Sie stehen kurz davor, in Deutschland ähnliches zu versuchen. Zwar werden im Wertpapierhandel der USA immer noch rund 86 Prozent des gesamten Gebührenaufkommens von Full-Service-Brokern wie Merrill Lynch oder Dean Witter vereinnahmt.

---

20 Bank 24. Die schräge Tochter, Der Spiegel, Nr. 44/1995, S. 134 f.

Aber die restlichen 14 Prozent fallen ganz überwiegend bei den drei größten, schnell wachsenden Discount-Brokern an.[21]

Der Handel mit Investmentzertifikaten ist inzwischen das zentrale Geschäftsfeld – für Fidelity sowieso und für den Discount Broker Schwab in zunehmendem Maße. Schwab-Kunden können die Zertifikate von Hunderten unterschiedlicher Fonds kaufen und verkaufen. Statt des üblichen Ausgabeaufschlags beim Ankauf der Zertifikate von fünf bis sechs Prozent (»load«), wird bei sogenannten No-Load-Fonds jährlich eine Managementgebühr in Rechnung gestellt (bis zu 1,25 Prozent p. a. von der Anlagesumme). Über den »Charles Schwab One-Source-Plan« kann der Anleger aus einer Vielzahl von Investmentfonds ohne Ausgabeaufschlag wählen. Transaktionsgebühren und Kontoführungsgebühren fallen hier genauso wenig an wie bei Fidelity Brokerage's Fund Network.[22] Die Entscheidung für den Start der Bayern Hypo fällt schließlich im Frühjahr 1994.

Es ist das Startsignal für eine Flut von weiteren Direkt- und Discountbanken. Ab Mai 1994 breiten sich Direktbanken mit ihren Öffnungszeiten von 24 Stunden an sieben Tagen in der Woche, Telefonservice, Faxdienst und Homebanking per T-Online wie ein Lauffeuer aus. Was noch vor wenigen Jahren undenkbar schien, den eigenen Filialnetzen mit Billigbanken Konkurrenz zu machen, ist in Form von Direktbanken zur Selbstverständlichkeit geworden. Zum Teil widerstrebend mußten alle Banken erkennen, daß es für diese Art des Geschäfts tatsächlich auch in Deutschland einen Markt gibt.

---

21 Die großen drei Discount-Broker der USA: Charles Schwab & Co., Fidelity Investments und Quick & Reilly. Discount Broker sind in der Regel um 40 bis 75 Prozent billiger als Full-Service-Broker. vgl.: In Amerika gewinnen Discount Broker seit Jahren Marktanteile, FAZ, 16.5.1994; Die Discount-Banken buhlen um Kunden, FAZ 19.12.1995.
Die Zahl der Konten bei Internet-Brokern lag Mitte der 90er Jahre bei 1,5 Millionen, bei insgesamt etwa 60 Millionen Konten. Der Marktforscher Forrester Research sagt für das Jahr 2001 den Internet-Brokern voraus. daß sie dann insgesamt schon etwa 10 Millionen Konten verwalten werden. Dementsprechend liefern sich viele Anbieter einen harten Preis- und Service-Wettbewerb, um sich jetzt schon Anteile an diesem Zukunftsmarkt zu sichern.
Zu den bekanntesten Internet-Brokern zählen E*Trade, Lombard, Schwab und Datek. Die entsprechenden Jnternet-Adressen, jeweils mit http://www., lauten: etrade.com., lombard.com., eschwab.com und datek.com.

22 Vgl. William E. Donoghue: Mutual Fund Superstars, invest in the best, forget about the rest, Elliott & James Publishers Inc., Seattle 1994.

Denn im Zuge der Flexibilisierung der Arbeitszeiten klaffen die Wünsche der Kunden und die Öffnungszeiten der Filialen immer stärker auseinander. Auch führt die zunehmende Mobilität der PC-/online-orientierten Verbraucher dazu, daß der soziale, persönliche Kontakt zur Bank an Bedeutung verliert. Die Konsequenz: Filialen werden für Bankgeschäfte nicht mehr unbedingt benötigt. Studien der Unternehmensberatungen Diebold und Ploenzke prognostizieren allein in Deutschland das Entwicklungspotential für Direktbanking auf zehn bis zwanzig Millionen Bankkunden. Die Prognosen: Rund 55 Prozent aller Kunden werden weiterhin die Filialen aufsuchen. Circa 15 Prozent jedoch eine Direktbank bevorzugen. Etwa 30 Prozent der Klientel werden sowohl die Filiale, Directbanking wie Selbstbedienung in Anspruch nehmen.[23]

Noch entwickeln sich die Geschäfte der Direktbanken schleppend und mit hohen Verlusten. Die 1995 mit einer hochmotivierten jungen Mannschaft gestartete Bank 24 (Deutsche Bank) mußte am Ende des ersten (Rumpf-)Geschäftsjahres von ihrer großen Muttergesellschaft mit 76,9 Millionen DM gestützt werden. Trotz des enormen Aufwands für Werbung (schätzungsweise über 50 Millionen DM) lag die Zahl der Kunden mit lediglich 38 000 weit unter den Erwartungen (60 000). Nicht viel besser schnitt die Commerzbank ab, die Anfang 1995 in Quickborn (Schleswig-Holstein) die Comdirect eröffnet hatte. Auch sie produziert hohe Verluste. Die Mutter Commerzbank muß noch mindestens bis zum Jahr 2000 Geld zuschießen.

---

23 Die typische Discount-Broker-Klientel sieht nach Berichten der Direkt Anlage Bank (DAB) so aus:
- relativ jung (30 bis 45 Jahre)
- gebildet (vergleichsweise viele Akademiker)
- gut informiert (regelmäßige Leser von Wirtschafts- und Finanzmagazinen)
- Karrierestarter mit größerer Risikobereitschaft (Depots werden häufiger umgeschichtet als bei etablierten Instituten) und ausgesprochener Mobilität (Bereitschaft zum Wechsel bestehender Bankverbindungen).

Banken als Informationsdienstleister. Multimediale Anwendungen und ihre Auswirkungen auf die Kreditinstitute, Studie der CSC Ploenzke Consulting GmbH Geschäftsstelle Hamburg, Februar 1966. Für den Vetrieb ohne unmittelbaren Kunde-Bank-Kontakt kommt fast die gesamte Produktpalette eines Kreditinstitutes in Frage: Zahlungsverkehr (Girokonto, Kreditkarten); Geldanlage (Termingelder, Sparbücher, Investmentfonds, Discountbroking); Kredite; Verkauf einfacher Versicherungsprodukte (Haftpflicht-, Kfz- oder Lebensversicherungen). Herbert Pischulti: Direktbank. Bank der Zukunft. In: Direktbanken – die moderne Bankverbindung, hrsg. v. Allgemeine Deutsche Direktbank, Frankfurt a.M., 1995.

Trotz solcher Anfangsschwierigkeiten wird dem Direktbanking die Zukunft gehören. Denn als Option für die Zukunft sind Direkt- und Discountbroking nur eine Durchgangsstation auf dem Weg zu dem sich selbst steuernden Verbraucher - online per PC und Modem. Die Dynamik kommt aus der Kombination von kostengünstigem, jederzeitigem Zugang zu professionellen Informationen über Dienste wie Internet oder Compuserve und der selbständigen Abwicklung. Die über Telefon, Datex J (jetzt TOnline) oder Internet bereits direkt machbaren Transaktionen wurden in der ersten Phase bei allen Banken im Filialgeschäft nebenher erledigt. Aus der Systematisierung dieses Vertriebsweges entstanden die Direktbanken, die selbst nur einen Schritt zur Ergänzung der bisher dominanten Filialen um eine Vielzahl von weiteren Vertriebswegen darstellen. (Mit gestaffelten Leistungen nach Service, Preisen und Produktangeboten)[24].

Richtiges Online-Banking über Internet, T Online, American Online (AOL) oder eigene Netze ist der nächste Schritt. Ansätze hierzu zeigten sich bereits 1996, als die Bank 24 Mitte Oktober im Internet startete. Die Advance Bank folgte im Frühjahr 1997. Die Kunden kommen bei der Advance Bank über ein spezielles Zugangsprotokoll in den Internet-Rechner der Bank. Zwischen diesem Zugangsrechner und dem eigentlichen Datenverarbeitungssystem der Bank ist ein Exchange-Server geschaltet, der die Identifizierung des Kunden und die Paßwortvergabe überwacht sowie die einzelnen Transaktionen freigibt.

»Wenn die PC-Generation aus den Schulen kommt, wird es in dieser Sparte des Geschäfts kein Halten mehr geben«, prognostiziert Helmuth Strothmann, im Vorstand der Berliner Bank für das Privatkundenge-

---

24 1. Filialen: Mittlere Servicetiefe, reguläre Preise, Konzentration auf Eigenprodukte eingeschränkte Erreichbarkeit

2. Direktbanken: Geringe Servicetiefe, niedrige Preise, Eigen- wie Fremdprodukte, fast ständige Erreichbarkeit

3. Sondervertrieb (etwa durch Kundenbetreuer außerhalb der Geschäftszeiten): Große Servicetiefe (ambitionierte Beratungsleistung), höhere Preise, Eigen- wie Fremdprodukte, ausgeweitete Erreichbarkeit.

Vgl. hierzu auch Frank Gotta: Die Computer-Generation im Visier. Junge Bankkunden erwarten vor allem freundliche Beratung und moderne Technik, Die Welt, 13.12.1996.

Edmund Hug, Geschäftsführer der IBM Deutschland: »Gerade die jungen Single-Haushalte, die Doppelverdiener und die Kleinfamilien haben oft weder Zeit noch Lust, sich in eine Bankenfiliale zu begeben. Sie erledigen das viel lieber über das Netz. Das Filialnetz muß an diese Entwicklung angepaßt werden.«

schäft verantwortlich. Bis dahin heißt es in diesem Wachstumsmarkt eben durchhalten – notfalls auch unter hohen Verlusten.

Welche Leistungen erwarten Kunden von einer Direktbank?		
	Direktbankkunden (479 Befragte)	Alle Bankkunden (1 804 Befragte)
Einfache Produkte	**20**	**9**
Aktuelle Infos	**12**	**11**
Service	**18**	**16**
Erreichbarkeit	**17**	**17**
Schnelligkeit	**14**	**20**
Günstige Konditionen	**19**	**27**
Quelle: Infas, März 1996. Jeweils in Prozent.		

Tabelle 12: Noch dominieren bei Direktbanken einfache Produkte.

Denn worüber Banken nur ungern sprechen: Direktbanken sind für sie auch eine Chance, sich die Freiräume zu sichern, die es in der etablierten, durch Tarifverträge befestigten Filialwelt kaum gibt. So stellen Überstunden in den neuen Instituten kein Thema dar. Und natürlich schlägt das Discount-Prinzip auch bei den Personalkosten voll durch, weil das Geschäft hauptsächlich von schnell angelernten Hilfskräften bewältigt wird. Bank 24, Deutsche Bank: Rund die Hälfte der Mitarbeiter sind keine gelernten Bankkaufleute, sondern auf Teilzeit jobbende Studenten.[25] Beispiel DAB: Unter den »Teletradern« tauchen vor allem während der »heißen« Mittagszeit viele Aushilfskräfte auf, darunter Betriebswirte in den oberen Semestern mit Neigung für das Wertpapiergeschäft oder jüngere Mütter, die früher an Bankschaltern oder im Wertpapiergeschäft tätig waren.

Die neuen Institute gehören in der Regel den für die Banken eigentlich zuständigen Arbeitgeberverbänden nicht an. Deshalb können sie ihre Mitarbeiter weit unter Tarif bezahlen – mit 15 bis 20 DM pro Stunde brutto meist die Hälfte von dem, was es in Zweigstellen in der untersten

---

25 »So gleicht das Call-Center einem Asta-Büro: An den Wänden hängen selbstgeschriebene Plakate – riesige Spickzettel fürs Kundengespräch.« Bank 24. Die schräge Tochter, Der Spiegel, Nr. 44/1995, S. 134 f.

Tarifklasse (beispielsweise für Putzkolonnen) gibt. Urlaubs-, Weihnachtsgeld, Zuschläge für Sonn-/Feiertage, Betriebsrente usw. – nahezu alle Errungenschaften der Tarif- und Sozialpolitik werden hier zu Gunsten von just-in-time-Arbeitsbeziehungen ausgeklammert. Allenfalls die Zuschläge für Nachtarbeit (25 Prozent) und der auf 25 Tage p.a. beschränkte Urlaub erinnern noch an die Standards der deutschen Arbeitswelt.

Auch Ladenschluß und Schalteröffnungszeiten gelten für Direktbanken nicht. Im Rahmen des Arbeitszeitgesetzes können die Telefone von Montag bis Samstag praktisch ständig besetzt gehalten werden. Sonntagsarbeit? Kein Thema.[26] Mit dem Hinweis auf die Schaffung neuer Arbeitsplätze holten sich Citibank und Bank 24 die erforderlichen Ausnahmegenehmigungen von den zuständigen Landesregierungen. Fazit: Abwanderungen von sozialen Standards.

Somit deuten die Direktbanken auch mit dem Ausbruch aus dem Tarifsystem schon die Richtung an, die das deutsche Bankwesen insgesamt nehmen wird. Oben, in der anspruchsvollen Anlageberatung, im Brokerage oder im Investmentbanking fallen immer mehr jüngere Banker aus dem traditionellen Bezahlungsgefüge heraus. Innerhalb der Institute, aber getrennt von den anderen Bereichen stehen diese Newcomer für eine neue Verdienstpyramide. Knapp über 20 Jahre alte Kräfte bringen es bereits auf Gehälter von bis zu 200 000 DM p.a.

Die Chefs dieser Teams wie Dieter Pfundt (Bankhaus Sal. Oppenheim) oder Mehmet Dalan (Commerzbank) kommen mit Bonifikationen auf mehr als zwei Millionen DM p.a. und übertreffen damit die Vorstände der Banken. Im Gegensatz zu solchen Höhenflügen, die schon bei Youngstern und Uni-Absolventen einsetzen, steuert der große Mittelbau der Banken, dort, wo das Massengeschäft verwaltet wird, auf noch schwerere Zeiten zu. Die Verhältnisse bei den Direktbanken werden immer stärker dazu dienen, um auch diesen Mittelbau Schritt für Schritt aus den tariflich abgesicherten Mindeststandards herauszuführen. Je stärker der Anteil der Direktbanken am Massengeschäft wächst, desto weniger wird in den herkömmlichen Filialen zu tun bleiben.

Wenig optimistisch stimmt dabei die Art, mit der Direktbanken und mobile Vertriebe eingeführt wurden. Einer machte den Anfang. Die an-

26 »Der alte Gewerkschaftsslogan Samstags gehört Vati mir klingt bei der Advance Bank wie eine Parole aus der Steinzeit. Pro Monat steht jedem Mitarbeiter ein freies Wochenende zu. Einen Betriebsrat gibt es nicht, lediglich eine Mitarbeitervertretung ist geplant.« Kirsten Schrick (Leiterin des Servicemanagements der Advance Bank) redet sich und ihren Mitarbeitern ein, sie wären Unternehmer.« Aus einer Reportage Zeit Magazin, 1.11.1996, S. 28 ff.

deren stutzten, lächelten. Belustigten sich selbst wie ihre Zuhörer mit feixenden Aussagen von der Art: »Das funktioniert nie«. Dann schien es aber irgendwie doch zu funktionieren. Denn einer wie der andere nahm die benötigten Gelder in die Hand und gründete bald ebenfalls eine Direktbank. Bis auf die Advance Bank sind alle diese Neugründungen so gut wie austauschbar, wobei DAB und ConSors immerhin die Rolle der Wegbereiter zugute zu halten ist.

Noch weniger optimistisch als der am Direkt- und Discountgeschäft sichtbare Herdentrieb stimmt die fast uniforme Organisation der Banken, die so gut wie stets vom gleichen Architekten stammt – nach der Devise »einträchtiges Trachten in uniformer Einheitskluft« immer wieder von der Unternehmensberatung McKinsey. Und immer wieder stellt sich die zentrale Frage: Wie können, wie sollen traditionsbewußte, in der Regel 60jährige Vorstände und 70jährige Aufsichtsräte, auf Zukunftsmärkte und künftige Trends noch wegweisende Antworten liefern?

Weil die Akteure selbst wissen, daß sie dies nicht mehr können, weil sich daraus die in den Chefetagen spürbare, nur aus den herkömmlichen Hierarchien zu begreifende Angst vor der Blamage bei den jüngeren »Untergebenen« im Hause speist, haben die Unternehmensberater eine Machtbasis. Bei Bedarf stets *in*, weil bei Bedarf auch stets wieder *out*.

Knut Bleicher, Professor am St. Gallener Institut für Betriebswirtschaftslehre an der Hochschule, rührt an eines der Kernprobleme der Branche in ihrer Situation des revolutionären Umbruchs, das der inzwischen ausgesorgten Generation eines Kopper (Deutsche Bank), eines Sarrazin (Dresdner Bank), eines Martini (Bayern Hypo) oder des Ende 1996 abgetretenen Steinriede (Bankgesellschaft Berlin): »Wir arbeiten in Strukturen von gestern mit den Methoden von heute an Problemen von morgen vorwiegend mit Menschen, die die Strukturen von gestern gebaut haben und das Morgen innerhalb der Organisation nicht mehr erleben werden.«

Womit werden Banken künftig handeln? Was werden sie verkaufen? Und was wird ihr Geschäft sein können? Auch hierzu deuten die Direktbanken schon die Richtung an. Die alte Filialbank verdiente in erster Linie an der Kontoführung und der Zinsdifferenz, indem sie Kundenguthaben mit etwa drei Prozent p.a. verzinste, für Kundenkredite hingegen bis zu zehn Prozent p.a. und mehr in Rechnung stellte. Sobald sich die Kundenguthaben auflösen – weil das Geld in kurzfristige Renten- oder Geldmarktfonds und in langfristige Akteinfonds angelegt wird –, funktioniert das nicht mehr.

Banken müssen neue, anspruchsvollere Tätigkeiten aufspüren. Diese Tätigkeiten werden weniger im Kreditgeschäft zu finden sein als in dem provisionierten Verkauf von Finanzprodukten wie Aktien, Immobilien oder Versicherungspolicen. Solange solche Verkaufstätigkeiten nur einen zusätzlichen Teilbereich darstellten, konnte man sich begnügen, lediglich und ausschließlich die Produkte des Hauses anzubieten. Wenn aber solche Tätigkeiten zu einem Hauptbereich des Bankgeschäfts werden, kann die Beschränkung der Angebotspalette nicht mehr ausreichen.

Wenn der Kunde nach bestimmten Markenprodukten fragt – etwa einem der Top 50-Aktienfonds von der DWS (Deutsche Bank), dem Aktienfonds Europa vom DIT (Dresdner Bank), dem Mischfonds European Balanced von Fidelity oder dem Growth Fund von Templeton –, dann wird er diese Markenprodukte bei dem kaufen, der sie ihm preisgünstig oder mit gutem Service (oder mit beidem) bieten kann. Die Ausrichtung der Bank verschiebt sich damit immer stärker von der Rolle eines ausschließlichen Transmissionsriemens für eigene Produkte in die Richtung des Finanz-Warenhauses mit großen Angebotssortimenten.

Kein Produkt verdeutlicht und beschleunigt diesen Wandel so sehr wie der Investmentfonds. Keine Geldanlage beschert dem Kunden eine so genaue Kenntnis der Resultate, ein so erbarmungsvoll motivierendes Plus oder auch erbarmungslos deprimierendes Minus. Und mit diesen Eigenschaften symbolisiert der Investmentfonds auch den Übergang von der spar- und kreditorientierten Gesellschaft zu der Investment-Gesellschaft. Banken werden in dieser Investment-Gesellschaft immer noch eine Säule der wirtschaftlichen Macht sein. Aber so wie in der Vegangenheit die dominante Säule der wirtschftlichen Macht nie mehr. Weil:

- Unternehmen für ihren Kapitalbedarf Bankkredite weniger, dafür aber umso mehr die Emission von Aktien einesetzen.
- Kunden statt Guthabenkonten bei den Banken zu besparen, Investmentfondsanteile kaufen.

Die Herausforderungen für das Kreditgewerbe

- Stagnierendes beziehungsweise rückläufiges Wirtschaftswachstum oder auch teilweise moderate Wachstumsraten in allen europäischen Ländern.
- Strukturelle Krisen in vielen traditionellen Wirtschaftsbranchen, die in der Kreditwirtschaft zu erhöhten Risikokosten führten.

- Zunehmendes Finanzdienstleistungsangebot von ausländischen Finanzdienstleistern sowie von sogenannten Non- und Near-Banks, die sich zu Banken weiterentwickeln.
- Der weitere Abbau von Wettbewerbsschranken auf den Finanzdienstleistungsmärkten erfolgt nicht nur in Europa, sondern weltweit. Hieraus ergibt sich eine weitere Verschärfung des Wettbewerbs im Finanzdienstleistungssektor.
- Vermehrte Entstehung von Kreditverhältnissen unter Nichtbanken, welche die Bankbilanzen nicht berühren.
- Eine noch stärkere Zunahme der Verbriefung von Kreditverhältnissen wird die Struktur der Bankbilanzen und Gewinn- und Verlustrechnungen weiter verändern.
- Der relative Zinsüberschuß bleibt weiter unter Druck. Die Dienstleistungserträge sind auch in naher Zukunft bei zahlreichen Instituten noch viel zu gering, um hier einen entsprechenden Ertragsausgleich zu schaffen.
- Die zukünftigen Erben bilden eine neue Anspruchsgesellschaft. Sie fordern von den Kreditinstituten deutlich höhere Service-, Beratungs- und Betreuungsqualität. Dabei haben es die Finanzdienstleister mit einer sogenannten Konfetti-Generation zu tun, die keine lebenslang gültigen Lebenskriterien aufweist. Immer mehr unterschiedliche Gruppierungen wünschen immer dringlicher und lautstärker Unterschiedliches.
- Die Tendenz der Kunden, mit mehreren Banken zusammenzuarbeiten, nimmt ebenso zu wie die Bereitschaft zum Bankwechsel.
- Technische Innovationen verändern das Kundenverhalten der Finanzdienstleistungsanbieter und beeinflussen deren quantitative und qualitative Leistungserbringung, den Kundenservice und die Vertriebswege. Der gezielte Einsatz der Informations- und Kommunikationstechnologie wird zu einem entscheidenden Wettbewerbsfaktor werden.
- Der Verwaltungsaufwand ist bei allen Institutsgruppen zu hoch und wird tendenziell weiter ansteigen.

Oskar Betsch, Professor für Finanzierung und Bankbetriebslehre, Technische Hochschule Darmstadt, bank und markt, Nr. 3/1996, S. 11

Investmentfonds

Shareholders Value

Ein Nachmittag im Herbst 1996, Konferenz-Raum einer Frankfurter Großbank. Über 100 Wertpapier-Analysten, Vermögensverwalter und Fondsmanager aus allen Richtungen der Welt sind hier, um den Abgesandten einiger Großunternehmen zuzuhören. Beide Gruppen stehen unter Erfolgsdruck. Die Konzern-Repräsentanten würden gerne mit der Botschaft nach Hause fahren, daß die wichtigsten Investoren des Erdballs die Aktien der hier Rede und Antwort stehenden Unternehmen nun bald verstärkt kaufen werden. Die Investoren sind auf der Suche nach Aktien mit Wertsteigerungspotential. Nur mit dem Kauf solcher Papiere können ihre Fonds überdurchschnittliche Renditen erzielen.

Gerade hat der Repräsentant eines europäischen Automobilkonzerns den Zustand und die Perspektiven seines Betriebes in vielversprechenden Farben geschildert. Umsatz: seit Jahren steigend. Gewinn: verhältnismäßig hoch. Produkte: gut; zumindest im Heimatmarkt werden die japanischen Wettbewerber geradezu deklassiert.

Die Investoren nicken befriedigt und machen sich Notizen, als der Aktien-Experte einer der großen Fondsgesellschaften dieser Welt aufsteht und eine Reihe trockener Fragen abfeuert. »Warum sollen wir Ihre Aktien in unsere Bestände aufnehmen? Ihre Ausführungen sind mir ein wenig zu allgemein. Was können wir für unsere Kunden herausholen, wenn wir uns bei Ihnen engagieren?« Antwort: »Wir sind einer der größten und namhaftesten Automobilkonzerne der Welt. Die Zahlen, die vor Ihnen liegen, sagen doch eigentlich alles aus.«

Erwiderung: »Die Größe eines Unternehmens ist für uns nicht so entscheidend. Uns interessieren die Gewinnchancen. Deshalb müssen wir die von Ihnen vorgelegten Zahlen schon genauer untersuchen. Warum zeigen sich bei Ihnen über die zurückliegenden drei Jahre fallende Gewinne? Mit welchen Produkten wollen Sie wann und wie die Ergebnisse verbessern? Warum sind Ihre Angaben zum cash flow so unverständlich? Außerdem, Ihr Top-Management erscheint mir zu alt.«

Im Auditorium macht sich jetzt Unruhe breit. Die Meisten haben aufgehört, an ihren Notizen zu arbeiten. Einer hustet. Ein anderer verknotet die Finger so, daß die Gelenke knacken. Ein Dritter setzt zu einer Bemerkung an. Sie alle warten auf die Antwort des Repräsentanten des Automobil-Konzerns. Die kommt, aber anders als man sie in diesem Kreis erwartet. Der Repräsentant des Autokonzerns erregt sich. Meint, er wäre hier nicht in einem Verhör. Sagt, er werde sich bei der Bank, der die Fondsgesellschaft gehört, beschweren. Kurzum, er empfindet die Fragen des Fondsmanagers als »Attacke«, auf die er nicht eingehen möchte. Sein Haus habe das nicht nötig.

Möglicherweise doch, denn im Auditorium macht sich Grinsen breit. Einer entwirrt seine verknoteten Finger, streckt den Daumen und zeigt mit ihm dann nicht allzu deutlich, aber deutlich genug nach unten. Ein anderer raunt seinem Nachbarn zu: »Der begreift es nicht. Der hat es einfach nicht begriffen.« Der Angesprochene nickt zustimmend, lacht hinter vorgehaltener Hand. In der Tat, hier wurde etwas nicht begriffen. Die Spielregeln des Investmentgeschäfts, die sich gründlich geändert haben. Früher liefen solche Besprechungen ausgesprochen höflich und gemächlich ab. Man gab sich mit Auskünften schnell zufrieden, besprach Fragen ruhig beim Lunch und fuhr angenehm gesättigt nach Hause. Konzerne machten mit einigen Banken Geschäfte und konnten damit rechnen, daß ihre Aktien von diesen Kreditinstituten und ihren Fondsgesellschaften ohne weiteres abgenommen wurden.

Seit Beginn der 90er Jahre funktioniert diese Achse der Gefälligkeiten nicht mehr. Der Druck, eine wettbewerbsfähige Rendite, Performance, vorweisen zu müssen, hat so zugenommen, daß man es sich nicht mehr leisten kann, die Entwicklung eines Fonds mit Gefälligkeits-Investments zu gefährden. Deshalb müssen sich selbst die größten Konzerne der Welt harte Fragen gefallen lassen, wenn ihre Papiere von den wichtigen Investmentfonds gekauft werden sollen. Wer sich auf diese von knallharter Nüchternheit geprägten Spielregeln nicht einlassen mag, hat schlechte Karten. Denn die Fonds sind weltweit zu der wichtigsten Kapitalsammelstelle aufgestiegen, die über ihre Macht als Investoren und Miteigentümer (shareholder) mitunter sogar in Konzernzentralen hineinregieren.

New York, Sommer 1992. Die Manager von Fidelity, der größten Fondsgesellschaft der Welt, sitzen mal wieder mit der Führungs-Crew des Foto-Konzerns Eastman Kodak & Co. zusammen. Selbst der Kodak-Verwaltungsratsvorsitzende James Whitmore ist dabei. Die Fondsgesellschaft ist zu diesem Zeitpunkt einer der größten shareholder bei Kodak. Diverse Fidelity-Fonds halten insgesamt rund acht Prozent aller Kodak-Aktien. Zufrieden sind die Fidelity-Manager aber mit ihrem Investment nicht. Die Kodak-Aktie kommt nicht voran und schmälert die Rendite der Fonds. »lame duck« (lahme Ente) nennt man solche Papiere in der Investmentszene, auch und gerade bei Fidelity in Boston.

Heute, bei der Besprechung in New York, ist die Stimmung bereits eisenhaltig. Immer härter, immer fordernder gehen die Fragen auf die Kodak-Truppe nieder. Der Konzern solle sich auf seine Kernbereiche, Foto- und Kopiertechnik, beschränken, die in dem zurückliegenden halben Jahrzehnt angehäuften zahlreichen Randaktivitäten schnellstens verkaufen. »Oh boy, die nehmen unser Management ganz schön auseinander«, stöhnt Timothy Cost, der als Leiter der Kodak-Abteilung Investor Relations an den meisten Sitzungen dieser Art teilnimmt.

Jetzt reckt sich Kodak-Chef Whitmore. Er sagt für 1993 die Durchführung der geforderten Umstrukturierung zu. Daraufhin geben sich die Fidelity-Leute umgänglicher. Sie wollen sehen, ob ihr lahmendes Investment doch noch an Fahrt gewinnt. Nach der Sitzung legt Whitmore tatsächlich los. Aber nicht so schnell und entschlossen, wie sich Fidelity das vorstellt. Im Jahre 1993, die Fondsmanager sind zu dem Schluß gekommen, »Whitmore schafft die Wende bei Kodak nicht«, stößt Fidelity auf einen Schlag alle in den einzelnen Fonds gehaltenen Kodak-Aktien ab – mit Gewinn. Der Kurs der Aktie saust nach unten. Whitmore ist bei Kodak nicht mehr zu halten. Er muß gehen. »Er hat uns einfach immer wieder enttäuscht«, kommentiert Beth Terrana, Fondsmanagerin bei Fidelity.

Der unaufhaltsame Aufstieg der Investmentfonds ist der aufsehenerregendste Prozeß der 80er und 90er Jahre. Die Branche verzeichnet ein nahezu unglaubliches Wachstum. In den USA hat sich das Fondsgeschäft seit 1988 bei einer Zuwachsrate von durchschnittlich 17,6 Prozent p. a. praktisch mehr als verdoppelt; in Europa mit durchschnittlich 19,8 Prozent p. a. fast verdreifacht. Allein im ersten Halbjahr 1996 nahm das von allen Publikumsfonds weltweit verwaltete Vermögen um zehn Prozent oder 729 Milliarden DM auf mehr als acht Billionen DM zu. Wertsteigerungen der von den Fonds gehaltenen Wertpapiere trugen dazu ebenso bei wie weitere Mittelzuflüsse.

Großbritannien: Das Fondsvolumen ist im ersten Halbjahr 1996 um 12 Prozent auf 298 Milliarden DM gestiegen. Den Aktienfonds flossen weitere sieben Milliarden DM zu. Wesentlichen Anteil daran hatten die PEPs, die sogenannten Personal Equity Plans. In diese steuerlich geförderten Aktienfonds-Sparpläne für die Altersversorgung waren bis Mitte 1996 etwa 52 Milliarden DM investiert.

Italien: In der ersten Jahreshälfte 1996 legten die Fondsgesellschaften 59 neue Fonds mit einem Volumen von insgesamt 2,6 Milliarden DM auf. Das Fondsvermögen Italiens stieg auf insgesamt 148 Milliarden DM. Vor allem Renten- und Geldmarktfonds legten zu, während Aktienfonds aufgrund der unbefriedigenden Kursentwicklung des italienischen Marktes geringe Mittelabflüsse hinnehmen mußten.

Von 1996 bis zum Jahr 2000 erwartet die Europäische Vereinigung der

Investmentfonds ein 70prozentiges Wachstum des europäischen Fondsvermögens auf 2 Billionen Ecu (umgerechnet 3,8 Billionen DM). Auch in den USA, wo bereits 3 500 Gesellschaften in rund 6 000 offenen Fonds über drei Billionen Dollar verwalten, zeigt der Trend weiter aufwärts. Bis zum Jahr 2000 sollen dort sechs Billionen erreicht sein.

Und die Deutschen? Das Vermögen der deutschen, einschließlich der Luxemburger Investmentfonds, nahm während der ersten sechs Monate 1996 nur um drei Prozent auf 347,3 Milliarden DM zu. Aber, der Blick in die Vergangenheit zeigt es, dieses vergleichsweise niedrige Wachstum ist nur eine Verschnaufpause. Noch in den 70er Jahren dümpelte das Neugeschäft der deutschen Investmentbranche sehr gemächlich vor sich hin. Der große Aufschwung begann in der zweiten Hälfte der 80er Jahre. Was die Großbanken als Instrument entworfen hatten, um die Kleinaktionäre mit ihren lästigen Mini-Aufträgen von der Wertpapierberatung in den Filialen auf die Fonds abzuschieben, entwickelte sich zu einer eigenständigen Anlageform. Die neunziger Jahre brachten den ersten Durchbruch. Die Einführung der Zinsabschlagsteuer löste im benachbarten Luxemburg reihenweise Gründungen von Investmentfondsgesellschaften aus. Die vorangegangene Liberalisierung innerhalb der Europäischen Union hatte für alle Fonds in dieser Region gleiche Vertriebsrechte geschaffen. Egal, wo sie in der Gemeinschaft verwaltet werden.

Immer neue Kapitalgesellschaften wurden gegründet. Immer neue Fonds kamen auf den Markt. Allein 1992 legten deutsche Anleger mehr Geld in Fondsanteilen an als in den Jahren 1950 bis 1985 zusammen. Mit nahezu 64,4 Milliarden DM übertraf der Nettozufluß an neuen Anlagegeldern allein im ersten Halbjahr 1993 den Mittelzufluß der gesamten 70er Jahre von knapp 42,9 Milliarden DM. Inzwischen verwalten die Investmentgesellschaften mit ihren zahllosen Publikums- und Spezialfonds nach den Banken und Versicherern das meiste Geld in Deutschland. Und sie tun dies offensichtlich so erfolgreich, daß nicht nur Privatanleger ihnen ihr Vermögen überlassen. Assekuranz, Industriekonzerne, deren Pensionskassen und Banken – also die sogenannten institutionellen Anleger – lassen von den Investmentmanagern eigene Spezialfonds verwalten.

Sozialer Prozeß

Insgesamt vier Jahrzehnte benötigten die deutschen Investmentgesellschaften, um das von ihnen verwaltete Vermögen bis Mitte der 90er Jahre auf rund 600 Milliarden DM zu steigern. Bald darauf, im September 1997, war daraus schon eine Billion DM geworden.

Dennoch, so richtig hat das Fondsgeschäft Deutschland noch nicht erreicht. International gehört das Land mit dem größten Privatvermögen pro Kopf in Europa in Sachen Investmentfonds noch zu den Entwicklungsländern. Während in den USA pro Kopf knapp 16 000 DM auf Fondskonten angelegt waren, während in Europa die Franzosen mit über 13 000 DM pro Kopf die Liste anführten, brachte es Deutschlands Michel auf etwas über 3 000 DM (unter Einbeziehung der Luxemburger Fonds: 4 800 DM; Zahlen nach Dresdner Bank, jeweils für 1996).

Fondsvermögen im Vergleich				
	Insgesamt pro Kopf in DM	Aktienfonds	Rentenfonds	Geldmarktfonds
USA	13 200	45 %	28 %	27 %
Frankreich**	13 400	16 %	28 %	56 %
Japan	5 400	31 %	44 %	25 %
Deutschland*	4 000	17 %	54 %	29 %
Großbrit.	1 421	97 %	3 %	
Schweiz	9 170	30 %	28 %	42 %

** incl. Luxemburger Fonds; ** nur SICAV*
Stand: 1995; Quelle: Deutsche Bank

Tabelle 13: Marktanteile der unterschiedlichen Sparten und Anlage in DM insgesamt pro Kopf.

Für Deutschland bemerkenswert ist der große Anteil der Rentenfonds und der im internationalen Vergleich völlig unterentwickelte Anteil der Aktienfonds. Dies wird sich ändern. Seite Mitte 1997 zeigt sich dies bereits. Warum? Warum holt Deutschland in der Fondsanlage mit mächtigen Schritten auf? Wandel im sozialen Verhalten und zunehmendes Verständnis sind die Gründe dafür.

Wandel im sozialen Verhalten: Bei einem rasch wachsenden Teil der Bevölkerung Deutschlands zeichnet sich ein gesteigertes Interesse und eine größere Vertrautheit mit den einzelnen Anlagemöglichkeiten ab. Sparer verwandeln sich in Anleger, die mit zunehmendem Selbstbewußtsein und deutlichem Renditewissen nach Performance und Risiko fragen.

Das Institut für Demoskopie, Allensbach, kam in einer Umfrage vom Dezember 1996 zu dem Befund, daß zum Jahresende 1996 in den alten Bundesländern 10,9 Prozent aller Haushalte Aktien besaßen (ein Jahr zuvor: neun Prozent). Die verstärkte Hinwendung zum Aktienmarkt führten die Meinungsforscher zumindest teilweise auf den mit großem Werbeaufwand durchgeführten Börsengang der Deutschen Telekom AG zurück. Insgesamt hatten etwa fünf Prozent der Bevölkerung Telekom-Aktien erworben. Ein Drittel dieser Käufer hatte noch nie zuvor eine Aktie besessen.

Produkteigenschaften: Anleger, die sich für Aktien interessieren, erkennen früher oder später, daß sie ihr Investment schon aus Zeitgründen nicht kontrollieren können und Instrumente zur Risikominderung brauchen. Andernfalls sind sie vielleicht mal bei einem Boom dabei, rauschen aber mit ihrem Investment bei fast jeder Baisse in die Tiefe. Denn das bei Engagements in Aktien besonders wichtige Timing (Zeitpunkt des An- und Verkaufs) läßt sich ebenso wie die Risikostreuung mit dem Kauf von Fonds-Zertifikaten ohne weiteres, mit dem Kauf einzelner Titel dagegen nicht erreichen. Investmentfonds mit spezialisierten Fondsmanagern, in der Regel die billigste und bequemste Form der Vermögensverwaltung, drängen sich bei solchen Überlegungen geradezu auf.

Bei Aktienfonds fallen die Vorteile besonders auf. Da einzelne Aktiengesellschaften in Extremfällen in Konkurs gehen können, riskiert der Aktionär im ungünstigsten Fall einen Totalverlust. Bei dem über ganze Aktienmärkte gestreuten Vermögen von Investmentfonds kann dies nicht geschehen. Weil Fonds schon wegen der gesetzlichen Vorschriften in eine Vielzahl verschiedener Wertpapiere und Unternehmen investieren müssen, werden die Kursverluste einzelner Titel meist von den Wertzuwächsen anderer Papiere mehr als ausgeglichen oder wenigstens aufgefangen.[1]

Für den Einsatz von Investmentfonds in der Vermögensgestaltung sprechen überdies folgende Überlegungen. Das Spektrum der Kapitalanlagemöglichkeiten ist groß und vergrößert sich ständig. Allein der deutsche Kapitalmarkt ist mit über 700 verschiedenen Aktien und hunderten von Anleihen bereits schwer überschaubar. Wer im Sinne einer sinnvollen Vermögensverwaltung zudem noch die Aktien- und Rentenmärkte anderer Länder nutzen will, muß aus Tausenden verschiedener Titel auswählen. Dagegen fassen Investmentfonds eine Vielzahl von Wertpapieren zusammen. Deshalb kann ein einzelner Fonds im Prinzip die wich-

---

1 Ein Investmentfonds darf nach deutschem Recht maximal fünf Prozent seines Anlagevolumens in einem einzigen Papier anlegen. Zu den Perspektiven der Branche: Rolf Passow: Investmentfonds, Vor dem Marketing-Boom?, Absatzwirtschaft, Nr. 5/1997, S. 44 ff.

tigsten und unterschiedlichsten Segmente der internationalen Kapitalmärkte in seinem Portefeuille enthalten.

Insgesamt gilt: Mehr als 80 Prozent der Kursbewegung einzelner Aktien werden von den allgemeinen Tendenzen der Aktienmärkte bestimmt. Wer diese aktuellen Tendenzen zu kennen glaubt und Zeit für die Beobachtung hat, kann sich folglich auch selbst mit der Auswahl einzelner Aktien befassen. Wer dies nicht kann und auch nicht die Zeit dafür hat, dem bleibt kaum eine andere Wahl als in Investmentfonds zu gehen. Der Investmentfonds ist das einzige staatlich überwachte Instrument, das den Einstieg in völlig unterschiedliche Wertpapiermärkte bietet.

Von ihrer früheren Rolle als »Spekulationsvehikel des kleinen Mannes« haben sich Investmentfonds jedenfalls bereits emanzipiert, indem sie als eigenständige Markenprodukte mit enorm ausgeweiteter Einsatzbreite angeboten werden – von der ambitionierten Vermögensverwaltung mit Einzeldepots von Hunderten Millionen DM bis zur Altersversorgung mit monatlichen Einzahlungen von lediglich 100 DM.

Die Sorgen der Menschen um ihren Lebensstandard im Alter haben zu einer neuen Angst geführt, der Angst vor der Langlebigkeit, vor der Mittellosigkeit im hohen Alter. Dies, auf überdeutliche Weise von der Erschöpfung des staatlichen Vorsorge- und Rentensystems angetrieben, heißt grundsätzlich nichts anderes als: Frühzeitig mit dem Aufbau einer größeren Summe beginnnen, die nach dem Erwerbsleben als Kapitalstock für Zinserträge und/oder Entnahmen zur Verfügung steht.

Wer dies versteht, wird in erster Linie danach fragen, wie er den Aufbau seines persönlichen Kapitalstocks am schnellsten (mit einer hohen Rendite auf die regelmäßig eingezahlten Beträge) erreichen kann. Er wird dann die unterschiedlichen Möglichkeiten der einzelnen Anlagemöglichkeiten vergleichen und feststellen, daß mit keiner anderen Anlageform so hohe Renditen zu erreichen sind wie mit Aktienfonds. Dieses in der Intensität neue Bewußtsein und neue Interesse für Renditen, für Performance ist die Antriebskraft für das Wachstum der Investmentfonds. Es ist ein sozialer Prozeß, der das Land, die Menschen und die Unternehmen verändern wird. Die Entwicklung der »Zwei Welten«, USA und Deutschland, zeigt es.[2]

---

2 Lowell Bryan, Diana Farrell: Market Unbound. Unleashing Global Capitalism. New York 1996, inbes. Kapitel 6, Prosperity or Devastation?, S. 115 ff. Manfred Gburek: Fit für Fonds. Ein Branchenführer für Anleger und Insider, Wiesbaden, 1996. Peter Fehrenbach: An Investmentfonds verdienen, Freiburg 1994 (=2. Aufl.). Egon Wachtendorf: Kursbuch Investmentfonds. Optimale Anlage-

Bei monatlichen Einzahlungen von 100 DM				
Durchschnittliche Rendite % p.a.	10 Jahre (30.9.87–30.9.97)	15 Jahre (30.9.82–30.9.97)	20 Jahre (30.9.77–30.9.97)	30 Jahre (30.9.67–30.9.97)
Aktienfonds (deutsche Aktien)	14,75	13,07	12,67	10,94
Aktienfonds (Aktien international)	11,09	9,69	10,43	9,04
Aktienfonds (Aktien Europa)	14,22	12,01	11,51	9,98
Rentenfonds (Deutsche Werte)	7,14	6,97	7,21	7,39
Rentenfonds (Internationale Werte)	8,22	7,72	8,37	
Quelle: BVI				

Tabelle 14: Wertentwicklung unterschiedlicher Fondgruppen.

Vor riesigem Wachstum				
Wachstum p.a.	**1997**	**1998**	**1999**	**2000**
Publikumsfonds	15%	20%	20%	20%
Spezialfonds	15%	15%	15%	15%
Lux. + sonstige ausl. Fonds deutscher Herkunft	2,5%	5%	5%	5%
Quelle: Aus den vertraulichen Unterlagen einer namhaften, nicht in Frankfurt ansässigen deutschen Fondsgesellschaft.				

Tabelle 15: Prognostizierte Entwicklung der deutschen Fondsbranche.

---

strategien, Frankfurt a.M. 1997 (Orig.: Düsseldorf 1994). Anke Dembowski: Profi-Handbuch Investmentfonds. Regensburg, Bonn 1997.

Bemerkenswert ist in diesem Zusammenhang die Aussage des Fondsmangers Patrick Smith von Pioneer in Boston. Smith: »Vor zehn Jahren waren die Bilanzen der deutschen Unternehmen wenig aussagefähig und damit für Großinvestoren wie Investmentfonds völlig uninteressant.« Dies hat sich geändert, »weil inzwischen auch die großen deutschen Aktiengesellschaften an den internationalen Kapitalmärkten um Kapital werben und hierzu brauchbare Daten liefern«. Als ein Beispiel für diese bei deutschen Unternehmen relativ neue offensive Informationspolitik nennt Smith Mannesmann.

Briten lieben Aktien			
	Renten-fonds	Aktien-fonds	Geldmarkt-fonds
Deutschland[1)]	49,4	20,7	29,9
Japan	44,5	26,3	29,2
Frankreich[2)]	28,7	18,3	53,0
USA	25,0	49,5	25,5
Großbritannien	4,2	95,4	0,4
1) einschl. Lux Fonds; 2) Nur SICAV; jeweils in %. Quelle: DWS; Stand: Ende 1996.			

Tabelle 16: Vermögensaufteilung Publikumsfond international.

Deutliche Verlagerungen			
	1989	**1994**	**2005***
Unabhängige Anlageberater	3,5%	5,3%	10%
Strukturvertriebe	6,4%	9,7%	8%
Vermittler von Verbundunternehmen (Versicherungen, Bausparkassen)	5,0%	8,0%	12%
Fondsgesellschaften	2,1%	3,0%	5%
Sonstige	3,0%	3,0%	5%
Banken	80%	71%	60%
Quelle: KURS. Monatszeitschrift für die Finanzdienstleistung.			

Tabelle 17: Vertriebswege Investmentfonds

Zwei Welten: Bull Run

Boston, im Jahre 1965. Der Rechtsanwalt Edward Cosby Johnson II hat während der zurückliegenden zwei Jahrzehnte eine kleine Investmentgesellschaft aufgebaut. Nun muß er sich entscheiden. Zwischen seinem besten Fondsmanager Gerald Tsai und Edward Cosby Johnson III, seinem Sohn. Was der aus Shanghai in die USA eingewanderte Tsai tut, was er nicht tut und was er tun würde, könnte oder sollte, ist das Thema der Presse, seit Tsai einen Fonds von Fidelity managt. Seit 1958 erzielt Tsai mit dem Fidelity Capital aufsehenerregende Wertzuwächse; 1965 nahezu 50 Prozent, während der Aktienindex Dow Jones Industrial Average nur um 15 Prozent steigt. Vieles an dem jungen Mann ist für das erst jetzt entstehende Fondsgeschäft der USA typisch.

In den 50er und 60er Jahren hatte das Management eines Fonds üblicherweise aus zurückhaltenden älteren Herren bestanden, die einen Anlageausschuß bildeten und die Investment-Entscheidungen in anonymer Gemeinsamkeit trafen.[3] Johnson II hatte damit Schluß gemacht und jedem seiner Fonds einen verantwortlichen Manager zugeordnet. Diese Personalisierung des Fondsgeschäfts führte bald dazu, daß erfolgreiche Fondsmanager mit ihren Einschätzungen der Finanzmärkte und einzelner Wertpapiere in der Presse wie Stars herumgereicht wurden. Und unter diesen »Stars« verströmt seit Jahren Fidelitys Gerald Tsai den größten Glanz. Während die anonymen älteren Herren bei der Konkurrenz Transaktionen noch gemütlich vor sich herschieben und Staatsanleihen bevorzugen, geht Tsai aufs Ganze – mit Aktien. Innerhalb eines einzigen Jahres dreht er das gesamte Portefeuille seines Fonds um. Geht heute mit Vollgas in Auto-Werte, um sich vielleicht schon morgen auf unbekannte Aktien aus dem Konsumgüterbereich zu stürzen.

An diesem Tag steht er vor seinem Förderer Johnson II und fordert. Wie jeder andere in der Szene weiß er: Daß Fidelity 1965 rund 1,5 Milliarden Dollar in ihren Fonds verwaltet (1955: 239 Millionen), ist vorwiegend ihm und seinen Erfolgen zu verdanken, die das zuvor nur schwach laufende Geschäft der Company mit Macht nach vorne gebracht haben. Nun will Tsai Johnson II die Zusage abringen, nach dem Abtreten seines Förderers die Leitung der Investment Company zu übernehmen. Der Senior hat anderes vor. Er lehnt ab. Er will seinen Sohn Johnson III, genannt Ned Johnson, als Nachfolger einsetzen.

Johnson III ist in der mitunter schillernden Investmentszene, schon gar neben »Stars« wie Tsai, der stille, bewußt profillose Mann. Er meidet öffentliche Auftritte. Die Art, wenig und über sich selbst gar nichts zu sagen, hat er geradezu kultiviert. Aber hinter Ned Johnsons rhetorischer Fassade von unverbindlichen Floskeln und blumigen Worten steckt einer der brillantesten Köpfe des Geschäfts mit einem ungewöhnlichen Gespür für Menschen und geschäftliche Konzepte. Zudem hat sich Ned Johnson seit seinem Eintritt in die Firma das Vaters, den er im Büro stets

---

3 Diana Henriques: Fidelity's World. New York/London, S. 134.

mit »Mr. Johnson« anspricht, in aller Stille zu einem kaum minder erfolgreichen Fondsmanager als Tsai hochgearbeitet. Der neue Magellan Fund bringt es unter Ned Johnson während eines Jahres auf ein Plus von 107 Prozent.

Die Entscheidung des Senior für den Junior führt dazu, daß Tsai Fidelity verläßt und eine eigene Fondsgesellschaft gründet. Im Rückblick ist dies der Anfang des atemberaubenden Aufstiegs von Fidelity. Denn Ned Johnson bringt etwas Neues in das Fondsgeschäft. Neben einem knallharten Ausleseprinzip, bei dem das Fondsmanagement nur den Besten übertragen wird – und auch nur solange wie sie erfolgreich sind – versteht Johnson als einer der ersten, daß sich der Investmentfonds zum Massenprodukt entwickeln kann:

- Wenn die Sparer, die ihr Geld bislang bei Banken und Versicherungen deponierten, erkennen, daß der Kauf von Aktienfonds-Anteilen eine weit höhere Rendite bringt. Das Risiko besteht eigentlich nur in den kurzfristigen Wertschwankungen. Die sind aber über eine längere Laufzeit belanglos, weil die langfristige Wertsteigerung die kurzfristigen Einbußen weit übertrifft.
- Wenn man Fonds wie Konsumgüter und Markenprodukte, Autos zum Beispiel, vermarkten würde. Zum Beispiel Geldmarktfonds – Parkplatz für möglicherweise kurzfristig benötigtes Geld. Über viele Branchen und Länder anlegende Aktienfonds – die Investment-Limousine des Sparers. Spezialitätenfonds für einzelne Branchen oder Länder – sozusagen der Sportwagen des Anlegers.
- Wenn Fidelity die erfolgreichen Fondsmanager zwar weiterhin nach außen als Stars und Zugmaschinen einsetzt. Sie aber ungleich stärker als zu den Zeiten von Gerald Tsai in das Unternehmen einbindet.

Die Verwirklichung dieser Punkte beginnt 1974 mit dem ersten Fonds, der als Massenprodukt vermarktet wird, dem Geldmarktfonds Daily Income Trust. Fidelity ist das erste Unternehmen, das den Geldmarktfonds als stets abrufbares Guthaben des Kunden gestaltet. Wer Anteile des Fidelity Daily Income hält, kann auf diese Anteile Schecks ausstellen. Praktisch heißt dies, daß der Fonds einerseits höhere Renditen als Bankzinsen bietet. Andererseits aber aus Kundensicht wie ein Bankkonto genutzt werden kann.[4]

---

4 Der Chronist Joseph Nocera schreibt hierzu: »So gewöhnlich der Geldmarktfonds heute für uns aussehen mag, so führte er doch zu grundlegenden Veränderungen für das amerikanische Finanzgeschäft. Rückblickend erweist er

Fidelity dominiert das Fondsgeschäft der USA bereits, als Ned Johnson eine Entscheidung trifft, die die Branche insgesamt aufwühlen und Fidelity auf eine einzigartige Erfolgstrecke führen wird. Der früher von Johnson III selbst verwaltete Magellan Fund dient bis 1977 in erster Linie dazu, das Vermögen der Inhaberfamilie zu verwalten. Der nun, im Frühjahr 1977, neu zu vergebende Job des Magellan-Fondsmanagers ist somit der delikateste, den es in der Company gibt.

Ned Johnsons Wahl fällt im Mai 1977 auf Peter Lynch, einem eher unscheinbaren Mann, der seit 1965 bei Fidelity in Boston als Aktien-Analyst arbeitet. »Es war so, als ob man (dem Basketballspieler) Michael Jordan den Spielball ausgehändigt hätte«, schreibt Joseph Nocera, einer der besten Finanzpublizisten der USA. »Alles, was wir – Ned Johnson und die amerikanische Mittelklasse – nun tun konnten, bestand darin, dem Kommenden mit Bewunderung zuzusehen.«[5]

Lynch erwirtschaftet für den Magellan Fonds in der Investmentszene einzigartige Ergebnisse. Nicht nur mal für ein, zwei Jahre, sondern nahezu ständig. Wer 1977, zu Beginn der Lynch-Ära, 1000 Dollar in den Magellan investiert hatte, konnte auf seinem Konto 1990, bei Lynchs Ausscheiden, 27000 Dollar verbuchen. Der Fonds überragt fast anderthalb Jahrzehnte lang alles andere und schießt bis 1990 auf ein Volumen von 13 Milliarden Dollar hoch. Lynch, Magellan und Fidelity wurden in den USA so populär, daß bis 1990 in den USA, statistisch gesehen, von 100 Familien durchschnittlich eine ihr Geld im Magellan angelegt hat.

Lynch, den die TV-Sender des Landes geradezu hofieren, gehört bald genauso zum »american way of life« wie CocaCola oder McDonald's.[6] Wo er auftritt, erhält der mit seinen schlohweißen Haaren an Andy War-

---

sich als die wegweisende Erfindung zur Revolution des Geldgeschäfts... Die erste wirkliche Innovation seit der Kreditkarte. Das erste Produkt, das die früheren eisernen Barrieren zwischen Banken und anderen Anbietern von Finanzdienstleistern überwand. Gleichzeitig in den Köpfen der Amerikaner die nicht weniger festen psychologischen Abgrenzungen zwischen Sparen und Investieren überwand... Der Geldmarktfonds signalisierte das Ende der alten Welt von personal finance.« Joseph Nocera: A Piece of the Action. How the American Middle Class joined the Money Class. New York 1994, S. 75

5 Nocera, S. 243.

6 Peter Lynch hat über seine Investments, seine Zeit bei Fidelity und seine Empfehlungen für den Anleger zwei lesenswerte Bücher verfaßt, die sich auch durch die Selbstironie des Autors auszeichnen. Peter Lynch, John Rothchild: Der Börse einen Schritt voraus, Kulmbach. 1990 (Orig.: New York 1989); Peter Lynch, John Rothchild: Aktien für alle. So verdienen Privatanleger an der Börse. Kulmbach 1994 (Orig.: New York 1993).

hol erinnernde Lynch schon für seine Anwesenheit donnernden Applaus. Nicht selten kommt es vor, daß sich Menschen um ihn drängen, um ihm mit Tränen in den Augen als dem »Retter« ihrer Altersversorgung oder dem »Paten« ihres neuen Vermögens zu huldigen. Mit Lynch als Zugpferd verwaltet Fidelity bald mehr Geld als die größte amerikanische Bank. Der Sturm auf die Bastillen des Finanz-Establishments der USA ist vollzogen. Und für das erfolgreiche Vermarkten von Investmentfonds bildet nun Fidelity weltweit den Maßstab.

Erfolgsfaktoren
Was Fidelity erfolgreich macht

1. Performance, Marketing, Werbung, modernste Technik
Die sensationelle Performance der Fonds ist nur die eine Seite des Geschäfts. Die andere beschrieb das US-Magazin »Business Week« 1994 in einer Titelgeschichte: »In fast jeder Hinsicht ist Fidelity die raffinierteste und erfolgreichste Investment-Maschine, die Wall Street je gekannt hat.« Der Werbeetat liegt allein in den USA bei rund 80 Millionen Dollar. Seinen fast zehn Millionen Kunden in den USA steht Fidelity mit 81 Filialen an sieben Tagen rund um die Uhr telefonisch für Anfragen oder Aufträge zur Verfügung. Die Service-Zentren der Unternehmensgruppe erhalten im Durchschnitt 478 000 Telefonanrufe pro Tag. Fidelity vertreibt seine Fonds über ein weitverzweigtes Netz von Banken, Vermittler und direkt.

2. Marktmacht
17,5 Prozent aller Anlagen in US-Aktienfonds landen bei Fidelity. Zumindest bei Werten mittlerer Größenordnung genügen Kaufsignale von Fidelity, um die Kurse nach oben zu treiben. Daraus ergibt sich ein fast unbehinderter Zugang zu den Chefetagen der Unternehmen. Weil Fidelity enorme Honorare zahlt, bekommt die Firma die besten und exklusivsten Aktienanalysen der Wall Street. Nur Fidelity kann Broker dazu bewegen, Aktienpakete auf deren Kosten abzunehmen, selbst wenn noch keine Käufer in Sicht sind.

3. Konzentration auf wenige Aktien
Im Sommer 1994 waren 25 Prozent des Aktienbestandes aller Fonds von Fidelity (entsprach insgesamt 140 Milliarden Dollar) in lediglich 30 Titel investiert. Diese Konzentration ist Risiko und Chance zugleich. Zudem ein ordnungspolitisches Problem, das Fidelity Konflikte mit der Börsenaufsicht bringen kann. Der Magellan Fonds war

1994 zu 28,5 Prozent in Technologie-Aktien investiert. Als die Tech-Werte im August/September 1994 einen Kurseinbruch erlebten, verbuchte allein der Magellan Verluste von rund 650 Millionen Dollar.

4. Unternehmenskultur
Ein geradezu brutales Ausleseverfahren sorgt dafür, daß die »Besten« (»the best and the brightest«) nach oben kommen. Fondsmanager werden mit Jahreseinkommen von einer Million Dollar und mehr zu Höchstleistungen motiviert. Fehlschläge werden schnell und erbarmungslos geahndet; intern sowieso, aber auch mit Außenwirkung. Als bei Kodak die Erträge schrumpften, sorgten die Fondsmanager von Fidelity für einen Wechsel auf der Chefetage des Fotogiganten.

Der Prediger in der Wüste

Deutschland in den 70er Jahren. Während Fidelity, Lynch und die Performance des Magellan in den USA den großen Bull Run auf Aktienfonds ausgelöst hatten, setzte in Deutschland fast keiner auf diese Anlageform. Bernard Cornfeld hatte mit seiner IOS in Europa eine Investment-Katastrophe angerichtet. Der deutsche Sparer war reumütig zu den Einlagen bei Banken und Lebensversicherungen zurückgekehrt. Er schien von Fonds-Abenteuern für alle Zeiten geheilt. Freilich, das IOS-Fiasko hing in erster Linie damit zusammen, daß Cornfeld im rechtsfreien Raum operiert hatte. Das IOS-Riesenrad wurde ohne staatliche Kontrolle und Überwachung gedreht. Mit einer funktionierenden amtlichen Überwachung der Investmentfonds anhand eines strengen rechtlichen Rahmens hätte die IOS, deren Fonds in den USA nicht zugelassen waren, ihr Geschäft in Deutschland gar nicht betreiben dürfen.

Ernst Bracker, in den 70er und 80er Jahren Geschäftsführer der Deutsche Gesellschaft für Wertpapier-Sparen (DWS, Deutsche Bank), ist zu dieser Zeit in Deutschland einer der Wenigen, die für das Fondsgeschäft noch eine Zukunft sehen. Trotz gelegentlicher Zweifel ist er fest entschlossen, der Branche in ihrem scheinbar hoffnungslosen Zustand, und damit auch seinem Unternehmen eine bessere Perspektive zu verschaffen. In Zusammenarbeit mit dem Bundesaufsichtsamt für das Kreditwesen wird über viele Jahre mühsamer Kleinarbeit eine rechtlich saubere Plattform konstruiert. Gleichzeitig versucht Bracker unentwegt, die

Bank wie die Öffentlichkeit von den Vorzügen des nun staatlich überwachten Produkts Investmentfonds zu überzeugen.

Auch dies ist ein mühsames Geschäft. Denn Banken, so auch die Deutsche Bank, sehen in Investmentfonds nur einen Notbehelf, der die Kleinanleger aufnehmen und deren lästige Miniaufträge von den Wertpapierabteilungen der Banken fernhalten soll. Weiterhin hält man in den Banken Fonds für eine bequeme Gelegenheit, um dort die im eigenen Bestand liegengebliebenen Wertpapiere abzuladen. Weil mit solchen »Liegenbleibern« aus den eigenen Beständen eine vorzeigbare Performance kaum zu erzielen ist, predigt Bracker in der Investmentwüste Deutschland unermüdlich, daß Fondsgesellschaft und Fondsmanagement Anlageentscheidungen so unabhängig wie möglich treffen müßten. Von dem Umstand begünstigt, daß die damals noch kleine Fondsgesellschaft vom Vorstand der Bank kaum beachtet wird, kann Bracker im Konzern Deutsche Bank für die DWS eine relativ große Uanbhängigkeit durchsetzen.

Die DWS und das Fondsgeschäft interessieren nicht besonders, weil man in den beiden Türmen (»Soll und Haben«) der Deutsche-Bank-Zentrale in Frankfurt, über etwas anderes nachdenkt. Vorstandssprecher Alfred Herrhausen plant seit 1986 den Einstieg in das Lebensversicherungsgeschäft. Dem Mann an der Spitze des größten Geldhauses der Republik ist eine Entwicklung aufgefallen, die er für besorgniserregend hält. Während in der bundesdeutschen Öffentlichkeit landauf, landab über die Macht der Banken und speziell der Deutschen Bank diskutiert wurde, hatte sich im Hintergrund der unglaubliche Aufstieg der Assekuranz und damit vor allem des Allianz Konzerns abgespielt. Diesen Aufstieg verdankte die Versicherungswirtschaft ihren im Verkauf starken Vermittlern sowie der gemischten kapitalbildenden Lebensversicherung, einer steuerlich begünstigten Kombination aus Risikoschutz und dem Ansparen von Geld.

Im Jahre 1970 hatten die bundesdeutschen Privathaushalte von ihren langfristig angelegten Geldern erst rund zwölf Prozent bei den Lebensversicherern angelegt. Anderthalb Jahrzehnte später war bereits fast jede dritte Mark bei der Assekuranz gelandet, während die Banken bei der Privatkundschaft an Boden verloren. 1986 bewegten Deutschlands Lebensversicherer mit einer Vermögensmasse von 350 Milliarden DM den siebenfachen Betrag des Jahres 1970; an der Spitze die Allianz Leben mit rund 55 Milliarden DM. Von diesem Geschäft wollte nun auch die Bank ihren Teil.

In der Konsequenz mußte dies auf Streit mit der Versicherungswirtschaft und insbesondere der Allianz hinauslaufen. Herrhausen: »Wir haben nie kritische Anmerkungen zu den Initiativen gemacht, die die Versicherungswirtschaft auf angestammten Bankmärkten entwickelte. Wir erwarten demzufolge eine gleichermaßen tolerante Grundhaltung von der Assekuranz.« Allianz-Konzernchef Wolfgang Schieren, die graue Eminenz der deutschen Wirtschaft: »Wenn sich bei den Banken neue Produkte hinzugesellen sollten, dann können und werden wir nicht tatenlos zusehen. Darauf können sie sich verlassen.« Als die Deutsche Bank mit ihrer Deutsche Lebensversicherungs-AG in Wiesbaden startete, antwortete die Allianz. Sie verstärkte ihre Bindungen zur Dresdner Bank und zur Bayerischen Hypotheken- und Wechselbank. Seither verkaufen diese beiden Institute an ihren Schaltern die Policen der Allianz.

Die in der Presse oft als »Schlacht der Giganten« bezeichnete Auseinandersetzung fiel jedoch aus. Man hatte sich arrangiert. Als die Deutsche Bank in den 90er Jahren die Versicherungsgruppe Deutscher Herold übernahm und sich später noch an Gerling beteiligte, nahm die Allianz dies nur noch zur Kenntnis. Letztendlich war die Rivalität der beiden Giganten nur das Vorspiel zu der ungleich tiefer gehenden Auseinandersetzung, die sich seit 1995 abzeichnet. Und in dieser Auseinandersetzung werden die damals kaum beachteten, inzwischen aber enorm gestärkten Investmentfonds der Banken die entscheidende Rolle spielen.[7]

Im Schatten der großen Auseinandersetzung zwischen Banken und Versicherungen waren die Investmentfonds in Deutschland ein gutes Stück vorangekommen. Das unermüdliche Werben für diese Anlageform durch Männer wie den als »Mister Investmentfonds« bezeichneten Bracker zeigte langsam Wirkung. Die Wirtschaftspresse veröffentlichte regelmäßig Berichte zu den Wertsteigerungen der in Deutschland gehandelten Investmentfonds. Die allenthalben nachzulesenden Performance-Listen, geschickt von dem Bundesverband Deutscher Investmentgesellschaften (BVI) in Frankfurt lanciert, erwiesen sich als die beste Werbung. Sie schufen eine neue Begehrlichkeit, weil nun auch die Sparer von den bei einigen Fonds tatsächlich ungewöhnlichen Renditen profitieren wollten. Gegen Ende der 80er Jahre begann man sich stellvertretend für viele im Vorstand einer Frankfurter Großbank zu wundern: »Die Sache scheint ja doch noch salonfähig zu werden.«

So war es. DWS, DIT (Dresdner Bank), Adig (Commerzbank/Bayerische Vereinsbank), Deka (Sparkassen) und Union (Raiffeisenbanken/

---

7 Auf der ganzen Welt gibt es wohl nicht noch einmal zwei Giganten dieses Formats, die so eng miteinander verflochten sind. Die Allianz hält ein stattliches Aktienpaket an der Deutschen Bank. Dem Kreditinstitut wiederum gehören etwa zehn Prozent von der Allianz. Diese Beziehungen werden durch gemeinsame Engagements bei zahllosen deutschen Konzernen befestigt.

Volksbanken) warteten mit beachtlichen Mittelzuflüssen auf. Mit den Filialen ihrer Mutterbanken konnten die deutschen Fondsgesellschaften ihren großen Pluspunkt, die Präsenz am Ort und bei den Kunden, voll ausspielen. Ausländische Anbieter wie Templeton oder Pioneer mischten nach Kräften mit. Templeton machte durch sensationelle Renditen von sich reden. Pioneer legte Performance-Zahlen für Jahrzehnte vor, die staunen ließen. Aber ohne ein Filialnetz hatten sie nur in Nischen Chancen. Immerhin stellten sie unabhängigen Finanzberatern Produkte zur Verfügung, die es bei den Banken nicht gab.

Die DWS hatte sich in dieser Situation mit einem Fondsvermögen von rund 26 Milliarden DM zur größten deutschen Kapitalanlagegesellschaft entwickelt. Bei Einrechnung des Vermögens ihrer Luxemburger Tochter DBIM zählte sie bereits zu den führenden Fondsgesellschaften Europas. »Mister Investmentfonds« Bracker war nun an der Altersgrenze angelangt. Nachdem er die DWS in die Bundesliga des deutschen Finanzgeschäfts geführt hatte, bereitete er seinen Abgang vor. Sein Nachfolger sollte die DWS in die Weltliga führen.

Primus ohne Pares

Die DWS-Zentrale, ein aus der Gründerzeit stammendes Frankfurter Bürgerhaus, ist bis auf die Fassade und den Dekor völlig entkernt. In der Eingangshalle dominiert ein monumentales Stilleben des Düsseldorfer Künstlers Markus Lüpertz. Weit verzweigte Flure in früheren Kellern verbinden einen ganzen Komplex, in dem seit 1991 Christian Strenger die Richtung vorgibt. »Dunkelblauer Anzug, hellblaues Hemd – so sieht die Uniform eines Mannes aus, der über 20 Jahre bei der Deutschen Bank gedient hat«, beschrieb ihn vor einigen Jahren »Der Spiegel« und fügte ein wenig ironisch hinzu: »Wenn da nicht die kanariengelbe Krawatte wäre, auf der blaue Dinosaurier ihre Hälse recken.«

Strenger hat seine Karriere im Konzern der Deutschen Bank gemacht. Bis Mitte 1982 in Deutschland, dann in London und schließlich in New York als Leiter der Deutsche Bank Capital Corporation, der amerikanischen Investmentbankingtochter der Deutschen Bank AG. Für seine Aufgabe als DWS-Chef war er gut präpariert. Kaum ein anderer europäischer Banker hatte den Aufstieg von Fidelity in den USA so sorgfältig wie Strenger beobachtet. Und aus dieser Beobachtung des Siegeszugs von Fidelity zur größten Fondsgesellschaft der Welt (um ein Vielfaches größer als die DWS) hatte Strenger vor allem eine Erkenntnis mitgebracht: Nur gute Fonds zu haben, das reicht nicht mehr. Vielmehr gilt es:

- Das Finanzprodukt Investmentfonds wie Konsumgüter (Autos, Coca Cola) zu vermarkten.
- Für Zielgruppen und spezielle Bedarfssituationen besondere Produkte anzubieten.
- Das Erscheinungsbild des Anbieters permanent profilieren.

In der Folge entwickelte sich die DWS zur innovativsten deutschen Fondsgesellschaft. Sie steuerte in Kontinental-Europa auf eine ähnlich dominante Rolle zu wie sie Fidelity in den USA aufgebaut hatte. Deutlichstes Zeichen hierfür war die rasche Expansion der DWS ins Ausland. »Mit dem Näherrücken der Einheitswährung ist die Ausrichtung der Unternehmens-Strategie auf ein europäisches Wettbewerbsumfeld obligatorisch geworden«, begründete Strenger. Folglich ging es nach der bereits 1987 aufgebauten DBIM in Luxemburg Schlag auf Schlag – DWS Austria Investmentgesellschaft mbH (April 1995), DWS Investment Schweiz AG (Juni 1995), Erwerb von Finanza & Futuro in Italien mit über 1 300 Vertriebsmitarbeitern (Sommer 1995). Nahezu gleichzeitig erfolgte die Gründung einer Tochter in Frankreich und in Singapur.

Was in Deutschlands Investmentszene noch vor wenigen Jahren als mehr oder minder deutliche Marktführerschaft erschien, hatte sich zu einer Sonderrolle entwickelt. Die Wettbewerber wurden geradezu deklassiert. Fast 42 Prozent vom Mittelaufkommen aller deutschen Fonds für die DWS im ersten Quartal 1996 signalisierten, daß die Fondsgesellschaft der Deutschen Bank zu einer neuen Verteilung der Marktanteile angetreten war. Die Erfolgsfaktoren:

Performance, Innovation, Vetrieb. Marketing. Service

Performance: In den wichtigen Leistungstests steht die DWS seit Jahren ganz oben, mit einzelnen Fonds wie insgesamt. »Werden nur die letzten zwei Jahre zugrundegelegt, konnten elf von 74 Fonds den DAX zweimal hintereinander schlagen. Zu den elf Fonds steuerte die DWS mit dem Investa, dem DWS-Deutschland und dem Ring-Aktienfonds DWS gleich drei Angebote bei«, schrieb FINANZEN in der Ausgabe vom März 1996. »DWS sicherte sich in der Gruppe der großen Investmentgesellschaften nicht nur die Meisterschaft für 1995, sondern liegt auch im Drei- und fünf-Jahres-Vergleich vor allen anderen Konkurrenten« (DM, März 1996). Manager Magazin, März 1996: »Die mit einem Volumen von 90 Milliarden DM größte deutsche Investmentgesellschaft, DWS, stellt mit zwölf Fonds insgesamt die meisten Gewinner der diesjährigen mm-Analyse. Besonders gut verstehen sich die Frankfurter auf das Management deutscher Aktien. Vier der zehn besten Fonds dieser Kategorie stammen aus dem Hause des Marktführers.« Strenger betonte die Distanz zur Muttergesellschaft. Noch nicht ein einziges Mal habe der Aufsichtsrat der DWS einzelne Anlageentscheidungen nahegelegt.

Innovation: Der für die Fonds verantwortliche DWS-Geschäftsführer Udo Behrenwaldt und seine Fondsmanager sind die Vorreiter der Szene. So startete die DWS ihre geldmarktnahen Fonds bereits 1990 mit einer Wertentwicklungsgarantie aus. Ein Coup, der diesem an sich risikolosen Fondstyp zum Durchbruch verhalf. Unter Behrenwaldts Regie brachte die DWS Anfang 1992 auch den ersten deutschen Aktien-Laufzeitfonds auf den Markt. Garantie-Fonds – der DM-Reserve Fonds des Luxemburger DWS-Ablegers DBIM war einer der ersten, der mit der »Konzept«-Serie fortgesetzt wurde. Der Fonds Deutschland Konzept '99 erreichte innerhalb weniger Tage ein Mittelaufkommen von 515 Millionen DM (Japan Konzept '99: 470 Millionen DM, Frankreich Konzept '99: 140 Millionen DM). Steueroptimierung – der 1992 aufgelegte Delta-Fonds wurde als einer der ersten Fonds speziell für Anleger mit höherer Steuerprogression konzipiert. No-load Funds (ohne Ausgabeaufschlag) – Behrenwaldt vor Jahren zur Gebührenstruktur: »Wer 20 000 DM in einen Aktienfonds investiert, zahlt für den Ausgabeaufschlag bis zu 1 000 DM. Dafür bekommt er zwar eine vernünftige Beratung. Aber Anleger, die bereits genau wissen, was sie wollen, nehmen diese Leistung so nicht in Anspruch.« Deshalb: »Der Markt wird sich in diesem Punkt weiterentwickeln, und wir sind da durchaus progressiv.« Bald danach kam die DWS als erster mit einer Reihe von Fonds, die ohne Einstiegskosten vermarktet werden. Aktienfonds, die nur in die größten Konzerne investieren: Top 50 Europa, danach die Pendants Top 50 Asien und Top 50 Welt.

Vertrieb: Mit dem Filialnetz der Deutschen Bank als Basis agieren DWS und DBIM auf allen sich bietenden Absatzkanälen; mit Strukturvertrieben wie Bonnfinanz oder AWD; mit Brokerpools wie BCA oder Finanzplan. Beim Vertrieb über unabhängige Anlageberater wird ein Umsatz von mindestens zehn bis 20 Millionen DM vorausgesetzt. DWS-Fonds sind in verschiedene fondsgebundene Lebensversicherungen integriert; so bei Deutscher Herold oder Berlinische Leben (Akkumula). Hinzu kommt das Fondsmanagement der DWS für Barmenia, Albingia, Nürnberger, Metallbank, Deutscher Ring.

Marketing: »Wir brauchen eine neue Sprache«, forderte Strenger, dem die übliche Werbung für Investmentfonds zu langweilig und zu farblos erschien. Der Begriff »Investmentfonds« wäre doch emotional kaum zu vermitteln. Aussagen nach dem Muster »quadratisch, praktisch, gut« müßten auf die Produkte der DWS übertragen werden. Dies erweist sich als fast identisch mit dem, was in den 70er und 80er Jahren Ned Johnson von Fidelitys Marketing-Strategen gefordert hatte.

Als eine der wenigen deutschen Investmentgesellschaften stellt die DWS wirklich brauchbares und weit über das gesetzlich Vorgeschriebene hinausgehendes Informationsmaterial zur Verfügung. Freilich liegt hier auch das typische DWS-Problem. Die unaufhörlichen Produktinnovationen führen zu einem Berg von Broschüren, in dem sich viele, Berater in den Bankfilialen wie unabhängige Vermittler, nicht mehr zurechtfinden.

Die Werbung wird von Fachleuten als »hervorragend und agil« kommentiert. So kupferte man von Fidelity kurzerhand die Idee ab, auf den Erfrischungs-Tüchern der Lufthansa das DWS-Logo zu plazieren. »Fondsinformationen, Aktuelles, Anlagekonzepte, Service für Sie« liefert die DWS in T-Online, dazu weitere Informationen im Internet. Geschäftsführer Gode meint, daß es »weltweit keine Fondsgesellschaft gibt, die bei den neuen Vertriebswegen online und Multimedia so konzentriert dabei ist wie wir«.

Service: Abwicklung bei Kauf/Verkauf von DWS-Fonds und Kontoführung funktionieren nach Aussage von Vermittlern »reibungslos und vorbildlich«.

Die weitere Entwicklung der DWS ist damit vorgezeichnet:
Anhaltendes Innovations-Feuerwerk in Deutschland
Fortgesetzte Präsenz auf allen Vertriebswegen mit weiter verfeinerter Abstimmung im Service
Globales Investment Management, globales Auftreten durch Ausbau der Präsenz in Europa und Asien. Strengers persönliches Ziel, auch in den USA, in der Höhle der Investment-Löwen, anzutreten, wurde 1997 realisiert.

Dennoch, daß dies überhaupt vorstellbar wird, daß ein Fondsmanager von der »Verantwortung gegenüber dem DWS-Kunden und erst an dritter oder vierter Stelle für die Belange der Bank« spricht, signalisiert: Die Fondsbranche ist auch in Deutschland zu einem unübersehbaren Machtfaktor geworden. Die auf »Mister Investmentfonds« Bracker nachgerückte Generation hat aus den Vorschußleistungen des Predigers in der Wüste mehr gemacht als zu erwarten war. Was aber macht Fidelity? In den USA und seit Anfang der 90er Jahre auch in Deutschland.

Erfolgsfaktoren
Was die DWS erfolgreich macht

1. Performance
In den wichtigen Leistungstests steht die DWS seit Jahren oben, mit einzelnen Fonds wie insgesamt. Das Investment Management erfolgt weitgehend unabhängig von der Deutschen Bank.

2. Innovation
Der für die Fonds verantwortliche DWS-Geschäftsführer Udo Behrenwaldt und seine Fondsmanager sind die Vorreiter der Szene.

3. Vertrieb
Mit dem Filialnetz der Deutschen Bank als Basis agiert die DWS auf allen sich bietenden Absatzkanälen; mit Strukturvertrieben wie Bonnfinanz, AWD; mit Brokerpools wie BCA, Finanzplan oder tecis Financial Service.

4. Marketing
Die Werbung wird von Fachleuten als »hervorragend und agil« kommentiert. Aussagen nach dem Muster »quadratisch, praktisch, gut« wurden auf die Produkte der DWS übertragen. Fast identisch mit dem, was in den 70er und 80er Jahren Ned Johnson für Fidelitys Marketing durchgesetzt hatte.

5. Service
Abwicklung bei Kauf/Verkauf von DWS-Fonds funktioniert nach Aussage von Vermittlern »reibungslos und vorbildlich«.

6. Unternehmenskultur
Führungskräfte werden mit langfristiger Perspektive vergleichsweise geduldig an künftige Aufgaben herangeführt. Die Aufgaben in der Organisation sind so verteilt, daß die interne Arbeit auch gegenüber der Bank reibungslos verläuft. Bezüglich der Außenwirkung der DWS fällt es selbst bei Wettbewerbern ausgesprochen leicht, Bewunderer und Neider zu finden.

American way of drive

Mitte Dezember 1994, ein Tag, an dem die Uhren der Finanzmärkte nicht mehr richtig zu ticken scheinen. Magellan, der größte Aktienfonds der Welt, erklärt, daß seine Anteilseigner für dieses Jahr mit einer Ausschüttung nicht mehr rechnen können. Dies nach herausragenden Ergebnissen und entsprechenden Ausschüttungen in der Vergangenheit. Dies, obwohl noch wenige Wochen zuvor eine 6,6prozentige Gewinnbeteiligung in Aussicht gestellt worden war – ein Berechnungsfehler.

Rückblickend erweist sich die Aufregung, die Fidelity und sein Flaggschiff Magellan an diesem Tag auslösen, als Warnsignal. Noch fährt die Fidelity-Fondsflotte nahezu unbeirrt weiter. Die um den Magellan entstandene Nebelbank löst sich bald auf. Und das ist wichtig, weil der Erfolgskurs von Fidelity nach wie vor aufs engste mit der geradezu legendären Entwicklung des Flaggschiffs Magellan verknüpft ist.[8] Der Magellan ist das Zugpferd einer Geldmaschine, die 1994 mit etwa 220 Fonds weltweit rund 350 Milliarden Dollar verwaltet, erheblich mehr als alle deutschen Publikumsfonds zusammen.

Die Investmentstrategie von Fidelity ist weltweit nahezu identisch. Ganz im Sinne des inzwischen nur noch als Mentor wirkenden Lynch zielen die Fondsmanager auf unterbewertete, in der Regel mit einem enormen Aufwand geortete Aktien. Hinter der Erfolgsgeschichte stehen insgesamt knapp 300 Fondsmanager, die, wie im Sommer 1994 das US-Wirtschaftsmagazin »Business Week« schrieb, mit »Intelligenz, harter Arbeit an konventionellen Sichtweisen rütteln und die Bedeutung des Unternehmens nutzen, um an wertvolle Informationen zu gelangen. Keine andere Fondsgesellschaft kann dem Bostoner Riesen das Wasser reichen, wenn es darum geht, das Geld von Anlegern in Aktien zu investieren. Der inzwischen auf 37 Milliarden Dollar gewachsene Magellan Fonds, das Aushängeschild von Fidelity, war in den achtziger Jahren der Fonds mit der besten Performance in den USA. Trotz seiner gewaltigen Größe gelingt es ihm auch heute noch, Hunderte anderer Fonds mit ähnlichen Anlagezielen zu übertrumpfen.«

Zwei Beispiele aus der Investmentpraxis, zeigen, warum die Aktienfonds von Fidelity eine so überragende Stellung einnehmen. Motorola: Von Ende 1992 bis März 1993, hat Fidelity 7,4 Millionen Motorola-Aktien für insgesamt rund 250 Millionen Dollar erworben. Der Wert der Aktie verdreifacht sich seither. Nokia: Das finnische Unternehmen schreibt in der Unterhaltungselektronik seit Jahren rote Zahlen. Bei oberflächlicher Betrachtung verdeckt dies, daß das Unternehmen in der Telekommunikation und mit tragbaren Telefonen zu den Marktführern gehört. Als die Fondsmanager von Fidelity diese Nokia-Eigenart durchschauen, steigen sie im Herbst 1993 bei den Skandinaviern massiv ein.

8 Unter Peter Lynch war der Wert eines Magellan-Anteils von 1977 bis 1990 um durchschnittlich 29,2 Prozent p.a. gestiegen.

Fidelity-Fondsmanager in London sprechen über Nokia wie von einem zweiten Fall Motorola. Die Gewinnentwicklung habe selbst die optimistischsten Analysen übertroffen.

Kumuliert belief sich die Rendite der US-amerikanischen Aktienfonds von Fidelity 1994 über die vergangenen zehn Jahre auf durchschnittlich 407,7 Prozent. Für die USA war dies einsame Spitze. Der nächste, Twentieth Century Investors, brachte es auf 375,7 Prozent. Auch unter den 100 besten in Deutschland zugelassenen Fonds rangierten per August 1993 allein neun von Fidelity.

Denn seit Beginn der 90er Jahre war Fidelity auch in Deutschland präsent. Nach den Erfolgen in den USA und dem Aufbau einer Zentrale in London erschien ein Antreten auf dem Kontinent nur konsequent. Aber dieses Antreten auf dem Kontinent begann erst mal als Fiasko. Die von Fidelity-International-Präsident Barry Bateman aus London entsandte Kontinent-Statthalterin Hilary Smith kam mit der Vertriebssituation in Deutschland nicht zurecht. Als das Volumen dennoch anschwoll, war Fidelity überfordert. Die personell unterbesetzte Zentrale in Luxemburg, die sich mit einem aus Großbritannien importierten Abrechnungssystem abplagen mußte, bekam die Abwicklung nicht in den Griff. Berge liegengebliebener Anträge, ständig besetzte Telefone trieben deutsche Vermittler und Kunden zur Weißglut. Boston handelte. Smith wurde abgelöst. Als Europa-Chef wurde Brian Storms nach Luxemburg entsandt.

Storms, dem London weitgehend »freie Hand« gegeben hatte, organisierte den gesamten Innendienst neu. Aus rund zehn Mitarbeitern wurden über 60. Die Zentrale für den Kontinent wurde mit modernster Kommunikationstechnik vollgestopft. Danach konnten so gut wie 100 Prozent aller Anrufe in Luxemburg innerhalb von maximal 15 Sekunden angenommen, sofort mit einem aufwendigen Spracherkennungssystem lokalisiert und dann der deutsch-, französisch- oder englischsprachigen Gruppe zugeordnet werden. Und damit das ganze Team eventuell auftretende Engpässe jederzeit kennen sollte, gab eine große Anzeige den aktuellen Status »Warteschleife« wieder. Klagen über die Servicequalität von Fidelity kamen jedenfalls seit Herbst 1994 nicht mehr vor. Im Gegenteil, Vermittler sprachen mit zunehmender Begeisterung von »Schnelligkeit, Präzision und Kulanz«. Dies galt auch für Briefe, auf die es noch im Frühsommer 1994 Antwortschreiben nur spät, allzu oft nie, gegeben hatte.

Bis Ende 1994 wurde das in Luxemburg registrierte Fondsvermögen innerhalb von knapp drei Jahren von Null plus auf drei Milliarden US Dollar katapultiert (davon allein Juli bis Dezember: eine Milliarde). Damit war Fidelity in dem mit Bankfilialen reichlich ausgestatteten deutschen Fondsgeschäft zu dem geworden, was nur wenige Optimisten für denkbar gehalten hatten: auch am Volumen gemessen, ein wichtiger Mitspieler.

Das Geschäft kam von vielen kleineren Vermittlerbetrieben, Strukturvertrieben wie AWD, und großen Vermögensverwaltern wie Feri-Trust (Quandt-Gruppe).[9] Von den schätzungsweise sechs bis sieben Prozent Marktanteil, die alle ausländischen Fondsgesellschaften in Deutschland erzielten, ging mindestens die Hälfte à conto Fidelity. Konnte dieses Wachstum auch nur annähernd durchgehalten werden, sollte es Fidelity in Deutschland noch vor Ende dieses Jahrtausends auf einen Marktanteil von rund zehn Prozent bringen. Die Rangordnung beim verwalteten Volumen schien bei den ausländischen Fonds festzustehen: Fidelity vor Flemings, danach das Mittelfeld aus Templeton, Pioneer und anderen, die den dritten Platz unter sich ausmachten.

Entzauberung eines Mythos

In Boston hatte die Holdinggesellschaft Fidelity Management & Research Corp. (FMR) inzwischen mächtig diversifiziert. Sie hatte sich auf die in den USA seit Ende der achtziger Jahre steuerlich begünstigten Pensionsfonds für die betriebliche Altersvorsorge konzentriert. In diesem vergleichsweise neuen Bereich setzte sich Fidelity auch dank des geschickt vermarkteten Magellan-Mythos schnell durch. Daneben war Fidelity zu Amerikas zweitgrößtem Discount-Broker aufgestiegen. Mit weiteren Aktivitäten wie Wertpapierhandel, Venture-Capital-Fonds und Investmentbanking verwaltete die Gruppe Ende 1995 insgesamt 547,5 Milliarden Dollar (Vorjahr 398,9). Für 1994 wies die FMR Corp. mit 18000 Mitarbeiter Einnahmen von 3,5 Milliarden und einen operativen Gewinn von 315 Millionen Dollar aus. In einigen Jahren sollten, so die Pläne der Geschäftsführung, Investmentfonds nur mehr knapp die Hälfte der Einnahmen beisteuern.

Beim Magellan Fund hatten inzwischen mehrere Fondsmanager die Nachfolge von Peter Lynch angetreten. Fast zwei Jahre lang managte Morris Smith den Magellan Fund. Er machte seine Sache ausgesprochen

9 Die Gebührenstruktur: Ausgabeaufschläge von 5,25 Prozent (Aktienfonds) und 3,5 Prozent (Rentenfonds). Der Vermittler erhielt 3,5 Prozent (Aktienfonds) beziehungsweise 2,75 Prozent (Rentenfonds). Lag das von ihm hereingeholte Volumen über fünf Millionen Dollar, so gab es jeweils ein halbes Prozent mehr, zuzüglich 0,25 Prozent Bestandspflegeprovision.

gut. Die Wertentwicklung des Fonds zeigte unverändert steil nach oben. Das Volumen stieg unter Smith von 13 auf 20 Milliarden Dollar. Aber Smith gab schließlich auf, weil es ihm unerträglich wurde, ständig an dem großen Vorgänger Lynch gemessen zu werden. Auch ahnte er, daß es bald unmöglich sein würde, einen so großen Fonds noch einigermaßen erfolgreich zu managen. Denn ob Magellan kaufte oder verkaufte, es war ein Signal für den Markt.

Smith trat ab. Seine Nachfolge übernahm Jeffrey Vinik. Vinik, der bei Fidelity einen glänzenden Ruf hatte, führte sich mit einigen geschickten Transaktionen wie den Aktien von Motorola gut ein. Danach aber ging es mit Vinik wie Magellan rasch bergab. Die Talfahrt des Star-Managers und des Star-Fonds sollten in den USA auch den Mythos Fidelity entzaubern.

Im Herbst 1995 sorgte Vinik erstmals für negative Schlagzeilen. Kritiker warfen ihm Manipulationen vor. Er hätte einige Unternehmen öffentlich hochgejubelt, gleichzeitig aber die »Magellan«-Beteiligung an diesen Unternehmen verringert. Die amerikanische Börsenaufsicht Security and Exchange Commision (SEC) leitete eine Untersuchung ein. Nun wies auch sie auf das hin, was man eigentlich schon wußte: Angesichts des Magellan-Volumens von mittlerweile weit über 50 Milliarden Dollar mußten Umschichtungen dieses einen Fonds den gesamten Markt beeinflussen.

Ned Johnson reagierte und untersagte allen Fidelity-Fondsmanagern, Einzelheiten ihrer Anlagestrategie öffentlich bekannt zu machen. Daneben verdonnerte er die Fondsmanager, deren Star-Allüren er schon seit längerer Zeit als Ärgernis empfand, zu mehr Disziplin. Er wies an, sich künftig eng an die im jeweiligen Fonds-Prospekt angegebene Strategie zu halten. Die Stars wurden vorsichtig und schwenkten auf risikoarme Investments um. An der Wall Street wurde bald danach bekannt, daß die Fidelity-Fonds ihre Engagements in riskanten Papieren und an exotischen Börsen heruntergefahren hätten.

Die Gruppe war zum Gefangenen ihrer Größe und ihrer Erfolge geworden. Aktionen von Vinik und des ganzen Unternehmens standen unter Beobachtung. Die Geldmaschine mußte eine langsamere Gangart einlegen. Vinik baute ab Januar 1996 im Magellan eine Bargeld-Position von über zehn Prozent auf. Gleichzeitig ging er, auch dies für einen Aktienfonds, noch dazu für den Magellan, sehr ungewöhnlich, mit fast 20 Prozent in Rentenwerte. Im Sommer 1994 hatte Viniks Magellan-Portefeuille zu über 40 Prozent aus Technologie-Aktien bestanden. Als die Tech-Werte bald darauf, im August/September 1994, einen Kurseinbruch erlebten, verbuchte allein der Magellan Verluste von rund 650 Millionen Dollar. Der überraschte Vinik reagierte hektisch. Innerhalb weniger Monate fuhr er die für Fidelity eigentlich typisch große Position in Technologie-Aktien von über 40 Prozent auf knappe drei Prozent herunter.

Natürlich waren mit der Hinwendung zu solchen Investments die von Fidelity gewohnten Renditen nicht mehr zu erzielen. Man behalf sich mit der Aussage, daß die Gruppe immer mehr Gelder als Rücklagen für die Altersvorsorge der Kunden verwalte. Und diese Kunden seien doch mehr an Ertragsstabilität als an einer riskanten Jagd nach Spitzenerträgen interessiert. Gegenfrage eines Journalisten: »Und was hat Fidelity bisher gemacht? Womit ist das Unternehmen groß geworden?«

Mitte Mai 1996 näherte sich der Dow Jones seinem 100jährigen Geburtstag. Aus New York berichtete der frühere Deutsch-Banker Heiko Thieme für die Frankfurter Allgemeine Zeitung: »Diese Woche gab es rundweg nur strahlende Gesichter... Amerika befindet sich zur Zeit fast in einem Traumszenario, das sich kaum noch verbessern kann. Der Dow-Jones-Index erreichte, gemessen an Punkten, mit einem Plus von 169 Punkten das beste Wochenergebnis in seiner nunmehr fast einhundertjährigen Geschichte... Nicht ganz so strahlen kann Jeff Vinik, der den Magellan-Fonds der Fidelity-Gruppe verwaltet... sein Plus in diesem Jahr von lediglich vier Prozent verblaßt gegenüber allen anderen Börsenindizes.« Viniks Wechsel der Investment-Strategie, Ausdruck von Ratlosigkeit und Angst vor weiteren Recherchen der SEC, hatte sich als glatter Fehlschlag erwiesen. Während sich die Technologiewerte seit Jahresbeginn 1996 deutlich erholt und teilweise neue Rekordhöhen erreicht hatten, fielen die Renditen bei Rentenwerten bescheiden aus. Anleihen waren gegenüber Aktien die großen Verlierer. Fidelitys Flaggschiff entwikkelte sich 1996 miserabel und nahm im Sommer unter 648 Wachstumsfonds nur Rang 637 ein. Die Rendite betrug gerade mal 3,29 Prozent. (Zum Vergleich dazu der Standard & Poor's-500-Index: 11,15 Prozent). Thieme: »Der Geburtstagsfeier des Dow-Jonex-Index sieht Vinik offensichtlich mit gemischten Gefühlen entgegen.«

Mehr als dies. Jeffrey N. Vinik trat als Manager des Fidelity Magellan Fund zurück. Und schon die Ankündigung seines Rücktritts löste am US-Anleihenmarkt sofort Kursverluste aus. Die Sorge, daß Viniks Nachfolger Robert Stansky die umfangreichen Anleihepositionen des Fonds abbauen könnte, war das Thema der Börsen. Der Magellan war zu groß geworden. Ging das Management aus Viniks großen Anleihepositionen raus, mußte dies zu Kursverlusten führen. Ging es in kleinere Aktien rein, trieb es die Kurse hoch. Die Anlagestrategie des Branchenriesen und seines Flaggschiffs schlug schon wegen des Investmentvolumens noch auf die Anleger durch, die bei Fidelity nichts investiert hatten. Die Aktie des Chipherstellers Intel, die im Sommer 1996 zu den fünf größten Anlagepositionen von Fidelity zählte, zeigt es. Intels Aktienkurs stieg allein innerhalb eines Quartals um 30 Prozent. Ein Grund für diesen Anstieg war die Tatsache, daß sich Fidelity bei dem größten Computerchiphersteller der Welt mit knapp zwei Milliarden Dollar engagiert und 21,2 Millionen Intel-Aktien gekauft hatte.

Um zu retten, was noch zu retten war, reduzierte der neue Magellan-Manager Robert Stansky im Oktober 1996 zwar den Anteil der Anleihen von 19,3 Prozent auf 8,7 Prozent. Aber das Herumschwenken eines so großen Fonds muß ähnlich mühsam verlaufen wie Slalom-Fahren mit einem riesigen Tanker. Stephen Janachowski, Finanzberater in San Francisco: »Die Größe ist das eigentliche Thema. Der Magellan ist vier- bis fünfmal zu groß.« Obwohl Fidelity dies unentwegt bestritt, spätestens 1994 hätte der Magellan bereits für neue Kapitalanleger geschlossen werden müssen. Weil dies unterblieb, war Fidelity zum Ordnungsproblem der Investmentszene geworden. Ein Moloch, der durch die Märkte stampfte und schon mit einem leichten Atemholen einen Wirbelsturm auslösen konnte.

Im übrigen hatte einen Tag vor Viniks Rücktritt Arthur Levitt, der Chairman der US-Börsenaufsicht SEC, eine für Fidelity grundsätzliche Frage in die Debatte geworfen. Levitt fragte, ob es Fondsmanagern erlaubt sein dürfte, neben ihrem Hauptgeschäft, dem Kauf und Verkauf von Wertpapieren für die Fonds, zugleich auch auf eigene Rechnung zu handeln. Wie in vielen anderen Investmentgesellschaften der USA ist dies auch bei Fidelity gängige Praxis. Wegen der »unvermeidlichen Interessenkonflikte« äußerte Levitt gegenüber solchen Geschäften in »die eigene Tasche« großes Unbehagen.

Generell war 1995/96 das Jahr der Ernüchterung und der Entzauberung des Investment-Mythos Fidelity. Zwar überstieg das Volumen aller verwalteten Anlagegelder eine halbe Billion Dollar. Die Einnahmen des Konzerns erhöhten sich um 23 Prozent auf 4,28 Milliarden Dollar (Vorjahr: 3,48 Milliarden). Und in dem relativ neuen Bereich »Institutionelle Investoren« konnte aufgrund einer Vielzahl neuer Pensionsfonds sogar ein Zuwachs um 50 Prozent auf 225,2 Milliarden Dollar erreicht werden.

Aber bei der Wertentwicklung der verwalteten Gelder schnitt Fidelity erstmals vergleichsweise erfolglos ab. Chairman Ned Johnson, im Schweigen stets besser als mit öffentlichen Erklärungen, rang sich im Geschäftsbericht zu der Mitteilung durch, einige Fonds hätten sich nicht zufriedenstellend entwickelt. Näheres hierzu lieferte die Research Gruppe Morningstar Inc. Danach lagen 1995 von Fidelitys 30 amerikanischen Aktienfonds ganze 24 zum Teil deutlich schlechter als der Vergleichsmaßstab Standard & Poors 500 Aktienindex.

Zwar begann sich der Magellan Fonds unter Robert Stansky besser zu entwickeln. Aber die große Zeit des Fidelity-Flaggschiffs war vorbei. Innerhalb eines einzigen Jahres zogen die Anleger nahezu zehn Milliarden Dollar ab. Ende August 1997 kam dann von Fidelity endlich die längst überfällige Nachricht. Der Magellan wurde für neue Anleger geschlossen. Es war das verspätete Finale zu 1996, dem Jahr der großen Ernüchterung für Fidelity. Und es war Fidelitys Abschied von einer nahezu zwei Jahrzehnte währenden Epoche, als alles, was Ned Johnson und die Company anfaßten, wie von selbst zu gelingen schien.

Das System Fidelity befand sich nun an einer entscheidenden Wegegabelung. Die zum Großkonzern herangewachsene Firma war mit den Methoden der 80er Jahr nicht mehr zu führen. Fondsmanager wurden reihenweise ausgewechselt. Fidelity sah sich gezwungen, die Stellung seiner Fondsmanager grundlegend zu überdenken. Die ursprünglich nicht bloß geduldete, sondern sogar gewollte Darstellung der erfolgreichen Vermögensverwalter wie Peter Lynch oder auch Alan Liu als »Stars« wurde zurückgedrängt. Teams sollen bessere Performance durch bessere Kontrolle bringen.

»Wegen zu geringer Team-Orientierung« hatte auch bereits der Chef für Kontinentaleuropa, Brian Storms, dem aus London entsandten Phil de Cristo weichen müssen. Das Geschäft in Deutschland war deutlich abgeflacht. Eine von London durchgesetzte und in Luxemburg nicht sorgfältig genug bedachte neue Marketing-Ausrichtung für Deutschland brachte Fidelity bei deutschen Vermittlern dicke Minuspunkte.

Dem »Star« der Investmentszene stehen komplizierte und tiefgehende Anpassungsprobleme bevor:

1. Die Company, die von den Unternehmen, in die sie investiert, größtmögliche Transparenz fordert, ist ihrerseits als Privateigentum der Inhaberfamilie Johnson völlig intransparent. Rund 50 wichtige Führungskräfte und Fondsmanager sind zwar an der Holdinggesellschaft mittlerweile sogar stimmberechtigt beteiligt, aber gegenüber der großen Johnson-Mehrheit hat diese Fraktion nichts zu bestellen.
2. Fidelitys Unternehmenskultur ist auf die »Stars« im Fondsmanagement zugeschnitten. In der Ära Lynch war dies kein Problem, weil Lynch neben seinen glänzenden Leistungen als Fondsmanager durch absolute persönliche Integrität und eine angesichts seiner Erfolge ungewöhnliche Bescheidenheit auffiel. Bei seinem Nachfolger Vinik und weiteren Führungskräften war dies schon anders. Es zeigte sich ein Mangel an Format und Integrität.
3. Der inzwischen 66 Jahre alte Ned Johnson geht den Weg fast aller herausragenden Unternehmer. Wie dies etwa bei Henry Ford vor mehr als einem halben Jahrhundert der Fall war, umgibt nun auch Johnsons Ego eine kaum noch durchdringbare Mauer.

4. Selbst Fidelity kann es sich nicht leisten, ein ordnungspolitisches Problem für die amerikanische Investmentszene darzustellen. Und selbst Fidelity kann sich eine strengere Beobachtung durch die Aufsichtsbehörde SEC nicht leisten. Zu lösen wird auch dieses Problem nur mit einem anderen, zeitgemäßeren Geschäftsverständnis sein.
5. Führungspositionen für Kontinentaleuropa besetzt Fidelity in raschem Wechsel und auf hemdsärmelige Weise. Dies ist, wie die gewollte Rivalität im Führungskader, nicht mehr die geeignete Basis, um in schwierigen Märkten wie Deutschland gegen Wettbewerber vom Kaliber einer DWS Boden gut zu machen. »Gegen Mitte der 90er Jahre scheint es, als ob Fidelity erstmals in ihrer langen Geschichte die Fähigkeit abhanden gekommen wäre, den Zeitgeist zu verstehen. Dieser Zeitgeist hat sich von der Überbewertung der heißen Performance zu der Forderung nach öffentlicher Berechenbarkeit gewandelt.«[10]

Allein schon wegen der Größe wird Fidelity dennoch eine der wichtigsten Fondsgesellschaften der Welt bleiben. Für den deutschen Anlager kommen vor allem die beiden Aktienfonds Europa (European Growth und European SmallCompanies) in Frage. Zu beachten ist auch der Fidelity International Fund, neben dem Fidelity seit Oktober 1997 auch den ähnlichen Fidelity CapitalBuilder World Fund anbietet. Im Gegensatz zum Fidelity International wird der CapitalBuilder World jedoch ohne Kaufgebühren (Ausgabeaufschlag) angeboten.

Bislang bestand die große Stärke von Fidelity in den vielen, auf ein Land bezogenen Aktienfonds (zum Beispiel: Fidelity Italy oder Nordic für Skandinavien). Generell gilt aber ab 1998 für alle Aktienfonds: Mit dem Euro verlieren alle auf einzelne Länder Europas ausgerichteten Aktienfonds an Bedeutung. Dies gilt auch für Deutschland, weil es in einem einheitlichen Markt nur noch wenig Sinn machen wird, sich auf einzelne europäische Länder zu beschränken. Noch ungünstiger sieht es auf absehbare Zeit für die zahlreichen Asienfonds von Fidelity aus. Fidelity wird folglich seine in Deutschland angebotene Fondspalette neu sortieren und gründlicher auf vergleichsweise unkomplizierte Investmentfonds wie den CapitalBuilder World umstellen müssen.

---

10 Henriques, S. 368. Seit langem wurde Fidelity in den USA als eine Mischung aus Harvard Business School und Montessori Kindergarten bezeichnet. Mitte der neunziger Jahre war folgende Interpretation zu hören: Der Kindergarten überwiegt. Ellyn A. McColgan: How Fidelity invests in Service Professionals, in Harvard Business Review, January-February 1997. David Whitford and Joseph Nocera: Has Fidelity Lost it?, Fortune, June 9,1997. Geoffrey Smith: Fixing Fidelity, Business Week May 6, 1996.

Primus ohne Bares

Die Jahre 1995 und 96 hatten Fidelity die große Ernüchterung gebracht. Anderen brachten sie noch Schlimmeres. Hongkong im August 1996. Colin Armstrong wird beim Investmenthaus Jardine Fleming als Betrüger enttarnt und muß gehen. Armstrong hatte Wertpapierkäufe erst mit Verzögerung in seine Fonds gebucht. Waren die Kurse in der Zwischenzeit gestiegen, schrieb er die Gewinne seinem Privatkonto gut. Verluste blieben bei den Fonds. Und die DWS, der »Primus ohne Pares«? Ihr machte kurz darauf ein in ihrer Nähe aufgetauchter »Primus ohne Bares« zu schaffen.

Die Deutsche Bank hatte 1989 die britische Investmentbank Morgan Grenfell erworben. Natürlich gehörte zu dieser Neuerwerbung auch eine Fondsgesellschaft, die Morgan Grenfell Asset Management.[11] Deutsche-Bank-Vorstandssprecher Hilmar Kopper hatte in diesem Deal die Voraussetzung für den Aufstieg des Konzerns in die erste Reihe der führenden internationalen Investmentbanken gesehen. Nachdem man das gesamte Investmentbanking bei der Deutsche Morgan Grenfell in London konzentriert hatte, stellte sich die Frage, ob und wie die DWS weiterhin selbständig bleiben oder zumindest in Teilbereichen in Abhängigkeit von dem Londoner Bereich arbeiten würde.

Schließlich gab es bei Morgan Grenfell Asset Management mit Peter Young einen Fondsmanager, in dem viele Insider der Branche schon den legitimen Nachfolger des legendären Peter Lynch zu sehen glaubten. Es kam anders. Young erwies sich bald als das völlige Gegenteil eines verantwortungsbewußten Fondsmanager, sozusagen als Primus ohne Bares. Young hatte gegen eine Reihe der britischen Investmentvorschriften verstoßen, teilweise aufgrund unglaublichen Erfolgsdrucks, teilweise, um sich persönlich zu bereichern. Er investierte nicht nur in europäische Wachstumswerte, wie es die Fondsprospekte vorsahen, sondern zu einem großen Teil auch in nicht börsennotierte Unternehmen und reine Briefkastenfirmen. Nach den britischen Regeln darf ein Fonds nicht mehr als zehn Prozent seines gesamten Portefeuilles in ein einziges Unternehmen investieren (Deutschland: fünf Prozent). Young umging diese Regel, indem er Briefkastenfirmen gründete, die wiederum an den

---

11 Zu der Vorgeschichte dieser Übernahme: Ron Chernow: The House of Morgan. The Secret History of Money and Power, New York 1990, S. 710ff. (eines der besten Bücher, das je über eine Bank geschrieben wurde). Generell hierzu auch Chernow: The Death of the Banker. The Decline and Fall of the great Financial Dynasties and the Triumph of the small Investor, New York 1997.

von ihm favorisierten Aktiengesellschaften beteiligt waren. Zudem war er Anteilseigner bei mehreren dieser im Fondsportfolio enthaltenen Unternehmen und vereinnahmte neben Dividenden auch noch Geschäftsführer-Gehälter.[12]

Als »Retter« wurde aus Deutschland schließlich DWS-Geschäftsführer Udo Behrenwaldt entsandt. Er kam zu spät. Aber sein Bericht zeigte der Bank die auch durch laxe Aufsicht verursachte Dimension des Schadens auf. Die Londoner »Financial Times« schrieb: »Die Deutsche Bank lernt eine Lektion in Sachen Disziplin.« Die Bank mußte die vielen Tausend Anleger der Fonds der Deutsche Morgan Grenfell Asset Management mit umgerechnet über 600 Millionen DM entschädigen. Die nach langen Verhandlungen mit der Londoner Aufsichtsbehörde IMRO vereinbarte Summe gilt in der Londoner City als absoluter Rekord.

Für die DWS hatten sich die Machtverhältnisse grundlegend und auf unerwartete Weise verändert. Morgan Grenfell wird seit November 1996 von der DWS beaufsichtigt. Auch unter dieser Perspektive war 1996 das Jahr der DWS. Im Berichtsjahr 1995/96 verzeichnete sie bei einem Marktanteil von 24,9 Prozent in Deutschland eine Zunahme des Fondsvolumens um 8,5 Milliarden auf 87,3 Milliarden DM. Sie fällt vor allem durch die über viele Jahre und Jahrzehnte gut laufenden Aktienfonds Investa, Provesta und Akkumula auf. Die Anfang 1997 mit dem Top 50 Welt aufgelegte neue Serie von Aktienfonds haben sich unerwartet schnell zu Bestsellern entwickelt. Die Zahl der von der DWS verwalteten Investmentkonten erhöhte sich auf mehr als 630000. Angesichts des bei allen Tochtergesellschaften verwalteten Fondsvermögen von mehr als 100 Milliarden DM bezeichnete Strenger die DWS als »die führende Fondsgruppe Europas«.

Wettbewerber holen auf

Mit ihrem Aufstieg und ihren Problemen steht die DWS ebenso wie auf andere Weise Fidelity für die Erfolgsgeschichte der Investmentbranche insgesamt. Diese Erfolgsgeschichte hat in Deutschland erst jetzt begonnen und wird natürlich nicht von der DWS allein geschrieben. Zu nennen wäre noch eine Vielzahl von Fondsgesellschaften, die während der

---

12 Ulrich Stockheim: Nicht mehr von dieser Welt, Capital Nr. 10/96, S. 28 f.; Den faulen Apfel abgesägt, Der Spiegel Nr. 38/1996, S. 98 ff.

zurückliegenden Jahre an Bedeutung gewonnen und ihre Produkte enorm verbessert haben.[13] Die zehn wichtigsten:

1. DIT, Deutscher Investment-Trust
Neben Longsellern wie Concentra oder dem DIT-Fonds für Vermögensbildung hat die Fondsgesellschaft der Dresdner Bank seit Mitte 1996 viele neue und erfolgreiche Investmentfonds aufgelegt. Der Aktienfonds Europa AF war 1997 einer der besten Fonds überhaupt (Wertentwicklung 1. Januar bis 12. Dezember 1997: 68,3%).

2. Adig
Die über viele Jahre mehr schlecht als recht geführte Fondsgesellschaft (Commerzbank/Bayerische Vereinsbank) hat ab 1994/95 ein beeindrukkendes Optimierungsprogramm durchgezogen. Die Adig-Fonds gehören inzwischen fast durchweg zur Spitzengruppe der jeweiligen Fondssparten.

3. Deka
Die Fondsgesellschaft der Sparkassen war über viele Jahre mehr ein Mitläufer als ein ernstzunehmender Akteur. Dies hat sich geändert.

4. Union Investment
Die Fondsgesellschaft der Genossenschaftsbanken (überwiegend Volks- und Raiffeisenbanken) fiel über viele Jahre allenfalls durch konsequentes Mittelmaß auf. Wie die Deka hat sich auch die Union erheblich verbessert.

5. Hypo-Invest
Die vergleichsweise junge Fondsgesellschaft der Bayerischen Hypotheken- und Wechselbank agiert recht erfolgreich. Über die Beteiligung der Bank an dem ältesten Investmentunternehmen der Welt, Foreign & Colonial in London, steht ungewöhnlich viel internationales Know-How zur Verfügung. Infolge des Zusammengehens Hypo/BV wird die Bedeutung der Hypo Invest noch erheblich zunehmen.

6. FT, FRANKFURT-TRUST
Die Fondsgesellschaft der BHF Bank weist eine tadellose Entwicklung auf. Die Fonds wie FT Interspezial oder Frankfurter Effekten orientieren sich an einer relativ konservativen Anlagestrategie. Kursschwankungen sollen durch Beimischung von festverzinslichen Wertpapieren oder Barwertreserven abgemildert werden. Damit entstehen langfristig gute Er-

---

13 Für aktuelle Informationen zur Wertentwicklung aller Investmentfonds kommt nur das Internet in Frage (z. B.: http://www.micropal.com).

gebnisse. In Phasen steigender Kurse wie 1996 und 1997 liegen die FT-Fonds aber eher unterdurchschnittlich.

7. Allianz
Die Fondsgesellschaft des größten Versicherungskonzerns der Welt ist noch relativ klein. Sie liegt vor allem bei Rentenfonds gut und wird von den großen Ressourcen der Allianz profitieren.

8. Templeton
Über fast alle Sparten eine der besten Fondsgesellschaften der Welt. Insbesondere fällt auf zuverlässige Weise der bereits seit über 15 Jahren in Deutschland angebotene Templeton Growth Fund durch hohe Wertentwicklungen auf; einer der besten Aktienfonds. Die 1991 aufgelegten Luxemburger Pendants Templeton GS Global Growth Fund und GS DM Global Growth Fund weisen zwar keine identischen Ergebnisse auf, verfolgen jedoch die gleiche Anlagestrategie. Sie können als gleichwertig eingeschätzt werden.

9. Pioneer
Mit dem Pioneer hat die seit vielen Jahren in Deutschland vertretene Fondsgesellschaft gleichen Namens einen der besten und zuverlässigsten Investmentfonds im Programm. Der in US-Aktien investierende Fonds lief gegen Oktober/November 1997 zu einer außerordentlichen Form auf. Über 20 Jahre hatte er es zu diesem Zeitpunkt auf einen Wertzuwachs von 1 577 Prozent gebracht (15,1 Prozent p.a.). Der Pioneer plazierte sich damit als der Aktienfonds mit der besten Wertentwicklung über zwei Jahrzehnte. Für diese Periode lag er sogar etwas besser als der über längere Laufzeiten sonst fast stets vorne liegende Templeton Growth.

Die Hauptprodukte Pioneer und Pioneer II wurden in den zurückliegenden Jahren um weitere Fonds wie dem Pioneer Global Equity ergänzt. Für eine zuverlässige Bewertung sind diese neuen Fonds noch zu jung. Bislang sind auch hier, wie bei Pioneer grundsätzlich zu erwarten, gute bis sehr gute Wertentwicklungen zu beobachten.

10. Fleming
Von der Investmentqualität ähnlich wie Fidelity einzuschätzen.

Perspektiven des Fondsgeschäfts in Deutschland

1. Ausgangslage
Wie in den USA während der 70er und 80er Jahre wird aus dem anspruchslosen deutschen Sparer ein anspruchsvoller Investor. Der Pri-

vatkunde ist schon heute kritischer, problembewußter und wesentlich besser informiert als noch zu Beginn der 90er Jahre.

2. Produktvergleich

Bei der Betrachtung der zum Vertrieb in Deutschland zugelassenen Publikumsfonds (wenn nicht zugelassen: uninteressant) zeigt sich: Gegen die Einzelanlage und weitere konkurrierende Anlageformen weist die Fondsanlage Vorzüge auf, die in der Bündelung kaum ein anderes Produkt erreicht, z. B.:

- Überwachung durch das Bundesaufsichtsamt für das Kreditwesen oder vergleichbare Institution z. B. in Luxemburg
- Risikoausgleich durch Diversifikation
- professionelles Risk-Management
- exakte Anpassung an die finanziellen Möglichkeiten des Anlegers (Sparpläne)
- Transparenz/Nachvollziehbarkeit.

Das Investmentgeschäft wird sich für den Anleger »zum spannendsten Markt« entwickeln. Das Wachstum wird mit »drastischen Veränderungen von Strukturen und Gebühren« einhergehen. Folge: Deutliche Differenzierung der Vertriebswege mit einem auf etwa zwei Drittel schrumpfenden Anteil der Banken sowie einer dramatischen Zunahme der elektronischen Vertriebswege.

3. Folgerung

Insgesamt ist das Potential des Produkts Investmentfonds ausgesprochen günstig. Die Nutzung dieser Chancen durch die Banken wird in erster Linie von der Vermarktung abhängen. DWS-Geschäftsführer Wolfgang Gode: »Wer künftig im Markt für Kapitalanlagen erfolgreich sein will, muß vor allem das Verkaufen von Produkten lernen.« Godes Vorbilder und die der DWS: die Konsumgüterindustrie.

4. Strategie

Über die Absatzerfolge werden neben der langfristig nachweisbaren und mit relativ geringen Wertschwankungen erzielten Performance der Fonds, Service, Vermarktung und Übersichtlichkeit der angebotenen Produkt-Palette entscheiden.

5. Banken

Rationalisierung und Verkaufsorientierung in den Banken werden zu einem erhöhten Bedarf an fertigen, gleichsam als Konfektion zur Verfügung gestellten Markenprodukten führen. Diesen Bedarf werden in erster Linie Investmentfonds decken – bei den Filialbanken sowieso, aber noch mehr bei den Direktbanken, die sich zu einer Art »Supermarkt« für Investmentfonds von allen möglichen Anbietern entwickeln.

Die neuen Spielregeln

Spötter meinen, die Tätigkeit des Lobbyisten sei Manfred Laux, dem Hauptgeschäftsführer des Bundesverbandes Deutscher Investment-Gesellschaften (BVI) in Frankfurt, angeboren. Andere meinen, der Anteil von Laux an der Entwicklung des Fondsgeschäfts in Deutschland wäre gar nicht hoch genug einzuschätzen. In der Tat gibt es hinter den Kulissen keinen, der bei der Bundesregierung in Bonn und dem Bundesaufsichtsamt für das Kreditwesen in Berlin so geschickt wie der BVI-Geschäftsführer taktiert. »Wir haben einen weiten Weg zurückgelegt«, winkt Laux ab. »Mit Erfolgen wie sie heute bereits feststehen und sich noch verstärkt für die nächsten Jahre abzeichnen, konnten selbst die größten Optimisten nicht rechnen.«

Denn heute, noch vor wenigen Jahren undenkbar, kann die Branche ihre Produkte selbstbewußt als die »vierte Säule der Altersversorgung bezeichnen – und findet damit Zustimmung bei der Politik, die zudem für die Altersversorgung spezielle Pensionsfonds gesetzlich verankern wird. Der Druck auf das staatliche Rentensystem ist schon so stark geworden, daß der langsame Umbau dieses Systems unausweichlich erscheint. Von diesem Umbau werden die bestehenden Fondstypen ebenso profitieren wie neue Produkte, mögen dies nun Pensions-Sondervermögen oder Pensionsfonds sein. Die Investmentfonds legen die neuen Spielregeln der Altersversorgung fest.

Als Indiz hierfür muß man das Vermögen der Privathaushalte heranziehen. Bis zur Jahrtausendwende wird es in Europas etwa zwölf Millionen »High-Income-People« (Personen mit einem Jahreseinkommen von über 100 000 DM) geben – etwa doppelt so viele wie noch 1993. Schon jetzt beträgt das private Geldvermögen in Europa umgerechnet rund 15 Billionen DM und wird allein wegen des Zins- und Zinseszins-Effektes bereits in wenigen Jahren bei 20 Billionen liegen.

Deutschland nimmt hier den führenden Rang ein. Mit insgesamt knapp fünf Billionen DM (Ende 1995) liegen mehr als 30 Prozent des gesamten Privatvermögen in Europa bei den deutschen Privathaushalten.

Für die »High-Income-People« ist ein ähnlich hoher Anteil anzunehmen. Mindestens, weil erstmals in der Geschichte dieses Landes eine von Brüchen wie Inflation und Krieg ungestörte Übertragung von Vermögen an die nächste Generation erfolgt. Deshalb: »Aus Beziehern hoher Einkommen werden in der Regel über kurz oder lang vermögende Privatkunden.«[14]

Diese Verwandlung von Sparern in Investoren, der bewußte Umgang mit Geldvermögen im Hinblick auf das Unternehmen privater Haushalt/Privatvermögen erfolgt vor dem Hintergrund einer antiquierten, altersmäßig ebenso wie in ihren Einstellungen vergreisten Gesellschaft. Das Land, dessen Bürger mehr Geld als jede andere Nation Europas hat, verhält sich in punkto Geld als wäre es über das obrigkeitsstaatliche, ängstlichem Untertanenbewußtsein verhaftetem Erbe von Kaiserreich, Krieg, Inflation, Drittes Reich, Krieg und Währungsreform noch nicht hinweggekommen.

Hans E. Büschgen, Professor für Bankwirtschaft und Bankrecht an der Universität Köln, beschreibt dies so: »Eine Schwäche des (deutschen) Finanzmarkts liegt in der unausgewogenen Struktur des Geldvermögens der privaten Haushalte. Über 70 Prozent des Geldvermögens (4,6 Billionen DM Ende 1995) wird in Buchpositionen bei Banken und Versicherungen gehalten, nur der Rest in Wertpapieren... Gerade 5,5 Prozent des Geldvermögens der privaten Haushalte sind in Aktien investiert, viel weniger als in anderen wichtigen Ländern...«

Diese Antiquiertheit im Denken und Handeln wird noch verstärkt. Denn, so Büschgen weiter: »Hinzu kommt, daß auch Banken und Lebensversicherungen, denen die Haushalte 70 Prozent ihres Geldvermögens anvertraut haben, nur geringe Anlageneigung für den Aktienmarkt zeigen... Die starke Stellung ausländischer institutioneller und heimischer spekulativ eingestellter Geldanleger führt zu einer im internationalen Vergleich hohen Volatilität des deutschen Aktienmarkts.«

Büschgens Fazit: »Eine gravierende Schwachstelle des deutschen Kapitalmarkts ist die Ineffizienz des Aktienmarkts als Emissions- wie als Anlagemarkt. Die Marktgröße steht im krassen Gegensatz zu der des gesamten Finanzmarkts und zur realwirtschaftlichen Leistungsfähigkeit der Volkswirtschaft. Dieser Sachverhalt wird als unterentwickelte Aktienkultur beklagt. Auf der Nachfrageseite ist festzustellen, daß deutsche Unternehmen die Aktie als Finanzierungsinstrument nicht zulänglich nutzen

---

14 Carl L. von Boehm Bezing: Privates Anlage-Management, Bank Magazin, Nr. 4/1994, S. 8ff.

– ein Instrument das für die Aufbringung von Kapital als Risikokapital zur Investitionsfinanzierung eigentlich besonders gut geeignet ist.«[15]

Auf wissenschaftlich korrekte Weise ist damit eine antiquierte Gesellschaft beschrieben. Eine Gesellschaft, die mit dem Kauf von Rentenpapieren oder veralteten Anleihen-Sparplänen, schließlich auch mit der viel zu starken Konzentration auf kapitalbildende Lebensversicherungen lediglich Geld gegen Geld tauscht, ohne die Dimension der Aktienmärkte zu kennen oder gar zu verstehen. Immerhin, dies ändert sich und dies wird eine entscheidende Facette der »Revolution des Finanzgeschäfts« sein – der Übergang von der Sparer-Gesellschaft zu der Investment-Gesellschaft. Bislang ist aber für die Bundesbürger, die Vermögenden wie die weniger Vermögenden, noch etwas anderes kennzeichnend. Ganz überwiegend legen sie ihr Geld noch in dankbarer Demut an und nehmen dafür in kollektiver Bescheidenheit kümmerliche Erträge entgegen.

Kollektive Bescheidenheit		
	Mrd. DM	Ertrag in %
Bargeld, Sichteinlagen	385*	0
Termingelder	464*	4,5
Spareinlagen	931*	3,0
Bausparen	152*	4,0
Versicherungen	907*	5,0
Festverzinsliche Wertpapiere	598	6,5
Aktien	238	10,0
Investmentfonds	324	8,0
Sonstiges	323	6,0
Summe/Gesamtertrag	**4322**	**4,8**

** = Potential für Investmentfonds (Annahmen des Autors).*
Quelle Deutsche Bundesbank; Zahlen für 1994.
Bemerkung: Die Gesamtrendite ist mit durchschnittlich 4,8 % ausgesprochen schwach. Umso mehr, als noch Steuern und Inflation hinzukommen.

Tabelle 18: Erträge der deutschen Privathaushalte aus Geldvermögen.

15 Hans E. Büschgen: Reiches Land mit karger Aktienkultur. Der Finanzplatz Deutschland im globalen Wettbewerb, FAZ, 8.2.1997.

Wie die Deutschen ihr Geld anlegen		
Geldanlage bei/in	**Milliarden DM**	**Trend***
Bausparkassen	165	→
Aktien	296	↑
Sonstiges	319	→
Termingelder	373	↓
Investmentfonds	394	↑
Bargeld/Sichteinlagen	441	↓
Festverzinsl. Wertpapiere	772	↓
Versicherungen	1 067	↓
Spareinlagen	1 129	↓
** Schätzungen des Autors bis zum Jahre 2000. Quelle: Bundesbank; Stand: Ende 1996.*		

Tabelle 19: Fünf Billionen auf der hohen Kante.

Wie rentierte sich vor diesem Hintergrund eine langfristige Anlage in Aktienfonds? Die Ergebnisse der Fondssparpläne mit jahrzehntelangen Laufzeiten zeigen es.[16] Die 33 Aktienfonds, die schon seit vielen Jahrzehnten auch in Form von Sparplänen angeboten werden, brachten im Schnitt jedes Jahr zweistellige Zuwächse. Wer beipielsweise über 25 Jahre jeden Monat 100 DM in den Spitzenreiter, den international anlegenden Templeton Growth Fund, eingezahlt hatte, konnte sich im Juni 1997 das Achtfache der insgesamt überwiesenen 30 000 DM auszahlen lassen (239 797 DM; entspricht durchschnittlich 14,1 Prozent p.a.).

Die entscheidende Frage: Was passiert in einer Gesellschaft, wenn sie sich zumindest teilweise von dem üblichen Generationenvertrag löst,

16 Nur vergleichsweise wenige Fonds werden in Deutschland schon länger als zehn Jahre angeboten. Aber generell war es noch nie so einfach wie heute sich über die Wertentwicklung der Investmentfonds zu informieren. Man kann dies fast täglich in der Zeitung und in den wichtigen Fachblättern wie FINANZEN, DM oder Wirtschaftswoche lesen. Mit der Entwicklung des Internet beschleunigt sich dies noch. Die aktuelle Wertentwicklung so gut wie aller Fonds kann über die Datenbank von Micropal jederzeit eingesehen werden (http://www.micropal.com).

Aktien schlagen Renten						
	Durchschnittliche jährliche reale Rendite in % von					
	Aktien			**Anleihen**		
	bei einem Steuersatz von					
Anlagezeitraum	0%	36%	56%	0%	36%	56%
10 Jahre	11,60	10,24	9,50	3,71	1,43	0,11
15 Jahre	9,55	8,09	7,29	3,71	1,37	0,03
20 Jahre	8,17	6,66	5,83	3,81	1,36	-0,03
25 Jahre	11,35	9,98	9,23	3,71	1,42	0,11
30 Jahre	6,55	5,00	4,15	3,74	1,15	-0,26
40 Jahre	8,16	6,65	5,82	3,81	1,36	-0,03
50 Jahre	11,30	9,93	9,17	3,71	1,42	0,11
Quelle: Prof. Richard Stehle, Humboldt-Universität Berlin, Union Investment						

Tabelle 20: Durchschnittliche Renditen von Aktien und Anleihen.

und dafür dem Einzelnen die steuerbegünstigte Möglichkeit gibt, in Wertpapierfonds zu investieren? »Die heutigen Beitragszahler kämen dann nicht mehr für die Versorgung der heutigen Rentner auf, sondern würden Kapital für ihre eigene Rente aufbauen. Würden diese Rücklagen in der Anlageform mit der langfristig höchsten Rendite investiert - das heißt, in Aktien - so würde auch der Arbeiter oder mittlere Angestellte sein Anlagevermögen oder seinen späteren Pensionsanspruch schnell an Wert gewinnen sehen.«[17]

Die USA liefern eine bemerkenswerte Bestätigung. Das Nachrichtenmagazin Newsweek schrieb im Juni 1996 über die Wirkung von steuerbegünstigten Pensionsplänen: »Now that many companies have shifted to 401(k) pension plans and their employees have piled into stocks, the big market gains are going to the little guys.«[18] Ein Gruppe von hochka-

---

17 Frank Mattern, Werner G. Seifert, Clara C. Streit, Hans-Joachim Voth: Aktie, Arbeit, Aufschwung. Wie der Finanzplatz Wirtschaft und Gesellschaft wieder in Schwung bringt, Frankfurt/New York 1997, S. 41.

18 Zitiert bei Mattern usw., S. 41. Übersetzt: »Nachdem sich viele Unternehmen

rätigen Fachleuten aus Deutschland kommentiert dies so: »Während noch in den fünfziger Jahren lediglich vier Prozent der Bevölkerung oder knapp sechs Millionen Amerikaner Aktien besaßen, waren es 1992 bereits 51,3 Millionen. 1992 besaßen fast vier von zehn Bürgern direkt oder indirekt Aktienanteile – neben die traditionellen Aktienbesitzer am oberen Ende der Einkommenspyramide war zunehmend Otto Normalverbraucher getreten. Nach den weiteren spektakulären Gewinnen am amerikanischen Aktienmarkt im Jahre 1997 stehen die Chancen gut, daß die privaten Anleger noch vermögender geworden sind. Hinweise dafür finden sich überall. So hatten Ende 1995 bei einer einzigen Investmentfondsfirma (= Fidelity) 120 Zeichner von 401(k)-Plänen jeweils mehr als eine Million Dollar für ihren Ruhestand angesammelt; im Sommer 1997 waren bereits 308 Anteilseigner Pensionsmillionäre.«

Dies sind aufsehenerregende Feststellungen, vor deren Hintergrund das Jahr 1997, mit dem großen Investment-Thema Europäische Währungsunion, schon wie ein Wetterleuchten wirkt. Anders als früher, als die Bundesbürger ganz überwiegend Rentenfonds bevorzugten, haben die Deutschen noch nie zuvor so heftig wie 1997 in Aktienfonds investiert. Während der ersten zehn Monate flossen allein den Aktienfonds der deutschen Kapitalanlagegesellschaften und ihrer ausländischen Tochterunternehmen mit 23,6 Milliarden DM fast 40 Prozent mehr Geld zu als im bisherigen Spitzenjahr 1994 insgesamt. Und von den übrigen 8,4 Milliarden DM, die an die anderen ausländischen Fondsgesellschaften gingen, unter denen Templeton den Spitzenreiter markierte, sind wohl weit mehr als 90 Prozent in Aktienfonds geflossen.

Revolution der Investoren

Gelingt es, dieses Potential (das der Aktienmärkte) durch eine ähnlich glückliche Symbiose von Finanzwirtschaft und Realwirtschaft wie in den USA zu erschließen, so wird eine Revolution der Investoren für eine Dynamik an den Kapitalmärkten sorgen, wie sie bisher nur im Ausland zu beobachten ist. Und sie wird auch die Reformunfähigkeit, das Gefühl der Depression und Ausweglosigkeit überwinden helfen, einschließlich der heute scheinbar unlösbaren Probleme auf dem Arbeitsmarkt... Die deutsche Wirtschaft wird dabei ihr Ge-

---

für Pensionsfonds und ihre Mitarbeiter für Aktien entschieden haben, erzielen die kleinen Leute die hohen Renditen.«

sicht verändern, ohne allerdings einen so schmerzhaften Reformweg wie Großbritannien gehen zu müssen ... was nötig ist, erscheint durchaus machbar, und die Gelegenheit, erfolgreich durchzustarten, war wahrscheinlich noch nie so gut wie heute und dürfte es auch so bald nicht wieder werden. Der Finanzplatz ist der Schlüssel zur Entfesselung der deutschen Kapitalmärkte.

Aus Mattern, Seifert, Streit, Voth: Aktie, Arbeit, Aufschwung, S. 41und 42f.
Dazu auch Peter Drucker: Post-Capitalist Society, New York 1993, darin: The Pension Fund and its Owners, S. 76ff.: »... pension fund capitalism will become the universal ownership mode in developed countries: the age structure of developed countries alone makes this practically inevitable. Pension fund capitalism is fundamentally different from any earlier form of capitalism as it is from anything any socialist ever envisaged as a socialist cconomy.«

Lebensversicherungen

Harmonisierte Langsamkeit

München, Englischer Garten, an einem Herbsttag gegen Ende der achtziger Jahre, hinter den Gebäuden von Allianz und Münchener Rückversicherung, den beiden Kraftzentren der deutschen Assekuranz. »Wenn ich über unsere Branche nachdenke, dann befällt mich jedes Mal eine beklemmende Angst«, meint der Vorstand einer großen deutschen Lebensversicherung. Sein Gesprächspartner: »Warum? Die Prämieneinnahmen der Lebensversicherer steigen doch nach wie vor von Jahr zu Jahr. Die Bestände sind mittlerweile so groß, daß die Unternehmen Mühe haben, die zur Verfügung stehenden Beträge anzulegen.«

»Sicher, aber wenn wir uns die Banken, den Handel oder gar die Fertigungsindustrie ansehen, dann erkennt man dort eine Veränderungsdynamik, die es in unserer Branche nicht mal ansatzweise gibt. Mir kommt das vor, als würden die deutschen Lebensversicherer dem für die Marktwirtschaft typischen Wettbewerb völlig entrückt so vor hin sich leben.« »Und das beunruhigt Sie? Sie selbst gehen doch in zwei, drei Jahren in den Ruhestand. Weshalb also diese Sorge?«

»Sie verstehen mich nicht. Man muß da schon über den Moment hinausdenken. In einer von Wettbewerb geprägten Welt ist es einfach unnatürlich, wenn sich eine ganze Branche so verhalten kann, als ob es für sie den Wettbewerb nicht gäbe. Ich habe die Sorge, daß dieser unnatürliche Zustand eines Tages beendet sein wird. Wie wollen wir dann, über Jahrzehnte an einen unnatürlichen Zustand gewohnt, in der natürlichen Situation des harten Wettbewerbs überleben? Ich habe einfach Angst, daß die Branche in der ich aufgewachsen bin, dann nicht mehr in der Lage sein wird, ihren Rang in der Wirtschaft zu behaupten.«

»Was wäre daran bemerkenswert oder schade? Wenn wir tatsächlich über den Tellerrand hinausdenken, dann passiert das doch dauernd. Die große und mächtige IBM verliert gegenüber neuen Wettbewerbern im PC-Geschäft gewaltig an Boden. Die amerikanischen Eisenbahnen sind mit dem Aufkommen der Passagierflugzeuge fast untergegangen. Und in der Vorgeschichte war für die Beherrscher der Welt, die großen Dinosaurier, eines Tages kein Platz mehr.«

Gut fünf Jahre später trifft sich der Autor dieses Buches wieder mit seinem Gesprächspartner im Englischen Garten. Der kommt auch gleich zur Sache. »Erinnern Sie sich? Es geschieht schneller als ich seinerzeit befürchtet habe. Die ersten Anzeichen einer beginnenden Krise sind jetzt schon mit Händen zu greifen. Das Neugeschäft bricht weg. Die Stornoquoten steigen dramatisch. Unser Hauptprodukt, die kapitalbildende Lebensversicherung, gerät in der Öffentlichkeit in Mißkredit. Wir sind im Begriff, die Grundlage unseres Geschäfts zu verlieren. Und diese Grundlage ist doch nichts weiter als das Vertrauen der Kunden, daß wir im Ernstfall zuverlässig mit Leistungen eintreten oder beim sorgenfreien Ablauf des Versicherungsvertrages nach vielen Jahren eine Summe auszahlen, die sich auch mit ihrer von uns erwirtschafteten Rendite sehen lassen kann. Wir erleben jetzt den Beginn eines fundamentalen Veränderungsprozesses, den ich als Revolution empfinde. Nichts wird so bleiben wie es mal war. Und das Schreckliche daran: Die Branche will oder kann es nicht verstehen.«

In der Erinnerung des Autors illustriert nur weniges den Umbruch in einer Branche so markant wie diese beiden, im Abstand von rund einem halben Jahrzehnt geführten Gespräche. Was ist bei der Lebensversicherung, nach den Banken die wichtigste Kapitalsammelstelle des Landes, innerhalb weniger Jahre geschehen? Um in den Worten des alten, zwischenzeitlich im Ruhestand befindlichen Freundes zu bleiben: Die tatsächlich erfolgte Ablösung eines unnatürlichen Zustandes durch den natürlichen des Wettbewerbs.

Die Welt der deutschen Lebensversicherungs-Gesellschaften war über viele Jahre ein eigener Kosmos, der mit den auffälligen Sakralbauten der Unternehmenszentralen von den Veränderungswellen des Lebens um sie herum kaum berührt wurde. Es entwickelte sich eine ganz eigenartige Form von Unternehmensverständnis, das man als statisch, verfahrens- und hierarchieorientiert bezeichnen kann. Also mehr eine Beschäftigung mit sich selbst als mit dem, was Unternehmen in Wirklichkeit kennzeichnet: Markt- und Kundenorientierung.

Der Übergang zu dieser unternehmerischen Wirklichkeit ist jetzt die Wegmarke der deutschen Lebensversicherer, an der sich die künftig Erfolgreichen von den Erfolgslosen trennen werden. Mit dem Ende der harmonisierten Langsamkeit stellen sich folgende entscheidenden Fragen: Mit welcher Organisationsstruktur, mit welcher Unternehmenskultur treten die deutschen Lebensversicherer in diesem Veränderungsprozeß an? Auf welche Organisationsstruktur und Unternehmenskultur müssen sie sich hinbewegen?

Unternehmenskultur mal vier

1. **Spekulationskultur** – ergebnis-/leistungsorientiert: individualistisch, Inkaufnahme von großen Risiken, schnelles Feedback im Guten wie im Schlechten. »Eine Welt voller Individualisten, die regelmäßig hohe Risiken eingehen und sehr schnell erfahren, ob sie richtig oder falsch gehandelt haben. Anhäufung oder Verlust von Vermögen geschieht in dieser Welt des hohen Risikos und der schnellen Rückkopplung über Nacht. Diese Kultur stellt daher auch die abschreckendste von allen Kulturen dar... Baugewerbe, Kosmetik, Unternehmensberatung, Venture Capital, Broker, Werbung, Fernsehen, Film, Verlagswesen, Sport – eigentlich die ganze Unterhaltungsindustrie. Aber die Quelle ihrer Stärke ist auch gleichzeitig ihre Schwäche... Harte Kulturen fördern Unreife, weil sie Konflikte tolerieren. Das Topmanagement ermutigt dies und beobachtet oft noch amüsiert, wie jeder sich auf Kosten des anderen zu profilieren versucht.«
2. **Verkaufskultur** – Beschäftigte gehen Risiken nur selten ein, schnelles Feedback. »Die Helden dieser Kultur sind die Superverkäufer, die Charmeure, die ein Iglu ebenso leicht einem Eskimo wie einem Sonnenanbeter verkaufen könnten. Die Besten in dieser Kultur sind freundlich, trinkfest und Hallo Leute-Typen... das Team zählt, weil es auf den Einzelnen nicht ankommt. Das Team bringt die Menge. Darum sind Verkaufswettbewerbe so wichtig. Jeder will zu der erfolgreichen Gruppe gehören, die nach Hawaii fährt.«
3. **Investitionskultur** – performanceorientiert: hohes Risiko, langsames feed-back. »Kulturen, in denen bei Entscheidungen sehr viel auf dem Spiel steht. Bis sich aber zeigt, ob die Entscheidungen richtig waren, können Jahre vergehen. Das Umfeld ist durch hohe Risiken, aber langsames Feedback gekennzeichnet. Langsam bedeutet in diesem Fall aber nicht, daß auch der Erfolgsdruck gering wäre. Nein, der Druck ist hier so beständig wie die chinesische Wasserfolter... Zu den Branchen mit dieser Kultur gehören Investitionsgüterhersteller, Bergbaugesellschaften, Unternehmen, die Großsysteme produzieren; Ölfirmen, Banken, Architekturbüros und die unendliche Kette von Versicherungsunternehmen.
4. **Verwaltungskultur** – Abläufe, Hierarchieben und Administration stehen im Vordergrund; feed-back für den Einzelnen kaum meßbar. »Eine Welt mit geringer oder gar keiner Rückkopplung, in der Beschäftigte ihre Leistung nur schwer messen können. Wenn hier die Abläufe außer Kontrolle geraten, dann gibt es für diesen Kulturtyp auch einen anderen Namen – Bürokratie. In diesem Teil der Welt mit seinen geringen Risiken und langsamen Rückkopplungen sind Banken, Versi-

cherungen, Versorgungsbetriebe und stark reglementierte Branchen wie die Pharmaindustrie angesiedelt... Die Menschen in dieser Kultur entwickeln einen merkwürdigen Hang zur Absicherung. Der trivialste Vorgang wird zum Thema einer schriftlichen Mitteilung. Die Verfasser beschreiben den Vorfall bis ins kleinste Detail und bemühen sich, ihr Handeln so gut es nur geht zu erklären. Dann schicken sie der halben Firma eine Kopie davon.«[1]

Natürlich sind diese Typologien grobe Vereinfachungen. Kein Unternehmen läßt sich präzise und ausschließlich einer Kategorie zuordnen. Elemente aus allen vier Kategorien sind in nahezu jeder Kultur zu finden. Aber alle vier Kategorien werden bestimmt von dem mit den geschäftlichen Aktivitäten des Unternehmens verbundenen Risikograd und der Schnelligkeit, mit der ein Feedback auf Entscheidungen oder Handlungen erfolgt.

	Risiko		
hoch	3. Investitionskultur	1. Spekulationskultur	
niedrig	4. Verwaltungskultur	2. Verkaufskultur	
	langsam	*schnell*	**Feedback**

Generell wird man aber Vertriebs- und Verkaufsorganisationen zwischen 1./2., Banken und Versicherungen bei 3./4. einordnen können. Dies spiegelt sich auch in der Entwicklung der Managementtheorie und -Praxis der zurückliegenden 40 Jahre wider. Es war eigentlich ein ständiger Versuch, die Schwächen der »Verwaltungskulturen« (Langsamkeit, Ineffizienz und Distanz zu den Kunden) durch Annäherung an Typ 1. oder 2. zu beheben.

Ob die Gemeinkostenwertanalyse von McKinsey, Lean Management oder Business Reengineering: Stets ging es um die eine Frage, wie man große Tanker verkleinern und mit besseren Manövriermöglichkeiten ausstatten konnte. Angesichts ihres regulierten Marktes verspürte die Versicherungswirtschaft aber nur geringen Bedarf an Reformmaßnahmen. Man lebte mit einem sehr geringen Risikograd und hatte die Rückkopplungseffekte des Marktes praktisch ausgeschaltet. In unregelmäßi-

1 Alles nach Albert Bruer (Hrsg.): Terrence Deal und Allan Kennedy: Unternehmenserfolg durch Unternehmenskultur, Bonn 1987, S. 151 ff.

gen Abständen erprobten die Vorstände allenfalls eindimensional angelegte Rationalisierungsprojekte à la McKinsey.[2]

Vom Schweigen der Lämmer

In einer typischen Verkaufskultur werden die Akteure stets versuchen, aus jedem Kundenkontakt einen Abschluß zu machen. Hingegen wird man in einer Verwaltungskultur den Kundenkontakt nicht so wichtig nehmen, vielleicht sogar als störend empfinden. Zu welchen Ergebnissen dies führt, zeigt ein von der Zeitschrift »KURS« durchgeführter Test. Ende März 1995 erhielten die Direktionen von 102 deutschen Lebensversicherern eine Anfrage per Fax. Inhalt: Details zum Abschluß einer Direktversicherung mit dem geringstmöglichen steuerunschädlichen Todesfallschutz und einer Berufsunfähigkeitszusatzversicherung (BUZ) von 12 000 DM p.a.; gewünschter Jahresbeitrag: 3 000 DM. Zur Auswertung des Rücklaufs:

- Von 102 Gesellschaften blieben 17 stumm. Überhaupt nicht reagierten beispielsweise Albingia, Allianz, R+V und WWK.
- Die antwortenden Lebensversicherer benötigten bis zu 30 Tage, um Kontakt mit dem potentiellen Kunden aufzunehmen.
- Über zehn Prozent der erhaltenen Vorschläge für eine Direktversicherung waren steuerschädlich.
- Noch nicht einmal 20 Prozent der Angebote wurden nachbearbeitet.
- Bei nahezu allen Versicherungsgesellschaften zeigte sich, daß die Abschlußorientierung erheblich verbessert werden muß.

Am schnellsten reagierten:
Nordstern (nach einem Tag per Fax)
Arag, Axa Equity & Law, Deutscher Herold, Futura, Nürnberger, Uelzener (alle nach zwei Tagen per Brief), Gutingia (nach zwei Tagen per Fax). Insgesamt 13 Erstkontakte erfolgten per Telefon, teils aus den Direktionen, teils vom regionalen Vertrieb, wobei überwiegend nach den persönli-

---

2 »Die vielgepriesenen Wunderpillen wie Gemeinkostenwertanalyse kosten zwar viel Geld«, schreibt Jürgen Fuchs von dem Software- und Beratungsunternehmen CSC Ploenzke. »Sie haben aber denselben Effekt wie die Fastendiät. Nach der ersten Kur wissen die Menschen im Unternehmen, wo und wie sie die Reserven für schlechte Zeiten horten müssen. Der Speck wird jetzt dikker und widerstandsfähiger.«

chen Daten zur Berechnung des Steuervorteils der Direktversicherung gefragt wurde. Nur wenige, Vermittler von HDI und Provinzial Kiel beispielsweise, boten Hilfe bei der Überprüfung der Höhe der gewünschten Berufsunfähigkeits-Zusatzversicherung an (Bedarfsermittlung).

Erstaunliche Unterschiede zeigten sich beim Umfang der vorgelegten Offerten: Die Barmenia kam mit drei Seiten aus, während viele Gesellschaften mehr oder weniger umfangreiche Mappen zusammengestellt hatten; zum Teil mit den ausdrücklich angeforderten Versicherungsbedingungen. Nur wenige Angebote waren vollständig.

Daß bei Direktversicherungen ein 60prozentiger Todesfallschutz erforderlich ist, um die steuerliche Anerkennung nicht zu gefährden, hatte sich noch nicht flächendeckend herumgesprochen. Zu über zehn Prozent wurden noch Rententarife oder Kapitaltarife mit weniger als 50 Prozent Todesfallschutz angeboten. Die Mehrheit bot mindestens 100 Prozent Todesfallschutz an, obwohl die niedrigstmögliche Stufe gefragt war. Bei gut 20 Prozent der Offerten entsprach die BUZ nicht mal annähernd der gewünschten Höhe. Angaben zu den steuerlichen Auswirkungen der Gehaltsumwandlung waren gut der Hälfte der Angebote beigefügt. Meist in Form von Musterrechnungen, die für die konkret zu versichernde Person nur in wenigen Fällen zutrafen.

Von Colonia und Cosmos kamen diese Musterangaben neben den individuellen Tarifdaten als »persönliche« Renditeberechnungen. Rund zehn Prozent der Anbieter fragten vorab telefonisch die für eine individuelle Berechnung erforderlichen Daten ab. So erkundigte sich die Berlinische Leben per Fax nach dem »zu versteuernden Einkommen« und dem »Kirchensteuer- oder Pauschalsatz«. Eine Auswertung lieferte sie aber dennoch nicht.

Verkäuferische Qualitäten waren bei den Anbietern nur vereinzelt zu beobachten. So fehlte bei etlichen Offerten ein persönliches Anschreiben des Bearbeiters oder eine Selbstdarstellung des Unternehmens. Meist blieb es dem Interessenten selbst überlassen, herauszufinden, warum er den (immerhin beigefügten) Antrag ausgerechnet dieser Gesellschaft zurückschicken sollte. Nur wenige Versicherer wie die Alte Leipziger, die ihre BUZ-Bedingungen in den Vordergrund stellte, nannten für ihre Vorschläge stichhaltige Argumente.

Bei dem Interessenten nachgefaßt haben weniger als 20 Prozent der Unternehmen, darunter auch die HUK und die Württembergische Gemeinde-Versicherung mit schriftlichen Nachfragen. Das Desinteresse verteilt sich gleichmäßig auf Direktversicherer und Gesellschaften mit Ausschließlichkeits- und/oder Maklervertrieb. Offensichtlich sind die Anfragen teilweise gar nicht bis zum Außendienst weitergereicht worden.

Fragen des Interessenten nach fehlenden Informationen oder wegen notwendiger Neuberechnung der Tarife erwiesen sich als äußerst mühsam. Bei einer Gesellschaft mußte der Anrufer alle Daten nochmals durchgeben, weil dies der Mitarbeiterin einfacher erschien als den Vorgang herauszusuchen. Bei der Cosmos war zunächst eine minutenlange Warteschleife zum teuersten Ferngesprächstarif zu durchlaufen. Bei der HUK war ein Vertreter ohne Tarifkenntnisse zu erleben.

Fazit: Schweigen der Lämmer bei vielen, Schweigen oder bestenfalls ungenügende Abschlußorientierung. Marktwirtschaftlich orientierte Unternehmen sollten sich und ihre Dienstleistungen bestmöglich verkaufen. Davon konnte bei der Mehrzahl der untersuchten Lebensversicherer keine Rede sein.[3]

Das deutsche Lebensversicherungs-Geschäft verlief früher in gemächlichen Bahnen. Unter der Kontrolle des Bundesaufsichtsamtes für das Versicherungswesen in Berlin war das Produkt eine homogene und nahezu uniforme »black box«, die die Assekuranz mit unverbindlich gestalteten Renditeberechnungen in die quasi hoheitliche Rolle einer »Dritte Säule der Altersversorgung« befördert hatte. Die Bedingungen von Versicherungsverträgen waren vor 1994 genehmigungspflichtig und zwar bis ins Detail. Denn die Aufsichtsbehörde interpretierte ihre Kontrollpflicht dahingehend, daß Bedingungswerke vollständig, einheitlich und übersichtlich sein sollten. Genehmigungsverfahren für neue Bedingungswerke dauerten oft bis zu fünf oder sechs Jahre. Und wenn es schon mal etwas schneller ging? »Das war auch nicht so wichtig«, kommentiert der Wiener Versicherungswissenschaftler Prof. Dr. Jörg Finsinger, »weil man die heute erforderliche Flexibilität und Schnelligkeit in der Produktentwicklung in der Vergangenheit weder brauchte noch nutzen konnte.«

Produktunterschiede hingen in erster Linie mit den unterschiedlichen, aber so gut wie unsichtbaren Kostenstrukturen der Anbieter zusammen. Einheitliche Sterbetafeln machten es unmöglich, sich auf spezielle Zielgruppen mit unterschiedlichen Sterbe- und Risikoprofilen zu konzentrieren. Doppel-/Mehrfachtarife zur Entwicklung zielgruppen-

3 Vergleichsweise wenige Schwächen leisteten sich in dem Test: Cosmos (angeforderte BUZ-Bedingungen fehlten); Equitable Life (BUZ um 20 Prozent höher als angefordert); Hannoversche (Tarifinformation unvollständig, keine Nachbearbeitung); Landwirtschaftlicher Versicherungsverein Münster (schwache Selbstdarstellung, ungenügende Argumente für das Unternehmen); Württembergische (schwache Selbstdarstellung, ungenügende Argumente für das Unternehmen). Vgl. »Neugeschäft – Jede Menge Schwächen«, KURS, Monatszeitschrift für die Finanzdienstleistung, Nr. 5/95, S. 1 f.

spezifischer Produkte oder Angebote für unterschiedliche Vertriebswege mit unterschiedlichen Kosten gab es nicht. Auch die Investment-Vorschriften wirkten normierend, weil sie die Unternehmen auf ein nahezu identisches Anlageverhalten mit einem unverhältnismäßig großen Anteil an Rentenwerten verpflichteten. So war es nicht weiter verwunderlich, daß die Renditen der deutschen Lebensversicherer im statistischen Durchschnitt über Jahrzehnte nur um 0,5 Prozentpunkte voneinander abwichen.

Der Wettbewerb fand eigentlich nur über den Vertrieb mit Vermittlern (Einfirmenvertreter, Mehrfachagenten, Versicherungsmakler und Vertriebsorganisationen) statt. Ein namhafter deutscher Versicherungsmathematiker beschrieb dies 1986 so: »Unser Wettbewerb hat ein ganz einfaches Grundprinzip. Wenn wir mehr Marktanteile haben wollen, dann arbeiten wir eben mit mehr Vertriebspartnern zusammen. Damit steigt dann auch die Stornoquote. Da höheres Storno automatisch zu höheren Kosten führt, gefällt uns das aber nicht. Wir sortieren die Leute dann wieder aus. Als Folge geht das Geschäft wieder zurück. So machen wir das schon seit 15 Jahren. Das hat eine Ähnlichkeit mit dem unter Volkswirtschaftsstudenten bekannten Schweinezyklus. Gehen die Preise rauf, steigt die Menge, daraufhin gehen die Preise runter, in der Folge sinkt auch die angebotene Menge.«

Wettbewerb in der Versicherungswirtschaft war also ein in sich geschlossenes System. Das Geschäft regulierte sich über die Punkte Geschäftsvolumen/Vertrieb/Storno von selbst und spielte sich im Verborgenen ab. Nur wenige, am allerwenigsten die Kunden, verstanden die Funktionsweise. Insgesamt ging das System von dem »uninformierten Verbraucher« aus, den man mit der Überprüfung der einzelnen Versicherungsbedingungen und Prämienkalkulationen sowieso als überfordert ansah. Deshalb sollte die staatliche Aufsicht auch eine Art Überwachungsinstanz für den Verbraucher sein. Die Leistungsfähigkeit der einzelnen Anbieter sollte dabei ebenso ein weißer Fleck bleiben wie man die Frage offen ließ, was bei einer kapitalbildenden Lebensversicherung (KLV) die Renditezusage des Unternehmens in Wirklichkeit bedeutete.

In dieses System trat mit der Umsetzung der 3. EG-Lebensversicherungsrichtlinie im deutschen Markt zum 1. Juli 1994 eine grundlegende Veränderung ein. Die Assekuranz steht damit am Beginn eines epochalen Wandels. Dieser Wandel wird die bisherigen Hierarchien der Unternehmen durch vernetzte Strukturen ersetzen und dem Thema Service eine neue Dimension geben. Jedes Lebensversicherungsunternehmen wird seine eigenen, zu ihm passenden Erfolgsfaktoren entwickeln müssen. Wer mit vergleichsweise hohen Kosten arbeitet, wird sich nicht mehr an »preisbewußte« Zielgruppen wenden können. Er wird aber seine Kostensituation gleichwohl so unter Kontrolle halten müssen, daß er in einem der zahlreichen Ratings noch ordentlich abschneidet. Insgesamt muß jedes Unternehmen eigene Stärken als Differenzierungsmerkmal entwickeln ohne sich dabei auffallende Schwächen zu leisten.

Veränderungen im Lebensversicherungsmarkt		
Der preisbewußte und gut informierte Kunde	**Der servicebewußte Kunde**	**Der unbewußte Kunde**
Sucht günstige Möglichkeiten Verlangt ein Mindestmaß an qualifizierter Beratung Hat den Wunsch nach objektiven Informationen	Sucht kompetente Beratung Interessiert sich für Preise nur wenig Wünscht persönliches Beratungs-Gespräch	Hat kein ausgeprägtes Preis-/Leistungsbewußtsein Bevorzugt bequeme Kaufentscheidungen Hat zum Wert der Beratung keine ausgeprägte Meinung
Anteil am gesamten Kundenpotential 1995		
5–7%	17–18%	70–75%
Prognostizierter Anteil bis zum Jahre 2000		
10–15%	20–25%	60%
Quelle: Fokus Management Consulting AG, St. Gallen		

Tabelle 21: Verschiebungen bei den Zielgruppen.

Operation Neue Freiheit

Zum Juli 1994 wurde die bisherige materielle Aufsicht durch das Bundesaufsichtsamt für das Versicherungswesen (BAV) zugunsten einer auf den Einzelfall beschränkten Mißstandskontrolle abgeschafft. Für die Versicherer bedeutet dies eine neue Freiheit in Kalkulation, Rechnungsgrundlagen, Tarifen und Bedingungen (Die hierzu relevanten Gesetzestexte bei Gloria D. Neuhaus: Konsolidierte Fassung des VAG, des VVG, des EGVVG und des PflVG auf der Grundlage des Dritten Durchführungsgesetzes/EWG zum VAG und des Versicherungsbilanzrichtlinie-Gesetzes, Karlsruhe 1994).

Eine besondere Brisanz entsteht durch die Neuregelung der Rückkaufswerte, die dem Versicherungsnehmer künftig vor Abschluß des Vertrages mitgeteilt werden müssen. Erhielt der Kunde bisher eine mehr oder weniger detaillierte unverbindliche Beispielsrechnung, so müssen die Rückkaufswerte, die nach § 176 Versicherungsvertragsgesetz (neu) den Zeitwert einer Versicherung darstellen, jetzt konkret ausgewiesen werden. Zwar müssen die Versicherer ihre Kosten (Risiko- Abschluß- und Verwaltungspositionen) nicht detailliert offenlegen. Aber mittelfristig wird sich dies aus dem nun ungleich härter werdenden Wettbewerb ergeben.

Die Folgen:

1. Erstmals lassen sich im deutschen Lebensversicherungsgeschäft Transparenz, Verständlichkeit und Qualität der Bedingungen als Wettbewerbsvorteile einsetzen.
2. Wenn die Deregulierung zur Offenlegung der Rückkaufswerte (= Guthaben) zwingt, dann muß das Produkt kapitalbildende Lebensversicherung (KLV) transparenter gestaltet werden.
   Denn: Die hohen Abschlußkosten (im wesentlichen die Vertreterprovisionen) können nur in einem intransparenten Produkt untergebracht werden. Bei einem transparenten Produkt kann der Kunde hingegen leicht erkennen, daß er in der konventionellen KLV seine Vermögensbildung mit einem Negativ-Saldo beginnt, was ihm über viele Jahre die Chance auf eine akzeptable Rendite nimmt.
3. Die Branche wird sich darauf konzentrieren müssen, daß der Maßstab für die Qualität einer Versicherungsleistung nur die Erfüllung der Kundenanforderungen sein kann. Dies erfordert grundlegende Verbesserungen in der Beratung und Betreuung des Kunden sowie verfeinerte Angebote.

Branche mit Problemen

Die deutschen Lebensversicherer hatten schon 1994 und 1995 zwei schwierige Jahre hinter sich; noch schwierigere vor sich. Die Branche, die seit den 60er Jahren fast ununterbrochen durch Wachstum glänzte, muß vor allem beim Neugeschäft Rückgänge in bisher ungewohnten Größenordnungen hinnehmen. Die Neuabschlüsse gingen 1995 in der

Stückzahl um 5,6 Prozent auf 6,78 Millionen Verträge und in der Summe sogar um 11,3 Prozent auf insgesamt 329,8 Milliarden DM zurück.[4]

Und während sich das Neugeschäft rückläufig entwickelt, werden immer mehr Verträge vorzeitig gekündigt. Im Jahre 1994 kehrten über 2,1 Millionen Bundesbürger dem Flaggschiff der deutschen Lebensversicherungswirtschaft, der kapitalbildenden Lebensversicherung (KLV), den Rücken (=Storno). Der Branche ging dadurch eine Versicherungssumme von 97,68 Milliarden Mark verloren. Die ganze Dramatik des Geschehens wird erst deutlich, wenn man das Verhältnis der stornierten Versicherungsverträge zum geworbenen Neugeschäft, den eingelösten Versicherungsscheinen, betrachtet. 3,2 Millionen neue Kunden haben die Vermittler 1994 geworben, während zur gleichen Zeit 2,1 Millionen Kunden abgesprungen sind. Auf 145,58 Milliarden DM Versicherungssumme (neu) kommen Abgänge von 97,68 Milliarden DM.

Während also zur Vordertür drei neue Kunden hereinkamen, verließen durch die Hintertür Storno im Schnitt zwei Kunden den Bestand. Wenn dann noch vorzeitige Leistungsfälle und Abläufe dazukommen, gibt es kaum noch echtes Bestandswachstum.[5]

Bei den Zuwächsen spielten sich auch 1996 fast nur noch kleinere Gesellschaften nach vorne. Die Mannheimer mit einem Neugeschäft von plus 64,1 Prozent in der Summe, Generali Münchener Leben (26,1), Stuttgarter Leben (27,5), neue leben (24,7) und LV 1871 (17,1).

Als Begründung für den allgemeinen Rückgang nennt die Branche die schlechte Konjunktur und die hohe Abgabenbelastung der Bürger. So

---

4 Aus dem Verbands-Rundschreiben der Lebensversicherungsunternehmen Nr. 25/95 (20.9.1995): »... dürfte der gesamte Neuzugang der ersten sieben Monate (1995) 3,74 Millionen Lebensversicherungsverträge (minus 10,3%) mit 182,3 Milliarden DM Versicherungssumme (minus 14,2%) betragen (Neuzugang = Summe aus eingelösten Versicherungsscheinen sowie Erhöhungen der Versicherungssummen aufgrund von Anpassungsklauseln und aus sonstigen Gründen«).

5 Aus Manfred Poweleits map-report 17/1995: Storno, Abschreibungen und Sachwerte. Dort auch die Storno-Spitzenreiter: Deutscher Ring, Großaktionär des Strukturvertriebs OVB, bei dem 28000 neuen KLV-Kunden fast 51000 Abgängen durch Storno gegenüberstehen. Im Stückzahlbereich betragen die Storni 181 Prozent der eingelösten Versicherungsscheine. Nicht viel besser ist die Situation bei Karlsruher mit 165, Iduna, 163, und Transleben (inzwischen Aspecta, HDI) mit 158 Prozent. Die Stornoquote (Rückkäufe und sonstige vorzeitige Abgänge in Prozent des Jahresbestandes) lag im 94er Branchenschnitt bei 6,08 Prozent und erhöhte sich 1995 auf durchschnittlich 6,27 Prozent.

meinte Dr. Peter von Harder, bis 1996 Vorsitzender des Verbandes der Lebensversicherungs-Unternehmen: »Tatsächlich handelt es sich nicht um eine strukturelle Veränderung des Marktes für Lebensversicherungen, sondern um die Auswirkungen der gesamtwirtschaftlichen Probleme, mit denen Deutschland konjunkturell und bedingt durch die Wiedervereinigung konfrontiert ist. Immer neue Einkommensbelastungen, hohe Arbeitslosigkeit und Unsicherheiten über die weitere wirtschaftliche Entwicklung haben sich seit langer Zeit nicht so sichtbar durch Zurückhaltung bei Neuabschlüssen von Lebensversicherungen niedergeschlagen.«[6]

Eine zutreffende Diagnose? Wohl kaum, denn die 95er Zahlen zum Neugeschäft der deutschen Lebensversicherer zeigen ein äußerst unterschiedliches Bild. Trotz der von Harder genannten Gründe, die doch alle Unternehmen gleichermaßen negativ treffen müßten, konnten sich einige Gesellschaften bei den Neuabschlüssen verbessern. So der Deutsche Lloyd mit einem Summen-Zuwachs von 64,1 Prozent, wozu ganz erheblich die zur Lloyd-Gruppe gehörende Dialog Lebensversicherung AG beitrug. Auch die Lloyd-Schwester Generali Münchener Leben wuchs 1995 mit einem Plus von 40,1 Prozent außergewöhnlich stark. Ähnlich konnte sich 1995 nur noch der Direktversicherer Cosmos steigern.[7]

Auch bei den Marktführern war das 95er Bild uneinheitlich: Einige große Versicherer konnten sich im Neugeschäft noch einigermaßen halten (Allianz, Colonia, DBV, Gothaer, Nürnberger, R+V) oder etwas verbessern (Debeka, Gerling). Die meisten mußten aber kräftige Einbußen hinnehmen (Aachener & Münchener, Alte Leipziger, Deutscher Herold, Hamburg-Mannheimer, Iduna, Victoria, Volksfürsorge).

Diese Entwicklung steht keineswegs für eine konjunkturbedingte vorübergehende Erscheinung. Vielmehr markiert sie den Beginn einer grundlegenden Zeitenwende, die den deutschen Lebensversicherern noch viel abverlangen wird. »Die Bandbreite der Wachstumsunterschiede reicht bei der deutschen Lebensversicherung inzwischen über eine Spanne von mehr als 20 Prozentpunkten«, schreibt Marc Surminski. [8] »Für die Uneinheitlichkeit des Marktes und die verschärften Erfolgsbedingungen«, so Surminski weiter, »spricht auch die Tatsache, daß es eine ganze Reihe von Versicherern 1996 nicht schaffte, ihre Abgangs-

6 Im Rahmen der Mitgliederversammlung am 13.5.1996 in Wiesbaden.

7 37,5 Prozent; HUK-Coburg: 21,6, Volkswohl-Bund: 19,8 Prozent.

8 M. Surminksi: Licht und Schatten beim Neugeschäft, ZfV, Zeitschrift für Versicherungswesen, Nr. 8/97, S. 215 f.

verluste (Storno oder ablaufende Verträge) durch Neugeschäft auszugleichen«.

Surminski bilanziert: »Die Liste der Gewinner im Neugeschäft 1996 zeigt, daß es ein Patentrezept für Wachstum nicht gibt. »Gesellschaften mit den unterschiedlichsten Vertriebsausprägungen und Produktschwerpunkten gehören zu den Wachstumssiegern. Einen Trend für die erfolgreiche Marschroute der Zukunft kann man daraus für den deutschen Markt kaum ableiten.«

Man kann wohl nur folgenden Trend ableiten: Den Unternehmen steht ein schmerzhafter Anpassungsprozeß an die neue Wettbewerbssituation bevor. Und dieser Prozeß wird von einer zunehmenden Sensibilisierung und Verunsicherung der Öffentlichkeit ebenso verschärft wie beschleunigt.

Ende 1995: Die Stiftung Warentest veröffentlicht in ihrer Zeitschrift »Finanztest« eine Bewertung der deutschen Lebensversicherer. Gut zwei Drittel aller Anbieter schneiden mäßig oder schlecht ab.[9] Aus so gut wie allen elektronischen und gedruckten Medien, bis hin zu den kleinsten Lokalzeitungen, ergießt sich eine Flut von Berichten über den Test und den ausgesprochen negativen Aussagen zur Leistungsqualität der Branche. Bei vielen schlecht eingestuften Unternehmen stehen in diesen Tagen die Telefone nicht mehr still. Besorgte und erboste Kunden fordern Stellungnahmen. Es kommt zu spontanen Kündigungen von Versicherungsverträgen.

Noch vor fünf Jahren hätte ein Test der Lebensversicherer kaum interessiert. Die meisten Redaktionen hätten bei einem für so trocken erachteten Thema einfach abgewunken oder sich mit einem kurzen Einspalter begügt. Folglich ist zwischenzeitlich eine Veränderung eingetreten, die diesem Thema eine neue Resonanz verleiht. Zwei Aspekte kennzeichnen diese Veränderung:

- Immer mehr Bundesbürger begreifen das Thema »Geldanlage/Vorsorge« als Voraussetzung und wesentlichen Bestandteil der Lebensplanung.

---

9 Vgl. Finanztest Nr. 1/96, S. 14ff. Jedes vierte Unternehmen bekam von den Testern die Gesamtnote »mangelhaft«. Die Ergebnisse, mit Direktversicherern an der Spitze und der Empfehlung von Aktienfonds als Alternative, geben durchaus Anlaß zur Kritik an Warentest. Denn ein Direktversicherer arbeitet zwangsläufig mit niedrigeren Kosten als Unternehmen mit Außendienst oder Mehrfachagenten. Beratung und langjährigen Service – bei Kapital-LV wie Fondspolice – als wert- oder kostenlose Leistungskomponente anzusehen, ist deshalb alles andere als angemessen.

- Die kapitalbildende LV wird in diesem Prozeß von ihrer durch die Assekuranz gewollten und zeitweise sogar erreichten Unvergleichbarkeit als »Dritte Säule der Altersversorgung« heruntergeholt und in den Vergleich zu anderen Produkten gestellt.

Dieser nun tatsächlich stattfindende Prozeß im Bewußtsein der Bevölkerung, den wir mit einem Vorlauf von fast zwei Jahrzehnten aus Ländern wie Großbritannien und USA bereits kennen, trifft die traditionelle kapitalbildende Lebensversicherung (KLV) besonders hart. Dieser Prozeß, dem man mit keinem Tarifhandbuch beikommen kann, ist auch der eigentliche Grund dafür, daß die Assekuranz-Unternehmen auf die Kritik so erstaunlich sprachlos reagieren.

In jedem Fall wird in der zweiten Hälfte der 90er Jahre für die deutschen Lebensversicherer das »Ende der Sprachlosigkeit« kennzeichnend sein. Während sich früher kaum jemand für die Produkte der Assekuranz interessierte, während man die nur unverbindlichen, aus der Vergangenheit hochgerechneten Renditen früher schon für bare Münze nahm, zeigt sich bei den Kunden nun ein ungleich größeres Interesse, das mit Mißtrauen einhergeht. Die Unternehmen werden sich deshalb auf eine andere Art als bisher um die verständliche Darstellung ihrer Produkte und um neue, zusätzliche Angebote bemühen müssen. Denn die wachsende Sensibilierung der Kunden für die Kosten und Leistungskomponenten einer Versicherungspolice ist auch die Basis für neue Chancen.

Wer den Zusammenhang von Kosten und Gewinnausschüttung ahnt, achtet auf Leistungsvergleiche in der Fachpresse. Er wird vor Vertragsabschluß den Vermittler nach der besten Versicherungsgesellschaft und dem am besten geeigneten Produkt fragen. Der an eine einzige Gesellschaft gebundene Vermittler kann dann nur diesen einen Anbieter empfehlen. Hingegen wird der Mehrfachagent versuchen, unter vielen am Markt operierenden Gesellschaften objektiv auszuwählen. Dazu braucht er aber eine unparteiische Expertise, die der Kunde auch als solche akzeptiert.[10]

10 Bewertungen der Lebensversicherungsgesellschaften im Hinblick auf ihre Zahlungsfähigkeit und Kostensituation – Rating. Nach einer Umfrage der Hannoversche Lebensversicherung a.G. würden es 73 Prozent der Kunden vorziehen, wenn sie den Vertragsabschluß anhand eines aktuellen Rating tätigen könnten. Ein solches Rating würde tatsächlich wenigstens drei Vorteile bringen: Kunde und Vertreter erhalten eine klare Meßlatte für das Leistungsversprechen der favorisierten Gesellschaft. Das Produkt selbst wird für den Kunden transparent. Der Kunde erkennt, mit welchem Ertrag er im Verhältnis

Weil der quasi aus der Vormundschaft einer Behörde nun quasi in die Mündigkeit entlassene Verbraucher sich selbst informieren und unterschiedliche Produkteigenschaften gegeneinander abwägen muß, werden in den nächsten Jahren noch viele Rating-Initiativen für Lebensversicherungen kommen. Den Bedarf hat die Branche mit ihren großteils unverständlichen und verwirrenden Aussagen selbst produziert.

---

zu einem »alternativen« Produkt rechnen kann. Verläßliche Ratings der deutschen Lebensversicherer und ihrer Produkte bieten seit Jahren Manfred Poweleit mit seinem Fachinformationsdienst »map-report« und das Software-Unternehmen Morgen & Morgen, dessen Bewertungen regelmäßig in dem Wirtschaftsmagazin »Capital« nachzulesen sind. Bei den von Poweleit oder Morgen & Morgen gut bewerteten Unternehmen wird man mit dem Abschluß einer Lebensversicherung nicht viel falsch machen.

Aus map-report 32–33/95 (m-Wertung für ältere Unternehmen: p-Wertung für jüngere Unternehmen ab fünf Jahre Bestehen am Markt:

Die besten »alten« Lebensversicherer

Gesellschaft	Rating	Punkte
	(Zwölf-Jahres-Vergleich)	
Hannoversche Leben	mmm	81
Debeka	mm	76
Volkswohl Bund	mm	72
Versicherungsgruppe Hannover (VGH)	mm	70
Öffentliche Braunschweig	mm	69
Westfälische Provinzial	mm	68
neue leben	mm	68
Deutsche Beamten Versicherung	mm	67
Allianz	mm	66
Württembergische	mm	66

Die besten »jungen« Lebensversicherer	(Fünf-Jahres-Vergleich)	
Dialog	pp	79
Europa	pp	77
BHW	pp	77
HUK-Coburg	pp	76
Cosmos Direkt	pp	75
Süddeutsche Kranken (SDK)	pp	66
Delfin	pp	65
Quelle	pp	65

Lebensversicherungen im Test

Die leistungsstärksten Lebensversicherer

Das aktuelle LV-Rating von Morgen & Morgen, des Softwarehauses aus Hofheim im Taunus, ist eine zuverlässige Orientierung zur Bewertung von Lebensversicherungen und ihrer Angebote. Man kann darüber streiten, ob Direktversicherer und sogenannte Serviceversicherer in einem gemeinsam Rating untersucht werden sollten. Aber immerhin wird die Spitzengruppe nicht ausschließlich von Direktversicherern beherrscht, wie dies beim Rating der Stiftung Warentest der Fall war. Im Gegenteil, gerade das Beispiel neue leben zeigt, daß es offensichtlich möglich ist, Top-Unternehmensbewertungen zu erhalten, ohne daß man auf Top-Leistungen im beratungsintensiven BU-Bereich (Berufsunfähigkeits-Versicherung) verzichten muß. Im übrigen zeigt sich auch, daß identische Bewertungen in den beiden Bereichen BU und LV oft nicht möglich sind.

Die leistungsstärksten deutschen Lebensversicherer					
	Unternehmens-Rating (Bilanzjahre 1987–1996)	**BU-Rating (Stand 11/97)**		**Unternehmens-Rating (Bilanzjahre 1987–1996)**	**BU-Rating (Stand 11/97)**
Cosmos	☆☆☆☆☆	☆☆☆	Victoria	☆☆☆	☆☆☆
Debeka	☆☆☆☆☆	☆☆	Volkswohl Bund	☆☆☆	☆☆☆☆☆
Europa	☆☆☆☆☆	☆☆	Winterthur	☆☆☆	☆☆☆☆
Hannoversche Leben	☆☆☆☆☆	☆☆☆	Württembergische	☆☆☆	☆☆☆
neue leben	☆☆☆☆☆	☆☆☆☆☆	Zürich	☆☆☆	☆☆☆☆☆
Provinzial Hannover	☆☆☆☆☆	☆☆	Aachener & Münchener	☆☆	☆☆☆☆
Westfäl. Provinzial	☆☆☆☆☆	☆	Alte Leipziger	☆☆	☆☆☆☆☆
Agrippina	☆☆☆☆	☆☆☆☆	Arag	☆☆	☆☆☆☆
Allianz	☆☆☆☆	☆☆	Barmenia	☆☆	☆☆☆
Bayern Versicherung	☆☆☆☆	☆☆	Bayerische Beamten	☆☆	☆☆
Gerling	☆☆☆☆	☆☆☆	Berlinische Leben	☆☆	☆☆☆☆
HUK-Coburg	☆☆☆☆	☆☆	Berlin-Kölnische	☆☆	☆☆
Kravag	☆☆☆☆	☆	Colonia	☆☆	☆☆☆☆☆
Landeslebenshilfe	☆☆☆☆	☆	Condor	☆☆	☆☆☆☆

	Unternehmens-Rating (Bilanzjahre 1987–1996)	BU-Rating (Stand 11/97)		Unternehmens-Rating (Bilanzjahre 1987–1996)	BU-Rating (Stand 11/97)
LVM	☆☆☆☆	☆☆	Deutscher Lloyd	☆☆	☆☆☆☆
Öfftl. Braunschweig	☆☆☆☆	☆	Gothaer	☆☆	☆☆☆☆
ÖVA	☆☆☆☆	☆☆	Hamburg Mannheimer	☆☆	☆☆
Provinz. Düsseldorf	☆☆☆☆	☆☆	Inter	☆☆	☆☆☆☆
Provinzial Kiel	☆☆☆☆	☆☆	Karlsruher	☆☆	☆☆☆☆
R + V	☆☆☆☆	☆☆☆	Mannheimer	☆☆	☆☆☆☆☆
Schweizer Renten	☆☆☆☆	☆☆☆☆☆	Mecklenburgische	☆☆	nicht bewertet
Sparkassenvers. Stuttgart	☆☆☆☆	☆☆	Rheinland	☆☆	☆☆
Sparkassenvers. Wiesb.	☆☆☆☆	☆	Signal	☆☆	☆
Süddeutsche	☆☆☆☆	☆☆	Stuttgarter	☆☆	☆☆☆
Wüstenrot	☆☆☆☆	☆☆	Universa	☆☆	☆☆
Albingia	☆☆☆	☆☆	Vereinte	☆☆	☆☆
Axa Leben	☆☆☆	☆☆☆☆	WWK	☆☆	☆
Concordia	☆☆☆	nicht bewertet	Aspecta	☆	☆☆☆
Continentale	☆☆☆	☆☆☆	Basler	☆	☆☆☆
DBV-Winterthur	☆☆☆	☆☆☆☆	Deutscher Ring	☆	☆☆
Deutscher Herold	☆☆☆	☆☆☆☆☆	Hanse-Merkur	☆	☆
Generali Mün. Leben	☆☆☆	☆☆☆☆	Ideal	☆	☆
KHK	☆☆☆	nicht bewertet	Iduna	☆	☆☆☆☆
Kölner Post	☆☆☆	☆☆	Neckura	☆	☆☆☆
LV von 1871	☆☆☆	☆☆☆☆☆	Nürnberger	☆	☆☆☆☆☆
Münchener Verein	☆☆☆	☆☆	Securitas	☆	nicht bewertet
Nordstern	☆☆☆	☆☆☆☆☆	Volksfürsorge	☆	☆☆

Sortierung nach Unternehmensrating; innerhalb der Klassen alphabetische Sortierung.
Fünf Sterne = stark überdurchschnittlich; ein Stern = stark unterdurchschnittlich.
Quelle: Morgen & Morgen Programme GmbH, Hofheim

Tabelle 22: LV-Rating von Morgen & Morgen.

Die servicestärksten Lebensversicherer

Deutschlands servicestärkste Lebensversicherer sind Debeka, Hannoversche, Cosmos, neue leben und Westfälische Provinzial. Zu diesen Ergebnissen kam der Informationsdienst map-report von Manfred Poweleit (Nr. 42–42/96). Das erfolgreich eingeführte map-Rating von Lebensversicherern wird damit um Kennzahlen zur Servicequalität ergänzte.

Woran ist nun ein servicestarker Versicherer zu erkennen? Nach Meinung von map-report an besonders wenigen unzufriedenen Kunden, die sich beim Bundesaufsichtsamt für das Versicherungswesen (BAV) beschweren oder gar wegen Leistungsverweigerung die Gerichte bemühen.

Für die Berechnung der entsprechenden Quoten forderte map-report die Gesellschaften um Angaben zu Beschwerden, Prozessen und Versi-

Wo gut bedient wird				
Rang		**Servicepunkte**		**Mittelwert**
		m-rating	*p-rating*	
1	Allianz	14	14	14
2	WGV-Schwäbische		14	14
3	Cosmos	14	13	14
4	Hannoversche	13	13	13
5	Süddeutsche	13	13	13
6	Sparkassen Stuttgart	13	13	13
7	Kravag	13	13	13
8	Gerling	13	13	13
9	WWK	13	13	13
10	HUK-Coburg	13	13	13
11	LV 1871		13	13
12	Debeka	13	12	13
13	Saarland	13	12	13
14	Öffentliche Braunschweig	12	13	13
15	DEVK a.G.	12	13	13
16	Zürich	13	11	12
17	Westfälische Provinzial	12	12	12
18	VGH	12	12	12
19	ÖVA	12	12	12
20	Schweizerische Renten	12	12	12
Quelle: map-fax Nr. 42–43/96				

Tabelle 23: Die servicestärksten Lebensversicherer.

cherten. Und erlebte eine faustdicke Überraschung. Originalton des Informationsdienstes: »Kaum ein Lebensversicherer weiß auf Anhieb, wieviel Beschwerden über ihn beim BAV eingegangen sind. Auch die Zahl der gegen die Gesellschaften eingereichten Leistungsprozesse mußten mühsam zusammengesucht werden und kamen für mehrere Jahre kaum zustande.« Schlimmer noch: »Selbst die Anzahl der gegen die Risiken Tod und Invalidität versicherten Kunden, die gemeldeten und ausbezahlten Leistungsfälle waren nur mühsam, stellenweise gar nicht zu beschaffen.«

Poweleit kommentiert dies als »grotesk« und meint: »Wer so wenig über seine Kunden und deren Probleme weiß oder wissen will, sollte wohl einen Begriff wie Kundenorientierung nicht in den Mund nehmen.« Andere Wirtschaftszweige jedenfalls hätten längst erkannt, daß Beschwerden und Prozesse wichtige Informationen über die Schwachstellen der betroffenen Unternehmen liefern.

Zahlreiche relevanten Quoten konnte map-report letztlich aber doch berechnen. Dabei überraschten »häufig kritisierte Unternehmen wie Hamburg-Mannheimer, Deutscher Ring sowie Allianz und WWK mit recht guten Prozeßquoten«. Negativ hingegen bewertet map-report die sehr hohe Anzahl von Prozessen wegen Leistungsverweigerungen in der Berufsunfähigkeitsversicherung. Während bei Marktführer Allianz auf 100 000 regulierte Schäden nur 475 Prozesse kamen, lag der Branchenschnitt bei 1 731 Prozessen, wobei die Spitzenwerte noch weit höher liegen.

In das Rating von map-report sind neben den erwähnten Servicequoten auch Daten zur Anlagerendite, Kosten, Storni sowie Renditen abgelaufener Verträge und aktueller Stand der Gewinnbeteiligung eingeflossen. Insgesamt wurden die Gesellschaften in sieben verschiedene Bewertungsgruppen eingeteilt. Das höchstmögliche Rating mmm erhielten die fünf Gesellschaften Debeka, Hannoversche, Cosmos, neue leben und Westfälische Provinzial. Das zweithöchste Rating mm ging an die Lebensversicherer Süddeutsche, Allianz, Öffentliche Braunschweig, Saarland, Landeslebenshilfe, DBV und Provinzial Kiel.

Anlagepolitik als Auslaufmodell

Der Alptraum des deutschen Aktienmarktes? Die Lebensversicherer setzen zu einem Run auf deutsche Aktien an und treiben damit die Kurse dieses engen Marktes binnen kürzester Zeit so hoch, daß an der Börse nichts mehr läuft. Das wird nicht passieren. Denn von einem wirklich relevanten Investment in Aktien oder Aktienfonds im Rahmen zeitgemäßer Konzepte – ob nun deutsch oder international ausgerichtet – ist das Anlagemanagement der Lebensversicherer weit entfernt. Nicht mal 15 Prozent von den Vermögenswerten der deutschen Lebensversicherer sind derzeit in Aktien investiert (Stand: Ende 1996). Tendenz: Änderungen möglich, aber in einer respektablen Größenordnung wenig wahrscheinlich.

Zu stark sind die deutschen Lebensversicherer von einer Tradition geprägt, in der die Aktie nicht mal den Status eines Investments für Außenseiter hatte. Der Gesetzgeber hatte sie zu einem möglichst risikolosen und eintönigen Anlageverhalten gezwungen. Bis zum Juli 1994 durften Versicherungen lediglich 30 Prozent ihres Vermögens in Aktien anlegen. Grundbesitz und Anteile an Grundstückfonds waren auf 25 Prozent begrenzt, während das Limit für nicht börsennotierte Anteile an Unternehmen, Genußscheinen und Anteilen an Wertpapier- oder Beteiligungsfonds 6,25 Prozent des gebundenen Vermögens betrug. Lediglich 5 Prozent des Vermögens durften im Ausland investiert werden.

Die Unternehmen wußten sich zu helfen, indem jede Versicherungsgesellschaft als Anlagevehikel einen einzigen großen Deckungsstock errichtete, in den man so gut wie alles hineinpackte – Immobilien, Grundpfandrechte, Darlehen, Schuldbuchforderungen, Beteiligungen, Festgeld, Anleihen und die vergleichsweise geringen Aktienbestände. Dieses Vermögen wird nach dem sogenannten Niederstwertprinzip bilanziert. Mit der laufenden Durchschnittsverzinsung nach Verbandsformel können die planmäßigen Grundstücksabschreibungen und die laufenden Aufwendungen zudem noch bis 1997 vom laufenden Bruttoertrag einfach abgesetzt werden. Folge: Alle Aktiva werden zum Buchwert bilanziert und geglättet. Was in den Jahresabschlüssen der Unternehmen an Vermögenswerten auftaucht, hat deshalb mit realistischen, weil marktgerechten Ansätzen in der Regel nur wenig zu tun.[11]

Immerhin stiegen die Lebensversicherer mit ihrem relativ hohen En-

---

11 Die Bilanzen der deutschen Versicherungsunternehmen enthalten riesige stille Reserven; bei den Großen in zweistelliger Milliardenhöhe. So die Allianz AG Holding, Berlin/München, mit einem Volumen von 51,7 Milliarden DM nach Steuern und ohne Berücksichtigung der Anteile für den Bereich der Lebensversicherung. Rechnet man dies auf Aktieneinheiten um, ergibt sich nach einer Branchenanalyse der Bayerischen Vereinsbank AG ein Substanzwert von 2300 DM je Allianz-Aktie. Die Versicherer haben bisher keine detaillierten Angaben zu ihren stillen Reserven gemacht. Seit 1997 müssen sie stille Reserven auf Wertpapiere angeben, das heißt, die zum Anschaffungswert ausgewiesenen Kapitalanlagen sind mit einem Zeitwert zu belegen. Ab 1999 gilt dies auch für die Reserven in den Immobilienbeständen.

gagement in Rentenwerten und Namensschuldverschreibungen zum wichtigsten Abnehmer der von Bund und Ländern aufgelegten festverzinslichen Wertpapiere auf. Bonn revanchierte sich – unter anderem mit dem ständig neu abgesicherten und verfeinerten steuerlichen Privileg der Lebensversicherer. Dabei war dem ehemaligen Bundesfinanzminister Alex Möller, dem Generaldirektor der Allianz- und Münchener Rück-Beteiligung Karlsruher Versicherung, eine wichtige Rolle zugekommen. Dieses insbesondere seinerzeit von Alex Möller befestigte Arrangement erweist sich nun aber als Auslaufmodell.

Die bevorstehende Euro-Währung stattet so gut wie jede Anlage in Festverzinsliche mit einem derzeit nicht einzuschätzenden Risiko aus. Dies zwingt eigentlich zu sachwertnahen Investments wie Aktien. Überdies kann der große, allumfassende Deckungsstock für die Kapitalanlage eines Lebensversicheres nur solange gehalten werden, wie uniforme Massenprodukte dominieren. Jetzt aber erzwingen der deregulierte Markt und der Wettbewerb die Auffächerung des Produktsortiments in unterschiedliche, weil zielgruppenorientierte Angebote. Dazu müssen die Unternehmen mit speziellen Deckungsstöcken (units) arbeiten. Die heute noch übliche Praxis, mit Erträgen aus dem Altbestand die Defizite des Neubestands zu alimentieren, geht dann natürlich auch nicht mehr.

Mittlerweile richten sich schon die Lebensversicherer selbst auf flexiblere Anlagevehikel ein. Denn die deutlich gewordene Offensive der Fondsgesellschaften wollen die Lebensversicherungen mit einer speziellen Arbeitnehmer-Beteiligungspolice kontern. Nach Aussage der Assekuranz soll die Anlage in Aktien bei diesem Produkt wenigstens 36 Prozent betragen. Eine auch nur annähernd so große Gewichtung der Aktienanlage heißt aber Modifizierung des einen großen Deckungsstocks oder Einrichtung neuer spezieller Deckungsstöcke für aktiennahe Produkte – in jedem Fall eine fundamentale Veränderung der Anlagepraxis.

Den aus einer anderen Zeit stammenden heimlichen Privilegierungs-Kontrakt mit den Lebensversicherern hat Bonn praktisch gekündigt. Während man die steuerliche Begünstigung der kapitalbildenden Lebensversicherungen abbaut, werden die Investmentgesellschaften für bestimmte Fonds die seit Jahren diskutierte steuerliche Privilegierung erhalten. Zwar richtete der Bundestagsabgeordnete Friedrich Merz, Obmann der CDU/CSU-Bundestagsfraktion im Finanzausschuß, noch im Dezember 1996 an die Adresse seiner Parteifreunde, des bayerischen Finanzministers Huber und des Bundesfinanzministers Waigel, folgende Aussage: »Die Änderung in der Besteuerung von Vorsorge-Produkten darf kein Instrument zur kurzfristigen Sanierung des Haushalts sein.«

Die Branche steht dennoch unter politischem Druck. Denn trotz der von vielen Politikern und natürlich auch von der Assekuranz selbst geäußerten grundsätzlichen Bedenken gegen eine Abschaffung des KLV-Steuer-Privilegs stehen empfindliche Veränderungen ins Haus. Bundesfinanzminister Theo Waigel reagierte auf die Kritik der Assekuranz mit ungewohnter Härte: »Daß die Versicherungswirtschaft losschlagen würde, hat mich nicht überrascht. Sie tut sich mit ihrer Anzeigenkampagne gegen die Steuerreform keinen Gefallen. Sie wird damit erreichen, daß es sich die Politik gar nicht mehr leisten kann, auf einen solchen Druck zu reagieren. Weil sonst jeder sagen würde: Wer Geld und Kapital hat und sich solche Anzeigen leisten kann, der beherrscht die Politik. Und da fühle ich mich in meiner politischen Ehre und in meiner Souveränität und Unabhängigkeit tangiert.«[12]

Zwar entgegneten dem wiederum viele Abgeordnete mit der Forderung, daß für alte Lebensversicherungsverträge ein »Bestands- und Vertrauensschutz« gelten müsse, weil die Branche sonst mit »Akzeptanzproblemen für die Zukunft« zu rechnen hätte. Aber aufs Ganze gesehen ist die Lebensversicherungs-Branche überall dort mit steuerlichen Problemen konfrontiert, wo ihr Produkt zu nahe bei der Kapitalanlage steht und damit auch mehr als Geldanlage angesehen werden kann. Für den Wirtschaftszweig, der die Rendite seines Standardprodukts KLV in vielen Fällen nur wegen der nach 12 Jahren Laufzeit steuerfreien Erträge auf einen einigermaßen vorzeigbaren Ertrag hochhebeln konnte, brechen damit auch von Seiten des Fiskus problematische Zeiten an.

Was das den Kunden angeht, ob ihn das überhaupt interessiert? Sehr, weil: Oft nur der steuerliche Vorteil zum Abschluß einer KLV motiviert und die Qualität (Rendite) einer Lebensversicherung von der Qualität des Vermögens-Managements des Unternehmens abhängt. Zwar haben viele Versicherungen mit ihrer auf festverzinsliche Papiere und Namenschuldverschreibungen konzentrierten Anlagepolitik in der Vergangenheit ganz ordentlich abgeschnitten. Künftig wird das aber in dem Maße nicht mehr möglich sein. Immer mehr vom bevorstehenden Euro sensibilisierte Kunden werden auch die Anlagestruktur ihres Lebensversicherers beachten und feststellen: Portfolios wie die der Versicherungsgesellschaften, die von Sachwerten zu weit weg sind, enthalten neuartige Risiken. Ein zumindest wahrnehmbares Umschichten solcher Portfolios erweist sich aber für die Versicherer als ausgesprochen problematisches Unterfangen.

Hanns-Jürgen Weigel, Vorstandsvorsitzender der Alten Leipziger Versicherungsgesellschaften und der Hallesche-Nationalen Krankenversicherung, fürchtet, daß eine allzu rasche Ausweitung des Aktienbesitzes der

---

12 Die Welt vom 7.2.1997

Aktien und Investmentanteile untergewichtet			
Bilanzposten	**Neuanlagen 1995 Branche gesamt in Mio DM (Anteile Sparten in %)**	**Bestand 1995 Branche gesamt in Mio. DM (Anteile Sparten in %)**	**Trend***
1. Grundstücke, grundstücksgleiche Rechte u. Bauten**	2 497,2 (1,8)	32 250,7 (4,7)	↓
2. Kapitalanlagen in verbundenen Unternehmen u. Beteiligungen		23 377,3 (3,3)	↗
a) Anteile an verbundenen Unternehmen	1 489,7 (1,1)		↑
b) Ausleihungen an verbundene Unternehmen	2 658,3 (1,9)		↓
c) Beteiligungen	601,5 (0,4)		↑
d) Ausleihungen an Unternehmen, mit denen ein Beteiligungsverhältnis besteht	747,0 (0,5)		↑
3. Sonstige Kapitalanlagen			
a) Aktien, Investmentanteile u. andere nicht festverz. Wertpapiere		88 951,8 (13,0)	↑
• Aktien	5 580,7 (4,0)		
• Investmentanteile	14 343,0 (10,3)		
• Andere nicht festverz. Wertpapiere	1 120,3 (0,8)		
b) Inhaberschuldverschreibungen und andere festverz. Wertpapiere	26 895,9 (19,2)	76 639,2 (11,2)	↓
c) Hypotheken-, Grundschuld- u. Wertpapiere	12 031,4 (8,6)	103 576,3 (15,1)	↓
d) Sonstige Ausleihungen		359 454,6 (52,4)	↓
• Namensschuldverschreibungen	45 581,9 (32,6)		
• Schuldscheinforderungen u. Darlehen	23 229,7 (16,6)		
• Darlehen u. Vorauszahlungen auf Versicherungsscheine	2 546,0 (1,8)		
• Übrige Ausleihungen	166,5 (0,1)		
e) Andere Kapitalanlagen	475,5 (0,3)	2 004,2 (0,3)	→
Gesamt*)**	**139 964,6**	**686 254,1**	

** Schätzungen des Autors bis zum Jahre 2000.*
*** einschließlich der Bauten auf fremden Grundstücken*
**** ohne Depotforderungen, Festgelder, Termingelder und Spareinlagen*
Quelle: Die deutsche Lebensversicherung, Jahrbuch 1996, Stand: jeweils Ende 1995.

Tabelle 24: Neuanlagen und Anlagevermögen der deutschen Lebensversicherer.

Versicherungsgesellschaften wegen der Enge des deutschen Aktienmarktes zum Politikum werden könnte. Was Weigel damit meint, zeigen Berechnungen der BHF Bank. Danach belief sich die Marktkapitalisierung aller deutschen Aktien im Frühsommer 1996 auf 804 Milliarden DM; davon 554 Milliarden DM auf die 30 Dax-Gesellschaften. Der für den Börsenhandel verfügbare Teil der Aktien machte lediglich 295 Milliarden aus. Würden die deutschen Lebensversicherer wie ihre britischen Wettbewerber einen Aktienanteil von 50 Prozent halten, dann besäßen sie bereits 44 Prozent der Marktkapitalisierung aller deutschen Aktien, 64 Prozent der Dax-Marktkapitalisierung und rein rechnerisch 119 Prozent der verfügbaren Dax-Werte. Dem auch nur annähernd entsprechende Aktienkäufe der Lebensversicherer würden den deutschen Finanzmarkt mit einer Spekulationsblase ausstatten, deren Platzen ihn jederzeit zum Kollabieren bringen könnte.

Die alten Knochen

Bei deutschen Lebensversicherern beansprucht die Bearbeitung eines Versicherungsvertrags durchschnittlich 20 bis 40 Arbeitsgänge (10 bis 40 Tage). Und bis die Police schließlich beim Kunden ankommt, vergeht noch mehr Zeit. Mehr als ein ganzes Jahr kann es dauern, bis ein neuer Versicherungstarif auf den Markt gebracht werden kann. Warum so lange?

Die deutschen Assekuranz-Unternehmen sind Gefangene ihrer hohen Fertigungstiefe. »Wer sich als Versicherer auf eine hohe Fertigungstiefe festlegt, muß alles selber machen, von der Tarifentwicklung, der Vertragsverwaltung bis zum Marketing, und auf all diesen Feldern gut sein«, konstatiert einer der besten Kenner des deutschen Lebensversicherungsgeschäft, der frühere Vorstand der Allianz Lebensversicherungs-AG in Stuttgart und Unternehmensberater Prof. Dr. Peter Gessner. »Fakt ist aber, daß sich vor allem bei der Einführung neuer LV-Produkte die herkömmlichen Vertragsverwaltungssysteme der Lebensversicherungsunternehmen mit ihrer beengenden Inflexibilität als das größte Hindernis erweisen.« Denn nach der vollzogenen Deregulierung des Marktes müßten sich die Unternehmen eigentlich mit neuen Produkten, die dem Bedarf ihrer Kunden besser Rechnung tragen, profilieren.[13] Mit den her-

13 Beispielsweise flexible, sich im zeitlichen Ablauf ändernde Leistungsprofile

kömmlichen Vertragsverwaltungssystemen der deutschen Lebensversicherer ist es aber nicht möglich, solche Produkte zu entwickeln.[14] Selbst die Einführung traditioneller Produkte bedingt einen unverhältnismäßig großem Aufwand.

DV-Kosten vor Höhenflügen			
Größenklasse Beitragseinnahmen (BE)	Davon DV-Kosten in %		
	1985	1991	1995
Bis 200 Mio. DM BE p.a.	2,48	3,19	3,81
Bis 1 Mia. DM BE p.a.	1,83	2,17	2,12
Über 2 Mia. DM BE p.a.	1,45	1,81	1,73
Durchschnitt insgesamt	1,97	2,35	2,33

Quelle: Gesamtverband der Deutschen Versicherungswirtschaft (Informationsverarbeitung in Versicherungsunternehmen). Stand: 31.12.1995. Copyright A. Bruer.
Bemerkungen: Die Kosten sind ab Mitte der 80er Jahre deutlich gestiegen. Die seit 1993 zu beobachtende Stabilisierung hängt mit unterlassenen Investitionsvorhaben (Grund: Verunsicherung) und kurzfristig wirksamen Reparatur-Strategien zusammen. Für die nächsten Jahre ist mit enorm steigenden Kosten zu rechnen. Vor allem deshalb, weil die erforderliche DV-Anbindung des Vertriebs dazu zwingt, die Altsysteme durch zukunftssichere Lösungen zu ersetzen. Allein die Kosten für die Übertragung der Altbestände (»Migration«) werden viele Unternehmen in die Knie zwingen.

Tabelle 25: Soviel verschlingt der digitale Stillstand in der Assekuranz

Professor Finsinger, berichtet von dem US-Sachversicherer Secura in Appleton, Wisconsin, der sich 1989 zwecks besserer Kunden-, Markt- und Ergebnisorientierung entschlossen hatte, seine Geschäftsvorgänge effizienter zu gestalten. Hierzu wurden die unteren und vorgelagerten Ebenen der Organisation mit mehr Verantwortung ausgestattet. Wichti-

---

für Todesfall-, Berufsunfähigkeitsschutz bei Offenlegung des Sparvorgangs, gestufter Rechnungszins.

14 Ursache hierfür sind die äußerst detaillierten deutschen Rechnungslegungsvorschriften, die als Teil der Solvenzaufsicht fortbestehen, und mit den die Tarife beschreibenden mathematischen Formeln eine Einheit bilden. Diese Verquickung von Parametern wie Zins und Sterbetafeln mit den Rechenoperationen (Barwertbildung) führte zu der von Gessner genannten »beengenden Inflexibilität«. Effizientes Workflow-Management lassen die antiquierten Vertrags-Verwaltungssysteme (natürlich) nicht zu.

ger Bestandteil dieser organisatorischen Veränderungen war der Einsatz eines neuen Informationssystems, das sich durch folgende Vorzüge auszeichnet:

1. Echtzeitverarbeitung und damit Abschaffung der früheren Wartezeiten in der Antragsbearbeitung.
2. Reduzierung der Arbeitsvorgänge durch Workflow-Management.
3. Automatisierte Risikoprüfung am PC – das System prüft und akzeptiert den Antrag automatisch. An den Sachbearbeiter in der Zentrale geht nur dann eine Nachricht, wenn der Antrag oder die Police von einem Experten beurteilt werden muß.

Finsinger: »Früher bearbeitete die Secura Risikoprüfungen in ihrem Geschäft mit Hauseigentümern ausschließlich manuell. Für das Abarbeiten neuer Policen benötigte man im Durchschnitt 19 Tage. Heute nimmt die Secura manuelle Risikoprüfungen nur noch bei einem kleinen Teil der Anträge vor. Die Bearbeitung der Policen dauert im Schnitt bloß noch neun Tage. Dieser Fortschritt ist beachtlich, wenn man bedenkt, daß es sich bei einem Großteil dieses Geschäftes nicht um standardisiertes Massengeschäft handelt. Für den Versicherer stellte sich der entscheidende Vorteil jedoch bei einer Analyse der Schadensquote heraus. Die war drastisch gesunken, weil für die Prüfung komplizierter Risiken mehr Zeit zur Verfügung stand.«

In dynamischen Wettbewerbsmärkten wie USA, Frankreich oder Großbritannien müssen Versicherer auf Entwicklungen am Markt und ihrer Wettbewerber schnell reagieren können. Deshalb verfügen sie über flexible elektronische Verwaltungssysteme, mit denen neue Produkte innerhalb von wenigen Wochen auf den Markt gebracht werden können. »Dagegen sind die EDV-Systeme der deutschen Versicherer mit den Knochen von Dinosauriern zu vergleichen«, meint Finsinger »Wie und wann können diese alten, hinderlichen Knochen so abgeschmolzen werden, daß der Organismus wieder flexibel wird? Wie ersetze ich die heutigen EDV-gestützten Verwaltungssysteme durch neue und flexible Systeme, ohne die Funktionen der alten Systeme zu verlieren?«[15]

Wer dies versucht, wird wohl den Kampf mit den großen, sich selbst erhaltenden und in der Regel überbesetzten EDV-Abteilungen der Unternehmen aufnehmen müssen. Denn die deutschen Versicherer sind ja auch Software-Produzenten. Sie produzieren und pflegen eigene EDV-Systeme, die zu nichts in der Welt, oft nicht mal zu sich selbst kompati-

---

15 In der Fachsprache heißt das Problem der Anpassung und Übertragung von Software Migration.

bel sind. Dies, die Produktion eigener Software-Systeme, belegt dann nur auf extreme Weise die außerordentlich große und unnötige Fertigungstiefe.

Denn ein Unternehmen sollte doch nur dort selbst aktiv werden, wo seine Kernkompetenzen liegen. Gehört die Entwicklung eigener EDV-Systeme zu den Kernkompetenzen eines Versicherers? Nein, denn er sollte versichern und nicht Software produzieren. Indem es die deutsche Assekuranz dennoch tut, befindet sie sich in einem Gehäuse der Hörigkeit, das sie, wie bei der Antragsbearbeitung gezeigt, in Permanenz zu der Entdeckung der Langsamkeit zwingt.[16]

»Warum führte die Evolution zum Dinosaurier«, fragt Finsinger. »Warum entwickelte sich die EDV der deutschen Versicherer zum Hindernis für flexible Marktreaktionen?« Sein Antwort: »Solche Fehlentwicklungen gedeihen in der stabilen Welt des Überflusses, deren Ende erst im Jahre 1994 mit der Liberalisierung begann. In anderen Ländern mit freien Bedingungswerken war die rasche Produktgestaltung eine der wichtigsten Eigenschaften des Wettbewerbs. Deshalb waren die Versicherungsprodukte ebenso vielfältig wie andere Produkte, etwa aus dem Konsumgüterbereich.« Und folglich dominieren dort Verwaltungs- und EDV-Systeme, die eine möglichst schnelle Einführung und Bearbeitung von Produkten gewährleisten.

Klaus Bohn, Mitglied des Vorstands der Mannheimer Versicherungen, erläutert die Vorteile eines modernen Systems, das in seinem Unternehmen unter der Bezeichnung »Insurance 3000« eingerichtet wurde. »Ziel war die Trennung von Produkt und Bestand. Das Produktmanagementsystem liefert dabei die Produktinformation und ersetzt den spartenspezifischen Bestand, während der spartenübergreifende Bestand sämtliche allgemeine Vertragsdaten enthält. Jedes Produkt und Dienstleistungsangebot wird über die Bausteine Gefahrentyp, Schadentyp, Leistungstyp und Objekttyp definiert. Dank der Produktentwicklung durch Produktmodellierer kann jedes Produkt innerhalb von drei Stunden eingeführt werden.« Daß der Weg dahin nicht so einfach ist, gibt allerdings auch Bohn zu. »Anfangs war es schon schwer, den Leuten klarzumachen, daß

16 Wenn Versicherer 70 bis 80 Prozent ihrer EDV-Ressourcen nur zur Wartung der alten Systeme verwenden, was in Deutschland nicht ungewöhnlich, dann ist das ein Alarmsignal. Versicherer sollten, wie dies in Großbritannien und den USA schon seit langem der Fall ist, besser Standardsoftware kaufen, die dann an die spezifische Situation angepaßt werden kann. Die alten selbstgefertigten EDV-Systeme sind, weil inflexibel, wartungsintensiv und zu teuer, nicht mehr konkurrenzfähig.

Erfolgreiches Marketing von Versicherungsprodukten	
Gestern	***Heute***
Produktverkauf	Verkauf individueller Problemlösungen
standardisierte Auftragsabwicklung	schnelle und flexible Bearbeitung
Informationsweitergabe	Informationsmanagement real-time, just-in-time
klassische Kommunikation	neue Kommunikationstechnologien
Massen-Marketing	Mikro-Marketing
Streben nach Marktanteilen	Positionierung in unterschiedlichen Teilmärkten
Ausrichtung auf Massenkundschaft	Zielgruppen-Orientierung
Verwaltung von Policen-	Service und Kundennähe
Verwalter«	»Unternehmer«
Neukundengewinnung	Kundenbeziehungsaufbau
Vertriebspower	Qualitätsmanagement
Quelle: Handbuch Management Versicherungsvertrieb, Wiesbaden 1995, S. 16	

Tabelle 26: Worauf es in der Assekuranz ankommt.

ein Lebensversicherungsprodukt auf die gleiche Weise wie eine Kfz-Versicherung darzustellen sein soll.«

Mit »Insurance 3000« kann die Mannheimer Gesellschaft in Ruhe dem Jahr 2000 und der Umstellung auf den Euro entgegensehen. »Uns schwebte immer so etwas Einfaches wie Lego vor«, beschreibt Bohn das Ziel. »Wir wollen neue Produkte flexibel entwickeln, schnell policieren und wir brauchen eine benutzerfreundliche dialogorientierte Bestandsführung mit dezentraler Rundum-Sachbearbeitung und Bürokommunikation, optischer Archivierung und Workflow-Management.«

Bisher waren bei der Mannheimer wie bei der Mehrzahl der deutschen Versicherer sowohl Produktentwicklung/Produktmanagement als auch Bestandsführung traditionell nach Sparten getrennt. Ein aus Lebens-, Sach- und Krankensparten konstruiertes »Markenprodukt« war also ebenso kompliziert wie kostenträchtig zu entwickeln und zu verwalten. Die Sachbearbeiter brauchen für fünf Sparten oft auch fünf verschiedene Dialoge. Jetzt gestaltet und verändert die Fachabteilung der Mannheimer selbst, was für den Kunden gut ist, und braucht dafür nicht einmal mehr die DV-Kollegen.

Finsinger: »Im nunmehr deregulierten Markt müssen alle deutschen Versicherer an Flexibilität gewinnen. Und obwohl hierzu neue Systeme dringend benötigt werden, fehlen die Ressourcen dafür. Deshalb müssen die Versicherer außerhalb ihrer DV-Abteilungen danach suchen. Denn etwas völlig Neues zu erstellen, scheint leichter zu sein als die Reform eines alten Systems, die Umstellung der EDV oder die Migration in die neue Welt der relationalen Datenbanken.«

Fazit: Die von der relativ neuen Wettbewerbssituation diktierten Veränderungen werden in den Lebensversicherungsunternehmen Deutschlands zu der Beseitigung der herkömmlichen Arbeitsteilung zwischen Innen- und Außendienst führen. Die Mächtigkeit der modernen EDV-Systeme beschleunigt die Verlagerung von Kompetenzen und Aufgaben an den Vertrieb, an den Point-of-Sale.

Herausforderungen für die Lebensversicherer

1. Restrukturierung des Geschäftssystems insbesondere der Geschäftsprozesse. Abbau der starren Arbeitsteilung zwischen Innendienst und Außendienst.
2. Umbau der Unternehmen, Abbau von Hierarchien und antiquierter Spartentrennung (zügige Produktentwicklung, präzise Vertragsannahme, kontrollierte Bestandsverwaltung, diversifizierte Vertriebssteuerung für unterschiedliche Vertriebswege bis hin zu Marketing und Auftreten am Markt als einheitliches Unternehmensziel.
3. Angebotspalette überdenken; in Teilbereichen ausdünnen, in anderen erweitern.
4. Alle Aktivitäten aufgeben, die sich nicht direkt auf die Kundenzufriedenheit auswirken oder für den Geschäftsverlauf nicht unbedingt erforderlich sind. Denn der Impulsgeber für eine Leistung des Unternehmens kann nur der Kunde sein.
5. Auf der Basis von Bestandsbereinigung und Spezialisierung auf Zielgruppen (z. B.: Freiberufler, Beamte, Handwerker) das Geschäft in Teilmärkte segmentieren, um so den für jeden Bereich unterschiedlichen Erfolgsfaktoren gerecht zu werden.
6. Wandel der Unternehmenskultur im Einklang mit den Unternehmenszielen. Beispielsweise festlegen, ob man als Billiganbieter oder Qualitätsanbieter für genau definierte Kundensegmente auftritt.

7. Verkaufsmannschaft auf Kompetenz und Serviceorientierung ausrichten (durch Ausbildung, intensivere Unterstützung und gezieltere Honorierung anhand der Qualität des vermittelten Bestands.

Neue Fabriken

Zwei, auch für die Banken gültige Trends werden noch weit über die Jahrtausendwende hinaus für die Lebensversicherer kennzeichnend sein: Immer weniger Mitarbeiter und immer mehr Unternehmenszusammenschlüsse. Schon 1994 fielen von den 259000 Arbeitsplätzen in der Branche insgesamt rund 5000 weg.[17] Harold Henke von der Gewerkschaft Handel, Banken und Versicherungen (HBV), nennt folgende Gründe: Verlagerung des Versicherungsgeschäfts von festangestellten Arbeitnehmern auf freiberuflich tätige Handelsvertreter, Umschichtung der Vertragsbearbeitung auf den Außendienst sowie Standardisierung von Arbeitsabläufen.

Der Abbau von Arbeitsplätzen hält an. Seit 1995 berichtet fast jedes Unternehmen von Schließungen bei den Bezirksdirektionen und Filialen sowie von Ausgliederungen bestimmter Betriebs- und Servicebereiche. Bei ihren Bilanzpressekonferenzen sprechen die Unternehmen inzwischen ungewohnt offen von geplanten oder bereits eingeleiteten Reduzierungen der Mitarbeiterzahlen. Allein in Berlin werden nach Einschätzung der HBV 30 Prozent aller Arbeitsplätze im Versicherungsgewerbe verlorengehen.

Den Berliner Mitarbeitern der R+V Versicherungen wurde bereits eröffnet, daß bis 2001 rund 80 Prozent der 150 Arbeitsplätze in der Berliner Verwaltung abgebaut werden könnten. Der Gesamtverband der deutschen Versicherungswirtschaft dementiert die HBV-Schätzung von 30 Prozent weniger Arbeitsplätzen. Das beziehe sich nur auf einzelne Unternehmen, sagte eine Sprecherin. Tatsache: Die Zahl der Versicherungs-Angestellten sank in den Jahren zwischen 1992 und 1996 bundesweit von 259 Tausend auf 245 Tausend. Die Zahl der Ausbildungsplätze

17 Die Zahl 259000 bezieht sich nicht nur auf Leben, sondern auf alle Sparten. Zu diesen Festangestellten kommen im Vertrieb rund 300000 Frei- und Nebenberufler.

ging im selben Zeitraum um 25 Prozent zurück. Die Fusionen einiger Gesellschaften zu riesigen Konzernen, die im Juni/Juli 1996 begonnen hatten, dürften dazu führen, daß die Schätzungen der HBV noch weit übertroffen werden.

Selbst (noch) wachstumsstarke Konzerne wie der Deutsche Herold, die Versicherungsgruppe der Deutschen Bank, arbeiten an Programmen zur Steigerung der Effizienz. So will der Herold bis 1998/99 rund 750 Stellen und 80 Millionen DM einsparen. »Der geplante Abbau von Arbeitsplätzen im gesamten Bundesgebiet entspricht etwa 25 Prozent der festangestellten Mitarbeiter«, bestätigt Hans Dieter Ritterbex, der Vorstandsvorsitzende der Versicherungsholding der Deutschen Bank AG, Bonn.

»Die Versicherer sind eben nicht mehr die Branche, die ein wachsendes Geschäft mit der Schaffung von Arbeitsplätzen begleiten kann«, resümiert Bernd Michaels, Präsident des Gesamtverbandes der deutschen Versicherungswirtschaft. Der Wettbewerbsdruck zwinge jetzt alle Unternehmen zur Rationalisierung.

Weniger Arbeitsplätze in der Versicherungswirtschaft

	Zahl der benötigten Arbeitsplätze	Zahl der möglicherweise nicht mehr benötigten Arbeitsplätze
Frankreich	122 000	
Deutschland	146 267	104 294
Großbritannien	103 046	90 985
Schweiz	27 792	8 718
EU	566 361	345 210

Erläuterungen: Überzählige Beschäftigte in der europäischen Versicherungsbranche gemessen an der Produktivität im französischen Assekuranz-Geschäft. Die Summe aus beiden Spalten ergibt für die einzelnen Länder die Gesamtzahl der Beschäftigten im Jahre 1994.

Hans-Peter Martin und Harald Schumann nehmen in ihrem Buch »Die Globalisierungsfalle« Frankreich als Maßstab (94er Prämieneinnahmen pro Mitarbeiter: 902 504 US-Dollar), weil Bank- und Versicherungsgeschäfte dort meist schon in sogenannte Allfinanz-Unternehmen integriert sind. Diese integrierten Unternehmen benötigen insbesondere für den Vertrieb von Versicherungsverträgen erheblich weniger Mitarbeiter (Angestellte wie freiberufliche Vertreter). Eine ähnliche Integration der Vertriebs- und Verwaltungsarbeit wird es auch in der deutschen Finanzbranche geben.

Hans-Peter Martin, Harald Schumann: Die Globalisierungsfalle, Reinbek bei Hamburg 1996, S. 151.

Tabelle 27: Benötigte und überflüssige Arbeitsplätze in der Assekuranz.

Der Trend ist eindeutig. Die Branche wird ihren Personalbestand innerhalb weniger Jahre von derzeit knapp 250 000 auf weit unter 200 000 drücken. Das Szenario: Bis zum Jahre 2000 werden von derzeit rund 130 Anbietern nur noch einige wenige Konzerne, bestenfalls ein Dutzend, die gesamte Leistungspalette eines Lebensversicherers anbieten können. Alle anderen Unternehmen werden mit Wettbewerbern Bündnisse schließen, Teile der bisher noch selbständig erledigten Arbeiten auf gemeinsame Abwicklungs- und Verwaltungszentren verlagern oder als selbständige Betriebe von der Bildfläche verschwinden. Als Zwischenlösung gegenüber vollständigen Fusionen werden insbesondere in der Bestands- und Vertragsverwaltung Abwicklungsfabriken entstehen, die ihre Serviceleistungen für eine Vielzahl von Unternehmen erbringen.

Beispiel: die zahlreichen kleinen Versicherungsvereine auf Gegenseitigkeit (VVaG) wie Ideal, Inter oder Größere wie Berlin-Kölnische, Gothaer, Iduna. Diese Vereine sind vergleichsweise schwach kapitalisiert und haben kaum Möglichkeiten zur Kapitalbeschaffung an den Finanzmärkten. Trotzdem leistet sich fast jeder ein eigenes (in der Regel hoffnungslos antiquiertes) Rechenzentrum, das Jahr für Jahr zweistellige Millionenbeträge verschlingt. »Nur damit diese trostlosen Kästen noch einigermaßen funktionsfähig bleiben, müssen wir Unmengen von Geld ausgeben«, klagt der Vorstand eines Lebensversicherungsvereins auf Gegenseitigkeit.

Weil dieses Geld »dann an anderen Stellen fehlt«, hofft er, daß neue, mit dem aktuellen Stand der Technik arbeitende Abwicklungsfabriken als Servicestationen für mehrere Unternehmen »diesen unternehmensspezifischen Wildwuchs« demnächst verdrängen werden. Zwar pochen viele Unternehmen noch auf ihre Selbständigkeit und wollen an ihrer Fähigkeit zur Eigenleistung festhalten.[18] Aber bei steigenden Kosten sind die sinkenden Einnahmen ein denkbar wirkungsvolles Druckmittel zur Verlagerung der Arbeit auf modernere und größere Abwicklungseinheiten.

»Noch haben die Unternehmen gute Reserven«, kommentiert Heinrich Focke, Vorstandsvorsitzender der Zürich-Agrippina Beteiligungs-AG, Frankfurt a. M. »Aber mit zeitlicher Verzögerung wird es zu Schwierigkeiten kommen. Keine spektakulären Zusammenbrüche, vielmehr werden ertragsschwache Unternehmen ohne strategische Ausrich-

18 Die hohe Fertigungstiefe der deutschen Lebensversicherer führt natürlich auch zu sozialpolitischen Problemen. Was soll mit den überbesetzten DV-Abteilungen geschehen? Die unvermeidlichen Sozialpläne werden in jedem Fall teuer.

tung von anderen übernommen.« Fockes (noch sehr optimistische) Schätzung: »In zehn Jahren wird es in Deutschland ein Drittel weniger Versicherer geben.« Vor diesem Hintergrund wirken der Zusammenschluß von zwei vergleichsweise großen deutschen Gesellschaften und eine Fusion mit globalem Akzent bereits wie die Ouvertüren zu einer Massenbewegung.

Neue Unternehmen

Dezember 1996, Gothaer Versicherungen und Berlin-Kölnische Versicherungen (BK oder BeKö) bestätigen, daß sie sich bis Sommer 1997 in dem Gleichordnungskonzern Parion zusammenschließen wollen. Gothaer (Beitragseinnahmen 1996: 5,4 Milliarden DM) und Berlin-Kölnische (1,35 Milliarden DM) bilden damit am deutschen Erstversicherungsmarkt den größten Gegenseitungsverein (VVaG). Mit den für 1997 angestrebten sieben Milliarden DM Prämienvolumen rückt der neue Verbund, auf den Namen Parion getauft, in die Gruppe der zehn größten deutschen Erstversicherungen auf. Gothaer-Vorstandschef Dr. Wolfgang Peiner und BK-Vorstandschef Horst W Fossen: »Es gibt klare Absichtserklärungen«.[19]

Die vier VVaGs (BK-Kranken, BK-Leben, Gothaer-Leben und Gothaer Versicherungsbank) ziehen unter ein gemeinsames Dach. Die Aktiengesellschaften der beiden Konzerne (Veritas, Gothaer Allgemeine, BK-Sach) werden an eine Zwischenholding, die heutige Gothaer Finanzholding AG angehängt. »Parität in den Entscheidungsgremien ist allerdings die Grundvoraussetzung für den Zusammenschluß«, stellt Fossen fest. Deshalb soll bei paritätisch besetzten Leitungsgremien jede Gesellschaft nur jeweils eine Stimme in Dachgesellschaft und Holding haben.

Grundsätzlich sollen im Endstadium der Konzernbildung die Infrastrukturen der Risikoträger zusammengeführt und die Vertriebe reorganisiert werden, die Marken aber erhalten bleiben. Weil aber das Ganze nur dann Sinn macht, wenn dadurch die Strukturen optimiert werden, soll es auch zum Abbau von Doppelarbeit und der Nutzung von Größenvorteilen kommen. Beispiel Schadenmanagement: bald bei allen Gesellschaften des neuen Konzerns identisch; Beispiel Angebots-, Bestandsverwaltungssysteme sowie EDV insgesamt: möglichst gemeinsame Nutzung.

19 Handelsblatt, 17.12.1996

Noch arbeiten BeKö wie Gothaer, die übrigens mit der Berliner Bank verbunden ist, hier mit alten Systemen, quasi aus der Steinzeit der DV. Während bei der Berlin-Kölnische eine neue Infrastruktur noch nicht in Sicht sind, begann die Gothaer 1997 mit der Installation eines neuen Systems, das einschließlich der Übertragung der Altbestände bis 1998/99 rund 40 Millionen DM kosten dürfte. Arbeits- und Kostenteilung mit der BK könnten dieses Investment erleichtern. Darüber hinaus, so die Ausführungen in einem Mitarbeiterbrief, sind »einheitliche regionale Einteilungen« und »sinnvolle Verdichtungen« in zentralen Bereichen vorgesehen. Damit steht auch die Zusammenlegung von Standorten an. Ergebnis: Abbau von Arbeitsplätzen. BeKö-Chef Fossen weist darauf hin, daß bei zusammen insgesamt 6 500 Mitarbeitern allein über natürliche Fluktuationen in den nächsten drei Jahren bis zu 1 000 Arbeitsplätze eingespart werden können. Köln wird Sitz der Konzernzentrale Parion und der Schaden-, Kranken- und Direktversicherung, Göttingen das Zentrum für Lebensversicherung und Kapitalanlagen.

Nicht weit von den Kölner Zentralen der BK und Gothaer entfernt, hatten sich die beiden Versicherungen Nordstern und Colonia schon vor längerer Zeit auf ein Zusammengehen in der neuen Gruppe CKAG Colonia Konzern AG verständigt. Jetzt werden rund 10 000 Mitarbeiter in insgesamt 750 Leitbild-Workshops auf die neue Situation der Assekuranz eingeschworen. Ziel des Ganzen: verbesserte Kundenorientierung und ein permanenter Verbesserungsprozeß. Konzern-Chef Claas Kleyboldt gab im Februar 1996 den Startschuß »für die aktive Auseinandersetzung aller Mitarbeiter mit den Inhalten des Leitbilds«. Die entscheidenden Fragen: »Wo stehen wir heute? Was wollen wir vordringlich verbessern? Wo wollen wir hin?«

Zu dem »Wollen« der Kölner kam aber auf neue Weise bald die Frage des Könnens hinzu. Denn darüber wird nicht mehr in Köln allein, sondern zunehmend intensiver in Paris entschieden. Die CKAG ist seit Ende 1996 Teil des größten Versicherungskonzerns in Europa und eine der größten Kapitalsammelstellen der Welt. Axa und Union des Assurances de Paris (UAP), Frankreichs größte Versicherer, haben sich auf eine der aufsehenerregendsten Allianzen verständigt. In diese Verbindung bringt die UAP ihre Mehrheitsbeteiligung an dem Kölner Versicherungskonzern ein. Die UAP alleine war für die Kölner in den vergangenen Jahren ein äußerst umgänglicher Eigentümer, weil sie mit eigenen Problemen in Frankreich voll beschäftigt war und dem Colonia- wie dem Nordstern-Management weitgehend freie Hand ließ. Dies ändert sich. Denn mit Axa-Chef Claude Bébéar betritt einer der agressivsten Versicherungs-Manager weltweit die Bühne.

Wie Bébéar aus einer winzigen Klitsche in der französischen Provinz einen der größten Versicherungskonzerne der Welt aufbaute, ist eine Geschichte für sich, die in ihrer Beispielhaftigkeit noch vielen deutschen Versicherungs-Vorständen den Schlaf rauben wird – zumindest den Jüngeren, weil die 60jährigen ihrem wohldotierten Ruhestand mit vergleichsweise großer Ruhe entgegensehen können. Seit Bébéar 1975 die Leitung der unbedeutenden Ancienne Mutuelle, wie viele deutsche Versicherer ein Verein auf Gegenseitigkeit, übernahm, ging es Schlag auf Schlag.

Ende der 70er Jahre fusioniert die Ancienne Mutuelle mit mehreren Versicherungsvereinen zu Les Mutuelles Unies. Nach weiteren Übernahmen in Frankreich, England und USA hält Bébéar den Firmennamen für antiquiert. Er will eine Bezeichnung, die »kurz, mit A beginnen und in jeder Sprache ähnlich auszusprechen« sein soll. Mit dieser Vorgabe schießt sich der passionierte Jäger Bébéar schließlich auf den Namen Axa ein. Die Axa ist bereits einer der größten und profitabelsten Assekuranz-Konzerne Europas, der aber in Deutschland mit eigenen Gesellschaften nicht viel zustandebringt, als sich der Jäger Bébéar an die größte Beute heranpirscht und im Frühjahr 1996 die UAP ins Visier nimmt.

»Wenn Claude Bébéar ein Opfer erst einmal im Visier hat, kommt Flucht nicht mehr in Frage«, schrieb die Zeitschrift FINANZEN.[20] »Der Mann ist leidenschaftlicher Großwildjäger. In seiner Freizeit bringt der Präsident der französischen Versicherungsgruppe Axa vor allem Antilopen zur Strecke – während der Arbeitszeit konkurrierende Konzerne. Im November 1996 verkündete Bébéar seinen bislang größten Triumph – die Fusion mit dem französischen Marktführer Union des Assurances de Paris (UAP). Fusion? Von wegen. Es war eine Übernahme... *Hallo Jacques! Hier ist Claude!* So beginnt im November per Telefon eine der größten Fusionen der europäischen Firmengeschichte. Binnen dreier Tage ist der Deal unter Dach und Fach. UAP-Chef Jacques Friedman macht gute Miene zum bösen Spiel.«

Denn im Gegensatz zur Axa ist die in Frankreich etwa ebenso große UAP (Union Assurance de Paris) trotz ihrer enormen Größe vergleichsweise schwach. Der frühere Staatskonzern hat sich an Immobilien-Geschäften mächtig verhoben und kann seinen Aktionären nur vergleichsweise kümmerliche Renditen bieten. Zudem agiert die UAP im Assekuranzgeschäft mindestens so langsam, phantasielos und unbeweglich wie dies für fast alle deutschen Versicherer bis 1993/94 typisch war.

Bébéars Vorstoß wird bei der UAP zunächst als »Affront des Emporkömmlings« empfunden. Aber der UAP-Vorstand knickt schnell ein, als

---

20 Der Unersättliche (Porträt: Claude Bébéar), FINANZEN, Nr. 3/1997, S. 114 ff.

Bébéar erklärt, die Axa sei stark genug, um den Wettbewerber auch gegen dessen Willen zu übernehmen. Ergebnis: Eine Fusion in Frieden erscheint dem Übernahmekandidaten bald sinnvoller als ein aussichtsloser Abwehrkampf. Axa und UAP modellieren die faktische Übernahme der UAP in die Sprachregelung »Fusion unter Gleichen« um, was Kenner der Unternehmen mit mehr oder weniger vernehmlichem Gelächter quittieren.

Ohnehin hat die UAP keine andere Wahl, nachdem die Konditionen für die Aktionäre bekannt werden. Zehn UAP-Aktien können gegen vier Axa-Papiere und vier weitere mit Wertgarantieen umgetauscht werden. Nach diesem Angebot setzt ein Run der UAP-Aktionäre ein. Innerhalb kurzer Zeit wandern rund 50 Prozent aller UAP-Aktien in das Portefeuille der Axa.

Damit hat auch die bald in Axa-Colonia umbenannte Colonia Gruppe in Köln einen neuen Mehrheitsgesellschafter. Und dem Colonia/Nordstern-Vorstand blieb nichts anderes als auf das Verschwinden des französischen Großaktionärs UAP in der »Umarmung« der Axa mit der Hoff-

Die größten Versicherungen Europas		
Unternehmen	Land	Beitragseinnahmen in Mio. DM*
Axa-UAP, Paris:	F	97 260
Allianz AG Holding, München	D	74 630**
Zürich Financial Services Group, Zürich	CH	70 000
Assicurazioni Generali, Triest	I	34 054
MünchenerRückversicherungsges., München	D	32 181***
Winterthur, Wintherthur	CH	31 631****
CNP Assurances, Paris	P	29 406
Prudential Corp., London	GB	27 185*****

* *Geschäftsjahr 1996*
** *Einschließlich der Ende 1997 erworbenen französischen AGF kommt die Allianz auf Beitragseinnahmen von 110 Milliarden DM und ist damit vor der Nippon Life aus Japan auch der größte Versicherungskonzern der Welt*
*** *Geschäftsjahr 1996/97*
**** *Ohne Credit Suisse*
***** *Ohne Scottish Amicable*

Tabelle 28: Europas Assekuranzunternehmen im Höhenrausch.

nung zu reagieren, daß die »dezentrale Unternehmenspolitik fortgesetzt wird«.

Auch dieser Vorgang ist exemplarisch. Denn:

- Eine Handvoll großer, jeweils mit Banken verbundener Versicherungsgruppen wird das Massengeschäft in Deutschland dominieren.
  Allianz – u. a. mit Dresdner Bank, Bayerische Hypo- und Vereinsbank, Herold, Gerling – Deutsche Bank
  DBV-Winterthur – Commerzbank und Crédit Suisse (früher Schweizerische Kreditanstalt, SKA)
  R+V – Volksbanken, Raiffeisenbanken, Sparda-Banken
  Axa/UAP – Compagnie Financière des Paribas, Banque Nationale de Paris. Von der Colonia kommt eine langjährige Zusammenarbeit mit dem Bankhaus Oppenheim, Köln, und eine zehnprozentige Beteiligung an der Schmidt-Bank, Hof, die der Metallgesellschaft Ende 1996 die Metallbank abkaufte.
- Mittelgroße Gesellschaften müssen zusammenrücken – ob nun durch Fusionen oder bloß mit Kooperationen in einzelnen Bereichen. Anders wird beispielsweise der teure Übergang auf moderne DV-Systeme nicht zu schaffen sein.
- Kleine Gesellschaften haben nur noch als Nischen- und Spezialitäten-Anbieter eine Chance.

Immerhin sind die durch größere Einheiten entstehenden Kostenvorteile enorm. Die Frankfurter Zürich und die Kölner Agrippina vereinten sich Ende 1995. Seitdem legten sie teure Abteilungen wie EDV, Personal, Revision und Kapitalanlage zusammen. Jahr für Jahr werden dadurch 70 Millionen DM weniger ausgegeben. Die DBV-Winterthur, die 1996 aus der Wiesbadener DBV und der Münchner Winterthur entstand, stutzte ihre einst fünf Vermittlereinheiten auf eine Stamm-Organisation und einen Maklerverbund zurück. Geschätzte Einsparungen durch weitere Zentralisierungen: 100 Millionen DM. Vorteile von insgesamt 400 Millionen DM hat die Aachener-Münchener-Gruppe errechnet, sobald sie die AM-Unternehmen, die Thuringia, die Volksfürsorge, die Cosmos-Gesellschaften, die Central Krankenversicherung und die Badenia Bausparkasse in einem Vertragskonzern zusammenbindet.

Noch mehr sparen soll Ergo. Die um die Victoria und Hamburg-Mannheimer entstandene neue Gesellschaft will die Kosten jährlich um mehr als 150 Millionen Mark reduzieren.[21] Bei einer Veranstaltung Anfang Juni 1997 im Frankfurter Börsensaal hatte sich Edgar Jannott, der

21 Wirtschaftswoche, Nr. 29/10.7.1997, S. 46.

Vorstandsvorsitzende der Düsseldorfer Victoria, noch gewunden und gedreht. Fragen von Analysten beantworte er »merkwürdig nebulös«, erinnerte sich ein Teilnehmer. Mit gutem Grund, denn seit Monaten fanden zwischen Victoria-Chef Jannott, der DKV Deutsche Krankenversicherung und der Hamburg-Mannheimer Gespräche statt. Seit Anfang 1997 hatte es um den Düsseldorfer Versicherungskonzern immer wieder Verkaufs- und Übernahmegerüchte gegeben. Und immer wieder hatte Jannott dementiert. Die mit 18,2 Prozent an der Victoria Holding beteiligte Münchener Rückversicherung werde nicht verkaufen.

Dies war durchaus zutreffend. Denn Hans-Jürgen Schinzler, Vorstandsvorsitzender der Münchener Rück, hatte anderes vor: Die Vereinigung von Victoria, DKV Deutsche Krankenversicherung und Hamburg-Mannheimer. Im Juli war es so weit. Die Versicherungschefs gaben den Zusammenschluß der Unternehmen zur Ergo-Versicherungsgruppe bekannt. Der neue Konzern, Hauptsitz in Düsseldorf, rückt mit Beitragseinnahmen von 21 Milliarden DM hinter der Allianz auf die zweite Stelle im deutschen Versicherungsmarkt vor.

Der Zusammenschluß des größten Rechtsschutzversicherers mit dem größten privaten Krankenversicherer und dem zweitgrößten Lebens- und Unfallversicherer Deutschlands vereint, bringt vor allem Schinzler, dem Chef des Münchener Versicherers der Versicherungen Vorteile. Die Münchener Rück ist an allen drei Ergo-Partnern beteiligt. Ohne eine einzige DM zu bezahlen, sichert sie sich die Mehrheit an der Victoria, und bewahrt diese vor der Übernahme durch einen ausländischen Großaktionär. Die Hamburg-Mannheimer – die Gesellschaft, die einst mit dem Herrn »Kaiser« geworben hat – rundet ihr Sachversicherungsgeschäft ab. Und die DKV gewinnt zusätzliche Vertriebspartner. So entsteht ein neues Versicherungs-Konglomerat mit enormer Finanzkraft, aber mit einem noch größeren Bedarf an zeitgemäßer Ausrichtung.

Keine der beiden involvierten Lebensversicherungsgesellschaften kann als wirklich leistungsstark bezeichnet werden. Noch in jedem Ranking belegen sie die hinteren Plätze.

Denn alle diese und noch mehrere andere aus der spät motivierten »Haltung des Gigantismus« geborenen neuen Bräute der Assekuranz treten in ein Zeitalter ein, in dem sie eigentlich schon von gestern sind. Zu antiquiert ist das Produkt- und Serviceverständnis. Zu groß und zu unbeweglich wirken die Vertriebsapparate. Und zu sehr ist ihre interne Ausrüstung einer Welt verhaftet, die sich auflöst.

»Können wirklich nur Versicherer versichern?«, fragt Harold Kluge, Vorstandsvorsitzender der Deutscher Lloyd Versicherungsgruppe in München. Und antwortet mit einem ausgesprochen düsteren Blick in die Zukunft der Assekuranz: »Wenn im Märchen vom gestiefelten Kater die Frage gestellt wurde, wem dieses prächtige Schloß gehört, so wurde wie selbstverständlich geantwortet: Dem Herrn Grafen. Wenn in den letzten 50 Jahren angesichts eines 30stöckigen Stahl-Glas-Büroturms jemand die gleiche Frage stellte, so gehörte dieser Büroturm im Regelfalle nicht dem Herrn Grafen, sondern irgendeiner großen Bank oder Versicherungsgesellschaft. Sollte jemand in 50 Jahren die Frage wieder stellen, so könnte die Antwort lauten, daß dieses prächtige Gebäude irgendeinem Unternehmen aus dem Medienbereich oder der Unterhaltungsindustrie gehört. Sollte dann jemand, dem zufälligerweise das Jahrbuch 1996 des Gesamtverbandes der Deutschen Versicherungswirtschaft in die Hände fällt, fragen: Was ist eigentlich aus den großen Versicherern geworden?, so könnte die Antwort durchaus lauten: Wen meinen Sie?«

Nun, 50 Jahre, da ist noch lang hin. Auch mag es sein, daß Prognosen à la Kluge derzeit absurd erscheinen. Kann eine so bedeutende Branche jemals in die Bedeutungslosigkeit versinken? Kluge meint, »ja, sie kann.« Zwar gelte dies nur für die Branche in ihrer heutigen Form, weil die von der Versicherungswirtschaft geleistete Grundfunktion (Absicherung gegen Risiken wie Vermögensverluste und Erkrankungen) auch künftig jemand übernehmen muß. Kluge: »Es fragt sich nur von wem?« Viele Funktionen, die die Versicherungswirtschaft in ihrer heutigen Struktur leistet, könnten künftig Unternehmen aus anderen Branchen liefern.

Schon jetzt ist klar, daß die Policen-Anbieter der herkömmlichen Art künftig Zulieferer von Teilprodukten für andere Assekuranz-Unternehmen, Banken und Vertriebsorganisationen sein werden. Oder umgekehrt, einen Teil der Leistungen, die sie heute noch als klassische Versicherer erbringen, künftig nicht mehr selber herstellen, sondern hinzukaufen. Kluges Fazit: »Assekuranzgesellschaften werden damit zu virtuellen Unternehmen, die aus einer Reihe auf dem Markt zusammengekaufter Teilprodukte das Angebotsbündel Versicherungsschutz schnüren.« Möglich, daß es dann im Versicherungsmarkt »wichtige Anbieter gibt, die ähnlich unbekannt sind wie manche Zulieferer für die Autoindustrie und in der zweiten oder dritten Etage eines unscheinbaren Bürogebäudes sitzen.«

Den Takt zu dieser Entwicklung schlägt die digitale Revolution, die mit Intranet und Internet das Bügelbrett für neue Organisationsformen liefert. Die Assekuranz erweist sich dabei – leider und wieder – als Gefangener ihrer antiquierten Datenverarbeitungs-Strukturen. Weil die Basisfunktionen Bestands-/Vertragsverwaltung, Tarifdesign und Policierung fast allenthalben von vorgestern oder in miteinander nicht kompatible bit- und byte-Welten zerhackt geblieben sind, hat die Assekuranz schon mit der Einrichtung banaler client-server-Modelle Mühe. Intranet und Internet können in dieser Dinowelt der EDV nicht mehr bewirken als ein Film von Steven Spielberg: »Hübsch anzuschauen, aber im Ergebnis irrelevant.« Damit dies nicht für jeden offenkundig wird, »optimiert« man in so gut wie allen Unternehmen veraltete Insellösungen mit immer neuen Insellösungen immer wieder aufs Neue. Der sensiblere Teil der deutschen Assekuranz ahnt bereits, daß am Ende dieser rückwärtsgewandten Reparatur-Prozesse die »kollektive Sklerose« der Unternehmen stehen könnte.

Ein für Veränderungstendenzen so sensibler Mann wie Kluge kennt das alles schon. Denn in seinem Bereich zeigt ein Unternehmen, wie man zukunftsweisend agiert und sich damit von der üblichen Schwerfälligkeit der deutschen Assekuranz unterscheidet.

Starker Eindruck, schwacher Ausdruck

In den Zentralen der Assekuranz bahnt sich ein Erdbeben an. Dieses Erdbeben wird ebenso fundamentale Erschütterungen hervorrufen wie die von der online-Kommunikation produzierte Revolution im Bankenbereich. Deutschlands Versicherungslandschaft wird auf jeden Fall schon bald anders aussehen.

1. Abgesehen von einigen Giganten, die immer mehr Leistungsbereiche (auch die von Wettbewerbern) auf sich vereinigen, werden sich die von der Verwaltung bis zum eigenen Vertrieb traditionell organisierten Gebilde im Sinne einer zeitgemäßen Ausrichtung in Teilbereiche auflösen.
2. Bislang selbst erstellte Leistungen werden eingekauft. Vor diesem Hintergrund erscheint es schon jetzt als ein Treppenwitz, daß selbst die Versicherer, die Mühe haben, ihre Rückstellungs-Positionen ausreichend zu dotieren, Jahr für Jahr Millionen DM in eigene Rechenzentren investieren. Um dann in der Regel festzustellen, daß sie entweder in der Steinzeit oder im Nirwana der DV gelandet sind, weil sie den Marketingsprüchen ihrer Experten und Berater zu sehr vertraut haben. Meist nach dem Prinzip: »Je stärker der Eindruck desto schwächer der Ausdruck«.
3. Outsourcing/Insourcing wird im Mix und im Wechselspiel mit neuen Formen der Arbeitsteilung zur Verlagerung von Leistungen auf neue gemeinsam betriebene Servicefabriken führen. Eine Triebfeder hierfür ist die Tatsache, daß Assekuranz-Unternehmen externe Zulieferer mit überschaubaren Werkverträgen effizient zur Rechenschaft ziehen können. Jedenfalls wesentlich effizienter als dies bei Festangestellten möglich ist.

4. Im Produktbereich findet eine Vermischung von Bank- und Versicherungsleistungen bereits statt. Mit am deutlichsten zeigt sich dieser Prozeß bei der fondsgebundenen Lebensversicherung, wo es zur Kombination des typischen Assekuranz-Produktes Risikoschutz mit dem Kapitalanlageinstrument Investmentfonds kommt.
5. Ergo: Eine Ära geht zu Ende. Die Ära der großen, alle Leistungsstufen integrierenden Versicherungsunternehmen klingt aus.

Spektakuläres Wachstum

»Kleine Versicherungen müssen sich entscheiden – und zwar immer wieder neu und immer wieder schneller als die Großen.« Mit dieser Prämisse hat Manfred Lawrowicz, Mitglied der Vorstände Deutscher Lloyd Versicherungen in München und dort auch für die Dialog Lebensversicherung zuständig, ein kleines Beteiligungsunternehmen des europäischen Assekuranz-Konzerns Generali zu einem ordentlichen Wachstumsriesen entwickelt. Seit Beginn der 90er Jahre katapultierte die Dialog ihre Beitragseinnahmen von etwas über 18 Millionen auf mehr als 155 Millionen DM (1996).

Die Erfolgsrezepte der Dialog sind vergleichsweise simpel:
1. schneller
2. besser
3. billiger
4. kundenorientierter.

Schneller: Bei der Dialog fallen viele in der Assekuranz üblichen Abstimmungsprozeduren weg, weil zwischen zwei Vorständen und einigen Sachbearbeitern/Antragsprüfern allenfalls eine Hierarchieebene steht. »Wir haben hier so gut wie keine Hierarchieebenen und schon gar nicht die der Wettbewerber«, stellt Lawrowicz fest. Die Entwicklung neuer Tarife erfolgt innerhalb weniger Tage.

Dieses Tempo hält Lawrowicz für entscheidend, weil damit den speziellen Wünschen von Maklern praktisch ohne Reaktionszeit entsprochen werden kann. »Wenn heute einer kommt, der für seine Kunden einen besonderen, am Markt nicht erhältlichen Risiko- oder KLV-Tarif will, dann können wir das als Individual- oder Gruppentarif schneller als fast jeder andere machen.«

Besser: Die Dialog ist in der Regel dann am besten, wenn es um besondere Leistungsprofile geht. So kann bei ihren Risiko- und Kapitalbildenden Lebensversicherungen vor Vertragsabschluß genau festgelegt werden, welche Versicherungssumme in welchem Jahr zur Fälligkeit kommen soll. Die Versicherungssumme kann während der Vertragsdauer steigen oder fallen, gleichmäßig oder unregelmäßig je nach Bedarf. Tilgungsfreie Zeiten, unterjährige Zins- und Tilgungszahlungen sowie außerordentliche Tilgungen lassen sich bei der Ermittlung der Versicherungssummen mit geringem Aufwand berücksichtigen.

Die meisten Lebensversicherungen sind Kapitalversicherungen auf den Todes- und Erlebensfall mit fester Versicherungssumme und gleichbleibendem Beitrag während der gesamten Vertragslaufzeit. Lawrowicz: »Es ist doch kaum vorstellbar, daß diese Versicherungsform die maßgeschneiderte Lösung für einen so hohen Anteil der Versicherten in Deutschland sein soll. Hier wird offensichtlich das Produkt nicht nach dem Bedarf der Kunden ausgerichtet. Sondern den Kunden einfach ein Produkt übergestülpt, das vertrags- und verwaltungstechnisch einfach zu handhaben ist und darüber hinaus – für die meisten Kunden nicht erkennbar – bei Vertragsabschluß die Zahlung hoher Provisionen für die Vertreter ermöglicht.«

Erst in den letzten Jahren hat sich allmählich durchgesetzt, daß ein Kreditnehmer, der nur die Rückführung des Kredits bei seinem Tode während der Laufzeit des Darlehens versichern will, überhaupt keine Erlebensfalleistung benötigt, sondern ausschließlich einen möglichst preiswerten Todesfallschutz, dessen Höhe im Idealfall während der ganzen Versicherungsdauer genau der Restschuld entspricht. Hierfür ist die übliche Kapitalversicherung auf den Todes- und Erlebensfall völlig ungeeignet. Eine reine Risikoversicherung, weil ohne Erlebensfalleistung um bis zu 90 Prozent billiger, würde völlig ausreichen.

Aber auch hier wird in der Regel keine Risikoversicherung mit variabler Versicherungssumme angeboten, sondern eine mit gleichbleibender Versicherungssumme in Höhe des anfänglichen Bedarfs. Ganz fortschrittliche Angebote sehen statt der gleichbleibenden Versicherungssumme einen alljährlich um den gleichen Betrag fallenden Versicherungsschutz vor und übersehen, daß bei dieser Lösung die im Todesfall fällige Leistung zur Deckung der Restschuld in aller Regel nicht ausreicht.

Bei der Dialog ist es vor Vertragsabschluß möglich, auf die Mark genau festzulegen, welche Versicherungssumme in welchem Jahr fällig werden soll. Die Versicherungssumme kann während der Vertragsdauer steigen, sie kann fallen; gleichmäßig oder unregelmäßig, genau so, wie der Bedarf es vorgibt. Weiter lassen sich tilgungsfreie Zeiten, unterjährige Zins-

und Tilgungszahlungen sowie außerordentliche Tilgungen bei der Ermittlung der Versicherungssummen mit geringem Aufwand berücksichtigen. Beim Thema »verbundene Leben« (beispielsweise für Freiberufler in Praxisgemeinschaften oder Anwaltssozietäten) hat sich die Dialog gar vom Wettbewerb völlig abgekoppelt. Während Risikoversicherungen hier üblicherweise nur für zwei Personen angeboten werden, macht es die Dialog für bis zu neun, die sich auf den Tod des zuerst Sterbenden versichern können. Zudem ist für die Überlebenden eine Weiterversicherung ohne erneute Gesundheitsprüfung möglich.

Billiger: In den Sparten Risiko-/KLV, so bei den Kapitaltarifen gegen Einmalbeitrag mit garantierter Verzinsung von sieben Prozent p.a. über fünf Jahre oder abgekürzter Beitragszahlungsdauer bei laufender Zahlung, plaziert sich die Dialog bei preisgünstigsten Anbietern.[22]

Freilich, niedrige Preise allein erscheinen Lawrowicz und Stein zu wenig. »Nur mit einer beschränkten Zahl von Standardangeboten die Preislisten anzuführen, das ist doch vergleichsweise einfach. So kann man leicht den »Billigheimer« spielen, aber am Markt mit Innovationen und Varianten nichts mehr bewegen. Die eigentliche Stärke der Dialog besteht in dem Balanceakt auf beiden Feldern – bei Preisen und Innovationen.«

Entscheidenden Anteil am Gelingen dieses Balanceaktes kommt der leistungsfähigen EDV der Dialog zu, die sich von der üblichen Schwerfälligkeit der deutschen Assekuranz unterscheidet.[23] Inzwischen ist der gesamte Bestand an Versicherungsverträgen auf das neue System umgestellt worden. Die Ergebnisse lassen sich aus folgender Tabelle ablesen, insbesondere aus der Rubrik »Verträge je Mitarbeiter«.

Um einen einzigen Vertrag zu akquirieren, muß die Dialog Leben mit Vertriebskosten von durchschnittlich 26 Prozent des geworbenen Neu-

22 Zur Illustration die Beispielrechung einer 08/15-KLV.

Dialog im Vergleich		
	Beitrag p.a.	Ablaufleistung
Dialog	4 174 DM	177 426 DM
Konkurrenz (im Durchschnitt)	4 319 DM	170 613 DM
Versicherungssumme: 100 000 DM ohne Zusatz; Zahlungsweise p.a. über 20 Jahre; Versicherungsnehmer männlich.		

23 Die Dialog setzt das von dem früheren Allianz-Vorstand Peter Gessner und seiner Stuttgarter Beratungsgesellschaft Peter Gessner & Partner entwickelte Vertragsverwaltungssystem für Lebensversicherungen ein, das mit seiner Mächtigkeit in der deutschen Assekuranz die Spitzenposition markiert.

Spektakuläres Wachstum				
	1991	**1993**	**1995**	**1996**
Neuzugang*	498,273	3 236,292	3 935,243	4 299,744
Endbestand*	1 691,308	6 021,033	13 375, 816	16 852,102
Beitrags-einnahmen*	23 520,261	62 019,368	126 852,505	155 524,289
Durchschnitts-rendite**	7,96%	8,13%	7,98%	8,13%
Kosten in % der verdienten Beiträge	17,25	25,98	10,57	8,77
Mitarbeiter	16	35	50	55
Verträge je Mitarbeiter	811	921	1 540	1 813

** jeweils in Millionen DM. ** Verbandsformel.*
Quelle: Geschäftsberichte und Angaben der Gesellschaft

Tabelle 29: Geschäftskennzahlen der Dialog Lebensversicherungs-AG.

Produktivität im Wettbewerb					
Gesellschaft	Verträge im Bestand 1994	Verträge je Mitarbeiter 1994	Verträge im Bestand 1996	Verträge je Mitarbeiter 1996	Mitarbeiter 1996
Allianz	6 768 067	1 435	6 569 508	1 408	4 666
Hannoversche*	492 128	1 375	568 015	1 495	380
Dialog	53 714	1 168	99 700	1 813	50

Quelle: Geschäftsberichte der Unternehmen
** Die Hannoversche Lebensversicherung a.G. ist ein ohne Außendienst arbeitender Direktversicherer.*

Tabelle 30: Verträge je Mitarbeiter bei ausgewählten Unternehmen.

beitrags eines Jahres rechnen. Die deutschen Lebensversicherer haben hierfür im Marktdurchschnitt mit über 100 Prozent, also etwa viermal so viel zu kalkulieren. Im Klartext: Für jeden neuen Vertrag beansprucht allein der Vertrieb mehr als eine Jahresprämie. Weitere vier Prozent kostet die Verwaltung (Verwaltungsaufwand der Dialog Leben 1996: 1,94 Prozent der Jahresbeiträge).

Ihren vorteilhaften Rang belegt die Dialog schon wegen der vergleichsweise niedrigen Provisionen, dann aber vor allem wegen der leistungsfähigen DV, die sich von der üblichen Schwerfälligkeit der deutschen Assekuranz grundlegend unterscheidet. Schon vor Jahren, als die DV-Welt der deutschen Lebensversicherer noch einigermaßen in Ordnung schien, als Client-Server-Systeme blanke Utopie waren, hatte der damals winzige Augsburger Versicherer seine DV-Welt sozusagen vom Bauch auf den Kopf und dann auf die Füße gestellt. Sie installierte das System der Stutttgarter Peter Gessner & Partner GmbH, für Deutschland das leistungsfähigste und funktionstüchtigste System. In den folgenden Jahren entwickelte sich die Dialog zu einem der am schnellsten wachsenden deutschen Lebensversicherer.

Auf das von dem früheren Vorstand der Allianz Lebensversicherungs-AG in Stuttgart und Unternehmensberater Peter Gessner in seiner Firma entwickelte Vertragsverwaltungssystem »PG & P:Life« ist inzwischen der gesamte Dialog-Bestand an LV-Versicherungsverträgen überführt worden. Nachdem eine Migration von Altbeständen in der Assekuranz damit endlich klappte, kommuniziert die Dialog Leben mit den für sie tätigen Maklern und Mehrfachagenten online über eine Client-Server-Architektur. Bei der Vertragsverwaltung und Bestandsführung hat der Vertrieb damit die gleiche Informations-Ausrüstung wie die Hauptverwaltung. Und die Internet-Aktivitäten sind keine aufgesetzte Dekoration, sondern ein im System dialogfähiger Marketing-Ansatz.

»Unsere leistungsmäßigen Quantensprünge«, gibt Lawrowicz zu, »sind doch nur vor dem Hintergrund dieser modernen Versicherungstechnik möglich«. Ein Teil dieser Versicherungstechnik ist die von der Dialog darstellbare Transparenz, die sich insbesondere in den jährlichen Kontoauszügen des Kunden äußert. Für das absolute Gros der deutschen Lebensversicherer stellen solche Kundeninformationen derzeit noch eine Utopie dar. Mit der jährlichen Offenlegung des Guthabens (Rückkaufswerte) will Lawrowicz die Stellung bei Maklern und Mehrfachagenten (derzeit rund 4000 in Deutschland, über 500 in Österreich) weiter ausbauen.

Dabei soll dann eine weitere Besonderheit der Dialog bleiben. Denn bei allem Variantenreichtum der Produkte, die Provisionen sind mit durchweg vier Prozent von den jährlichen Bruttobeiträgen bei Risiko wie KLV uniform. Makler, die der Dialog Geschäft bringen, brauchen sich deshalb nur eine Zahl zu merken: Vier Prozent – einheitlich für alle Tarife und alle Laufzeiten, egal, ob es sich um Risikoleben, Kapitalleben

Das Einmal Eins der Vertriebskosten

Um den Zusammenhang von starkem Wachstum und niedrigen Vertriebskosten zu erfassen, muß man sich von der üblichen Methode, die sich an der neu geworbenen Versicherungssumme orientiert, verabschieden und stattdessen die aussagefähige Kenngröße verwenden, die sich in Märkten wie USA oder England bereits durchgesetzt hat: Vertriebskosten geteilt durch Neubeitrag. Dies hat den Vorteil eines einheitlichen Maßstabs für alle Arten von Verträgen. Nur Einmalbeiträge müssen eliminiert werden. Man rechnet also ganz wie in der Industrie: Wieviel muß eine Gesellschaft für die Akquisition der Neubeiträge »investieren« (und wieviel sollte sie investieren)? Die Tabelle zeigt es.

Wie die Dialog die Branche abhängt			
	1992	**1995**	**1996**
Vertriebskosten (ohne Verträge gegen Einmalbeitrag)			
Markt in Mrd. DM	11,3	10,7	11,0
Dialog in Mio. DM	633	9,3	9,7
Neubeiträge(ohne Einmalbeiträge)			
Markt in Mrd. DM	10,6*	9,9	11,1
Dialog in Mio. DM	12,2*	33,8	37,4
Kostensatz Neugeschäft (Vertriebskosten/Neubeitrag)			
Markt	107%	109%	99%
Dialog	52%	28%	26%
Einsparpotential Markt (Dialog als Benchmark)			
Mrd. DM	5,8	8,0	8,1

**) Keine Statistiken verfügbar. Die Beitragseinnahmen wurden aus der Entwicklung der Versicherungssumme geschätzt.*
Quelle: KURS. Monatszeitschrift für die Finanzdienstleistung.

Tabelle 31: Vertriebskosten bei Verträgen gegen laufende Beiträge.

oder Zusatzdeckungen handelt, wobei auch Sofort-Gewinnbeteiligungen die Courtage nicht schmälern. Zu wenig in der KLV? Lawrowicz kontert: »Mehr wird es nicht geben, weil sonst die Produkte schlechter würden. Die Entwicklung der Dialog und des Marktes bestätigen dies doch.«

Was ein vergleichsweise kleines Unternehmen wie die Dialog zustandebringt, mag im deutschen Markt ungewöhnlich sein. In anderen Ländern, wo die Unternehmen die alten Bastionen der EDV abgetragen und durch vernetzte Systeme ersetzt haben, stellt sich dies als völlig normal dar. Die wesentlichen Programme und Kundeninformationen sind dort jederzeit auf jeder Ebene verfügbar, in der Zentrale ebenso wie am Point of Sale, beim Vermittler vor Ort. Die Prüfung des Antrags erfolgt nicht mehr in der Zentrale, sondern mit einem speziellen Software-Programm vor Ort, wo zumindest bei Standardrisiken auch die Policierung erfolgen kann. Ergebnis: Was in den alten Strukturen Wochen dauert, ist nur noch eine Frage von Minuten oder wenigen Stunden, je nach Komplexität der Versicherungslösung.

Zeitgemäße Deckungskonzepte

In Deutschland gibt es rund 130 Lebensversicherungsgesellschaften. Wodurch unterscheiden sich diese Unternehmen voneinander? Vor allem durch die Größe. Ein Riese wie die Allianz brachte es 1995 auf eine Versicherungssumme von mehr als 271 Milliarden DM, wogegen sich ein kleiner Anbieter wie die Adler Leben mit 764 Millionen DM begnügen mußte. Größe war eigentlich das wichtigste Unterscheidungsmerkmal der deutschen Lebensversicherer. Denn ob Allianz oder Adler, das Angebot war uniform, von hochgradiger Phantasielosigkeit. Noch heute bildet das Einheitsprodukt Lebensversicherung, mit Kapitalbildung oder nur als Risikoschutz, eine ziemlich starre Angelegenheit, die der Kunde auf veränderte Bedürfnisse wie höheren Risikoschutz bei geringerer Kapitalbildung kaum oder gar nicht einstellen kann.

Zwar gibt es Zusatzteile wie Schutz vor Berufsunfähigkeit. Aber stets wird ein geschlossenes Paket mit kaum vorhandener Flexibilität verkauft. Wichtige Änderungen in diesem Paket bedeuten meist, daß der Kunde den Vertrag kündigen und einen neuen abschließen muß. Dies ist besonders nachteilig, weil Lebensversicherer zwar eine Gewinnbeteiligung an den Kunden ausschütten. Aber diese Gewinnbeteiligung wird angesammelt und überwiegend erst beim vertraglich vorgesehenen Ende eines Vertrages ausgezahlt. Wer vorher kündigt, geht leer aus und muß auf viel Geld verzichten. Es wäre folglich besser, den Versicherungsvertrag weniger als Zwangsjacke zu konstruieren, sondern als Gerüst mit einzelnen Bausteinen, die sich in vielen Variationen zusammensetzen lassen.

Aber an solchen Konstruktionen konnten die Lebensversicherer in einem wettbewerbsfreien Markt kein Interesse haben. Sie hätten damit bloß eine ihrer wichtigen Gewinnquellen (»Stornogewinne«) verschlossen.[24] Zudem waren die EDV-Systeme gar nicht in der Lage, solche flexible, kundenorientierte Angebote zu verarbeiten.

Seit 1994 zwingt die neue Wettbewerbssituation zum Ausstieg aus dieser Welt von gestern. Tatsächlich spricht auch seither jeder Assekuranz-Manager von Wettbewerb und neuen kundengerechten Produkten. Und gewiß, die Deregulierung des deutscher Versicherungsmarktes hat eine Fülle von Bekundungen der Unternehmen zu neuen Produkten gebracht. Aber diese »Neuerungen« entpuppen sich bei genauerer Betrachtung ganz überwiegend als Neuauflagen bereits bekannter Standardprodukte, bestenfalls um zusätzliche Varianten und Wahlmöglichkeiten ergänzt. Echte Innovationen scheitern an der Vorstellungskraft der Produktanbieter, an der Rückständigkeit der EDV oder an beidem.

Daß sich die Welt und ihre Märkte in einem ständig zunehmendem Tempo verändern, scheint sich bis zu den Unternehmen noch nicht ganz herumgesprochen zu haben. Beispiel: Noch bis vor wenigen Jahren absolvierte ein junger Mann (oder eine junge Frau) seine (ihre) Ausbildung im Betrieb, wurde anschließend übernommen und arbeitete dann bis zum Ruhestand in einem festen Beschäftigungsverhältnis. Heute zeichnet sich ein ganz anderes Bild ab. Immer mehr Arbeitgeber stellen Mitarbeiter nur noch für die Dauer von bestimmten Projekten ein. Andere verwandeln sich gar in virtuelle Unternehmen, die dann je nach Auftragslage und Marktanforderung weltweit per Online-Verbindung zusammenarbeiten. Resultat: Den »sicheren Arbeitsplatz« gibt es praktisch nicht mehr. Neuartige Beschäftigungsverhältnissen werden die künftige Arbeitswelt prägen – auch und gerade in Versicherungen ebenso wie in Banken.[25]

---

24 Vielen Lebensversicherern ist die vorzeitige Kündigung von Verträgen durch ihre Kunden sehr recht. Sie haben ihre Tarife so konstruiert, daß sie an stornierten mehr als an regulär verlaufenden Verträgen verdienen.

25 Peter Fischer: Die Selbständigen von morgen. Unternehmer oder Tagelöhner?, Frankfurt a. M. 1995, S. 140: »Nur Menschen mit soliden Kenntnissen, der Fähigkeit zu selbständigem Arbeiten, die hochmotiviert sind, werden die Anforderungen erfüllen, welche die Zusammenarbeit von qualifizierten Spezialisten in einer Virtual Corporation an den einzelnen stellt. Unterqualifizierte, schlecht ausgebildete Menschen mit geringer Dynamik werden es

Als Konsequenz daraus ergibt sich unschwer die Einsicht, daß die gesetzlichen Sozialversicherungssysteme, weil auf Vollbeschäftigung bis zum Ruhestand ausgelegt, eine zukunftssichere Versorgung wirklich nicht mehr bieten können. Eigentlich müßte dies großartige Chancen für Anbieter von Vorsorge- und Altersversorgungsprodukten aus der Privatwirtschaft zur Folge haben. Das Problem: Die bekannten Standardprodukte aus dem privaten Versorgungsbereich werden der neuen Beschäftigungssituation der Arbeitnehmer nicht gerecht. Von den rund 130 deutschen Lebensversicherern haben da nur einige etwas zu bieten.[26]

Zudem gehören komplizierte Anträge, umständliche Abwicklung und die Vermittlung falscher Produkte bei vielen Unternehmen der Assekuranz offenbar wie der linke zum rechten Schuh. Service und Leistungsabwicklung erinnern die Kunden oft an einen Gang durch Behördeninstanzen. Über Kundenzufriedenheit, Kunden- und Serviceorientierung kann man da viel erzählen. Aber: Nicht das Erzählte reicht, sondern das Erreichte zählt. Denn: Ohne kundenorientierte Produkte kann es eine Kundenorientierung nicht geben. Ein namhafter deutscher Rückversicherer hat hierzu in einer vertraulichen Studie wichtige Aufschlüsse geliefert. Zitieren wir daraus.[27]

Man müßte bereits beim Abschluß, fordert der Rückversicherer, in einem einzigen Versicherungsvertrag relativ viele Varianten (Todesfallschutz von mehr als 50 Prozent der garantierten Erlebensfallsumme, ga-

---

schwer haben, schwerer als schon jetzt, denn für einen Selbstangestellten wird es kaum eine Nische geben, in die er sich verkriechen kann. Oder anders ausgedrückt: Der moderne Selbstangestellte ist sein eigener Chef und er wird um so erfolgreicher sein, je mehr er der ideale Mitarbeiter ist.«

26 Ausnahmen u. a.: Mannheimer, Dialog, die deutsche Tochter der britischen Standard Life, Continentale, Axa Colonia, WWK, Allianz und Volkswohl Bund. So hat die Mannheimer ihre vorher festgefügten Tarife durch »vier Produktbausteine« ersetzt. Bei Einhaltung der steuerlichen Rahmenbedingungen (Vertragslaufzeit mindestens zwölf Jahre, Einzahlung fünf Jahre), kann der Kunde die Bausteine »Erleben, Tod, Berufsunfähigkeit und Unfalltod«, beliebig kombinieren. Die Leistungshöhe kann Jahr für Jahr neu festgelegt werden.

27 Wertung des Rückversicherers insgesamt: »Die Versicherungsnehmer haben nur wenige Möglichkeiten, den Versicherungsschutz bei Abschluß und innerhalb bestimmter Grenzen auch während der Laufzeit des Vertrages auf die individuellen Bedürfnisse anzupassen, und zwar innerhalb eines Vertrages.« Bemerkung hierzu:Die nur einer Handvoll von Fachleuten bekannte, streng vertrauliche Expertise hat der Autor dieses Buches über diverse Umwege erhalten.

rantierte Erlebensfallsumme, Berufsunfähigkeits(BU)-Beitragsbefreiung und BU-Rente) unterbringen können. Auch müßte man während der Laufzeit die Änderung der Höhe der vereinbarten Todesfallsumme, der garantierten Erlebensfallsumme und des Berufsunfähigkeitsschutzes verändern können. Das heißt, »der Versicherungsschutz sollte während der Versicherungsdauer den Bedürfnisse des Versicherungsnehmers beliebig angepaßt werden können.«

Diese Flexibilität konnte in Deutschland aber bislang nur über das Angebot beziehungsweise die Kombination verschiedener Tarife (Gemischte Lebensversicherung, Risikoversicherung, Risikozusatz, BUZ, Erlebenfallzusatz) erreicht werden. Die Nachteile dieses Weges zeigt folgendes Beispiel:

Am 1. Januar 2000 schließt Frau Müller (Teilzeitangestellte, verheiratet, 2 Kinder) eine reine Risikoversicherung ohne Erlebensfallsumme ab. Die vereinbarte Todesfallsumme beträgt 250 000 DM, der Beitrag etwa 50 DM monatlich. Die Versicherungsdauer beläuft sich auf 50 Jahre. Am 12. November 2007 nimmt Frau Müller die volle Berufstätigkeit wieder auf. Ihr Ehemann unterbricht seine Berufstätigkeit für die nächsten Jahre, um die beiden gemeinsamen Kinder zu versorgen. Aufgrund dieser Veränderungen in ihrem persönlichen Bereich hat sich auch Frau Müllers Bedarf an Versicherungsschutz völlig geändert. Der Todesfallschutz von 250 000 DM wird als zu gering erachtet und soll bei einer nunmehr garantierten Erlebensfallsumme von 500 000 DM auf 400 000 DM erhöht werden. Ferner will sich Frau Müller gegen die finanziellen Folgen einer Berufsunfähigkeit schützen. Sie beantragt volle Beitragsbefreiung und eine Rente von 5 000 DM monatlich für den Fall der Berufsunfähigkeit.

»Wie würde eine solche Änderung bei einem deutschen Lebensversicherer vorgenommen?«, fragte das Rückversicherungsunternehmen in seiner Analyse. Die Antwort: »Man würde vermutlich wie folgt vorgehen«:

Die bestehende Risikoversicherung würde gekündigt, weil Umstellung auf kapitalbildende Lebensversicherung (= KLV) in der Regel nicht möglich.

Abschluß einer neuen KLV (ein neues Antragsformular müßte ausgefüllt werden, neue Risikoprüfung für den gesamten Vertrag, Erfassung des Vertrages als neuer Vertrag, in der Regel hätte Frau Müller eine neue Provision zu zahlen).

Die KLV müßte eine im Vergleich zur Erlebensfallsumme reduzierte Todesfallsumme vorsehen (wird nicht von allen Gesellschaften angeboten). Die Todesfallsumme würde 400 000 DM, die Erlebensfallsumme 500 000 DM betragen.

Abschluß einer BUZ mit Beitragsbefreiung und einer BU-Rente.

Derartige Änderungswünsche sind bei deutschen Lebensversicherern in der Regel:
- zu aufwendig für das Verwaltungssystem
- für den Kunden nicht nachvollziehbar und aufwendig (neues Antragsformular muß ausgefüllt und bestehender Vertrag gekündigt werden)
- teuer, weil in der Regel eine neue Abschlußprovision bezahlt werden muß.

»Hingegen müßten derartige Änderungswünsche
- ohne großen Verwaltungsaufwand
- ohne Abschluß neuer Verträge und
- und ohne zusätzliche Provision (nur Änderung) im bestehenden Vertrag problemlos umgesetzt werden können.

Zusammenfassend stellte der Rückversicherer fest, daß viele der erwähnten Optionen auf dem deutschen Markt bereits angeboten werden »Aber praktisch keine ... Gesellschaft bietet diese Vielzahl von Optionen (wirklich) an.« Denn: »Viele deutsche Lebensversicherer haben mit der administrativen Umsetzung der Optionen Probleme.«

Die hier von einem im Tarifdesign besonders erfahrenen deutschen Rückversicherer vorgenommene Prüfung zeigt, wohin für die Lebensversicherer die Reise führen muß: Differenzierung im Vertrieb und im Marketing. Im oberen wie im mittleren Preis- und Kostensegment wird diese Differenzierung mit Spezial- sowie Nischenprodukten erfolgen. Hier sollte es in der Tarifgestaltung Sinn machen, viele Varianten einzubauen. Dagegen stehen in dem unteren Preis- und Kostensegment relativ einfache Massenprodukte mit geringem Verwaltungs- und Vertriebsaufwand im Vordergrund.

Dabei wird die frühere Dominanz der Verkaufsmacht in Form nur mäßig qualifizierter Vertriebsorganisationen von einer neuen Einheit zwischen differenzierter Tarifgestaltung und unterschiedlichen Distributionswegen abgelöst. Dem Zwang zu dieser neuen Einheit aus Tarifgestaltung und Distributionswegen werden viele deutschen Lebensversicherungsunternehmen nicht mehr standhalten können.

Man kennt das bereits aus anderen Märkten wie Frankreich und Großbritannien, die diesen Prozeß schon lange hinter sich haben. In all diesen Märkten nahmen die Geschäftsvolumina mit der Produktvielfalt zu. Gleichzeitig wurden die Vertriebswege ergänzt und verfeinert. In diesem Prozeß mußten sich die Zentralen von dem starren Prinzip der Arbeitsteilung verabschieden und sich in Serviceorganisationen für den Vertrieb verwandeln. Wer das nicht schaffte, und das waren viele, blieb auf der Strecke.

Anteile der Vertriebswege am LV-Neugeschäft			
Vertriebsweg	**1991**	**1995**	**2000 (Trends)**
Makler, unabhängige Vermittler	ca. 20%	ca. 22%	↗
Strukturvertriebe	ca. 16%	ca. 11%	↘*
Banken/banknaher Vertrieb	ca. 18%	ca. 21%	↑
Direktversicherer	ca. 4%	ca. 5%	↑
sonstige (Kaufhäuser usw.)	ca. 1%	ca. 1%	→
Ausschließlichkeits-organisationen	ca. 41%	ca. 40%	↘

** Bei Umorientierung zu Zielgruppenvertrieb mit höherer fachlicher Qualifikation:* ↗
Quelle: Schweizerische Lebensversicheruns- und Rentenanstalt (SRA).

Tabelle 32: Makler, Banken und Direktversicherer im LV-Geschäft.

Daß dieser Wandel auch mit dem Mut zur Einfachheit (»keep it simple«) bewältigt werden kann, zeigt einer der erfolgreichsten deutschen Lebensversicherer. Das Ziel von Peter Hanus, Vorstandssprecher der neue leben Lebensversicherung von 1964 AG, Hamburg, ist eindeutig: »An der Spitze bleiben«. Auch die von Hanus angegebenen Mittel, mit denen er das Untemehmen weiter in der Spitzengruppe halten will, wirken auf den ersten Blick ebenso eindeutig wie simpel: niedrige Kosten, vergleichsweise hohe Renditen, eingeschränkte Angebotspalette.

Die neue leben ist stromlinienförmig auf die preiswerte, weil bereits vorhandene Akquisitionskraft der beteiligten Sparkassen, insbesondere der Hamburger Sparkasse (HaSpa), zugeschnitten. Darüber hinaus zeigt sie aber auch, daß sich die Anbieter von Finanzprodukten entscheiden müssen:

- breites Sortiment
- oder sich besser mit Knappheit begnügen.[28]

28 Die Anteile an der neue Leben verteilen sich wie folgt: Hamburger Sparkasse 65, Sparkasse in Bremen 20, Sparkassse zu Lübeck 5, Stadtsparkasse Dresden

Alle Leistungsvergleiche bescheinigen der neue leben eine Spitzenstellung, was die Höhe der Auszahlungen aus heute fällig werdenden Lebensversicherungen betrifft. Die Prognosen der neue leben für neu abgeschlossene Versicherungsverträge gewinnen dadurch an Glaubwürdigkeit. Hanus fragt: »Warum kann denn die neue leben eine weit über dem Durchschnitt liegende Überschußbeteiligung erzielen? Wo liegen die Unterschiede?« Die Antwort: »Hierfür ist ja nicht nur ein gutes Anlagemanagement notwendig. Auch andere Faktoren spielen eine entscheidende Rolle. Denn neben einer guten Kapital-Anlagepolitik, dem Herzstück eines im Kapitalbereich tätigen Lebensversicherers, muß man dazu doch auch in Vertrieb und Verwaltung dauerhaft günstiger als die Wettbewerber sein. Und genau da liegt unser großer Vorteil. Da bringen wir die paar Prozentchen mehr.«

Fast schon monoton kommt als Erfolgsfaktor immer wieder »Kosten und nochmal Kosten« zur Sprache. Hanus: »Bei vergleichbarem Risikoprofil gleichen sich die Kapitalerträge der Versicherer an. Entscheidend für die Position des Versicherten wird damit die Kostensitation eines Unternehmens. Unsere niedrigen Verwaltungskosten lassen sich nur mit vergleichsweise hohen Stückzahlen halten.« Deshalb ist die »kompromißlose Beschränkung auf einfache Kernprodukte« das Erfolgsrezept der neue leben.

Es wird viele Wege ans Ziel geben. So kann neben dem Weg der neue leben ein anderer, beispielsweise von der Mannheimer (nicht mit der in Ergo aufgehenden Hamburg-Mannheimer zu verwechseln) eingeschlagene Pfad lauten: zeitgemäße, flexibel anpaßbare Deckungskonzepte für Vorsorge/Versorgung entwickeln. In jedem Fall wird dies zu anderen Versicherungsunternehmen führen als sie heute noch typisch sind. Und das ist gut so. Denn den Lebensversicherern, und damit auch ihren Kunden, stehen immer härtere Eingriffe des Staates ins Haus. Auf die Branche, die es sich viel zu lange leisten konnte, ein profitables Eigenleben zu entwickeln, kommt eine »marktwirtschaftliche Revolution« zu.

Marktwirtschaftliche Revolution

Viele Versicherungsverträge haben sich im Laufe der Zeit zu gemischten Verträgen entwickelt. Neben dem Risikoausgleich trat insbesondere bei der Kapitallebensversicherung die Verwaltung von

---

3,5, Mittelbrandenburgische Sparkasse in Potsdam 3, Ostseesparkasse Rostock 2,5 und die Sparkasse Mecklenburg-Nordwest ein Prozent.

Spargeldern in den Vordergrund. Im geltenden Recht wird jedoch das Vermögen der Kunden in der Buchführung der Versicherungsunternehmen noch mit deren eigenen Geschäftsvorfällen ununterscheidbar vermischt. So werden die Sparprämien der Versicherungskunden von den Kapitallebensversicherungen einfach vollständig als Entgelteinnahmen und damit als Umsätze verbucht.
Der SPD-Entwurf sieht nun vor, daß Versicherungsunternehmen in Zukunft die Vermögen der Kunden buchungstechnisch getrennt, zeitgenau und zu Marktwerten abzurechnen haben. Die Einbuchung des gesamtes Sparkontos als Umsatz wäre dann endlich auch für Versicherungsunternehmen tabu. Durch die Trennung der Vermögenssphären von Versicherungsunternehmen und Kunden und die Nachzahlung der stillen Reserven wird zugleich auch die bedenkliche Machtkonzentration in den Händen der Versicherungswirtschaft gemildert. Der SPD-Entwurf ist eine gelungene marktwirtschaftliche Revolution, die allen Versicherungskunden gibt und niemandem etwas nimmt, was ihm zu Marktwerten tatsächlich gehört hätte. Und auch dem bösen Wort von der Kapitallebensversicherung als »legalem Betrug« wäre die Grundlage entzogen.

Michael Adams

Professor Adams ist Inhaber des Lehrstuhls für Allgemeine Betriebswirtschaftslehre an der Universität zu Köln und hat an der Formulierung des im Sommer 1997 vorgelegten Gesetzentwurfs der SPD zum Versicherungsvertragsgesetz maßgeblich mitgearbeitet.
Sollte es nach der nächsten Bundestagswahl zu einer großen Koalition kommen, sehr vieles spricht dafür, wird die SPD den von Adams mitformulierten Reformkatalog durchsetzen. Hans-Martin Bury, in Wirtschafts- und Finanzfragen der kommende Mann der SPD-Bundestagsfraktion, läßt jedenfalls keinen Zweifel daran. Denn, so Bury: »Es muß Schluß damit sein, daß die Versicherer mit den Beiträgen der Kunden ihre Bilanzen vergolden.«

Optimierte Altersversorgung

Junior, Medior, Senior

Was denkbar und machbar ist, zeigen die Schaubilder zu den einzelnen Anlagemöglichkeiten.

Profil der Anlagemöglichkeiten 1				
Eigenschaften	**Aktien**	**Aktienfonds**	**Renten**	**Rentenfonds**
Rendite nach Steuern höher als Kapitalmarktzins	teilweise	über langfristigen Anlagezeitraum erfahrungsgemäß anzunehmen	kaum	teilweise
Inflationsschutz, weil Sachwertanlage	ja	ja	nein	nein
Risiko (Verlust)	groß	reduziert	gering	gering
Risikoausgleich durch Diversifikation	nein	typischerweise gegeben	nein	typischerweise gegeben
Professionelles Risk-Management	nein	typischerweise gegeben	nein	typischerweise gegeben
cost-average-Effekt (reduzierte Kaufkosten infolge regelmäßiger Einzahlungen)		typischerweise gegeben		typischerweise gegeben
exakte Anpassung an finanzielle Möglichkeiten des Anlegers	nur über Zahl und Preis der Papiere	typischerweise in hohem Maße gegeben (z. B. in Form von Einmalanlage und/oder Sparplan)	nur über Zahl und Preis der Papiere	typischerweise in sehr hohem Maße gegeben (z. B. in Form von Einmalanlage und/oder Sparplan)

Eigenschaften	Aktien	Aktienfonds	Renten	Rentenfonds
Transparenz/Nachvollziehbarkeit (Rendite, Risiko usw.)	teilweise	typischerweise in sehr hohem Maße gegeben	teilweise	typischerweise in sehr hohem Maße gegeben
Staatlich überwacht	teilweise	ja	teilweise	ja
Copyright A. Bruer				

Tabelle 33: Vorteile und Nachteile unterschiedlicher Anlagemöglichkeiten.

Profil der Anlagemöglichkeiten 2				
Eigenschaften	**KLV***	**FLV****	**Wohn-Immobilie**	**Offene Immobilienfonds**
Rendite nach Steuern höher als Kapitalmarktzins	bei den meisten Anbietern eher unwahrscheinlich	teilweise	auf absehbare Zeit kaum	teilweise
Inflationsschutz, weil Sachwertanlage	nein	teilweise (hängt von der Art der in die Police integrierten Fonds ab)	ja	teilweise (die Fonds halten typischerweise hohe cash-Positionen)
Risiko (Verlust)	gering	gering	gering	gering
Risikoausgleich durch Diversifikation	gegeben	gegeben	nein	eingeschränkt gegeben
Professionelles Risk-Management	ja	ja	nein	gegeben
cost-average-Effekt (reduzierte Kaufkosten infolge regelmäßiger Einzahlungen)	nein	beim Ankauf der Fonds gegeben	nein	gegeben

Eigenschaften	KLV*	FLV**	Wohn-Immobilie	Offene Immobilienfonds
exakte Anpassung an finanzielle Möglichkeiten des Anlegers	ja	ja	nein	typischerweise in sehr hohem Maße gegeben (z. B. in Form von Einmalanlage und/oder Sparplan)
Transparenz/ Nachvollziehbarkeit (Rendite, Risiko usw.)	nein	selten und nur teilweise	teilweise	selten und nur teilweise
Staatlich überwacht	ja	ja	nein	ja

**KLV = Kapitalgebundene Lebensversicherung; ** FLV = Fondsgebundene Lebensversicherung*
Copyright A. Bruer

Tabelle 34: Vorteile und Nachteile unterschiedlicher Anlagemöglichkeiten 2.

Unterschiedliche Bedürfnisse und Ziele verlangen aber unterschiedliche Antworten. Wichtige Unterschiede ergeben sich schon durch das Lebensalter. Denn der 25jährige Berufsanfänger (»Junior«) hat andere Bedürfnisse als der 40jährige (»Medior«), und der wiederum andere als der 60jährige (»Senior«).

	Junior		**Medior**		**Senior**
	Ab 20 Jahre	**Ab 30 Jahre**	**Ab 40 Jahre**	**Ab 50 Jahre**	**Ab 65 Jahre**
Ziel	Absichern und Vermögen aufbauen	Absichern, vorsorgen, Vermögen aufbauen und anlegen	Absichern, vorsorgen, Vermögen aufbauen und anlegen	Absichern, vorsorgen, Vermögen aufbauen, anlegen und sichern	Aus angesammeltem Vermögen entnehmen
Aktienfonds	Gut geeignet.	Gut geeignet	Gut geeignet.	Geeignet für Teil des Vermögens.	Geeignet für geringeren Teil des Vermögens.
Bundesschatzbriefe	Geeignet	Eingeschränkt geeignet bis zum Sparerfreibetrag	Gut geeignet bis zum Sparerfreibetrag	Gut geeignet bis zum Sparerfreibetrag	Gut geeignet bis zum Sparerfreibetrag
Rentenfonds	Ungeeignet	Ungeeignet	Geeignet bis zum Sparerfreibetrag	Geeignet bis zum Sparerfreibetrag	Gut geeignet bis zum Sparerfreibetrag
Offene Immobilienfonds	Ungeeignet	Ungeeignet	Ungeeignet	Eventuell geeignet zur Vermögenssicherung	Eventuell geeignet
Kapitallebensversicherung	Ungeeignet	Geeignet	Geeignet	Ungeeignet	Ungeeignet

	Ab 20 Jahre	Ab 30 Jahre	Ab 40 Jahre	Ab 50 Jahre	Ab 65 Jahre
Rentenversicherung	Ungeeignet	Bedingt geeignet	Geeignet	Geeignet	Als Sofortrente geeignet
Immobilien (selbstgenutzt)	Ungeeignet	Geeignet ab 20 bis 30 Prozent Eigenkapital	Geeignet ab 20 bis 30 Prozent Eigenkapital	Geeignet bei hohem Einkommen oder hohem Eigenkapital	In der Regel ungeeignet

Tabelle 35: Die unterschiedlichen Anlageformen im Hinblick auf das Alter des Investors.

Junior

Der (die) Junior(in) ist zwischen 25 und 35 Jahre alt, hat Familie und will die Angehörigen absichern. Eine teure kapitalbildende Lebensversicherung wird dafür nicht benötigt, sondern eine vergleichsweise preiswerte Risiko-LV plus Schutz gegen Berufsunfähigkeit (BUZ).

Die günstigsten Anbieter		
Gesellschaft	**Bewertung Map**	**Netto-Monatsbeitrag 1997**
Hannoversche	hervorragend	171 DM
Europa	hervorragend	197 DM
Dialog	hervorragend	233 DM
HUK-Coburg	sehr gut	231 DM
Gerling	sehr gut	247 DM
Nordstern	sehr gut	210 DM
Colonia	sehr gut	211 DM
Öff. Braunschweig	sehr gut	235 DM
VGH	sehr gut	247 DM
Albingia	gut	275 DM
Condor	gut	249 DM

Gesellschaft	Bewertung Map	Netto-Monatsbeitrag 1997
neue leben	gut	266 DM
Süddeutsche	gut	281 DM
Allianz	gut	296 DM
DBV	gut	251 DM
Mannheimer	gut	257 DM
Generali	gut	268 DM
Zürich	gut	276 DM
Alte Leipziger	gut	260 DM
Durchschnitt des Marktes		**278 DM**

Quelle: Map-Zoom-rating-tool:
Annahmen: Risikoleben mit BUZ; Todesfalleistung: 525.000 DM; BUZ-Monatsrente: 3.000 DM/Beitragsbefreiung.
Versicherungskunde männlich, Eintrittsalter 30 Jahre, Laufzeit 30 Jahre.

Tabelle 36: Risikoleben mit BUZ

Danach bleiben vielleicht noch 200 DM pro Monat, um so früh wie möglich einen Kapitalstock fürs Alter aufzubauen. Vor allem für Jüngere ist es dabei empfehlenswert, die vermögenswirksamen Leistungen des Arbeitgebers in Anspruch zu nehmen. Wer beispielsweise 35 Jahre monatlich 78 DM in einen Aktienfonds anlegt, erhält am Ende bei einer Rendite von acht Prozent p.a. mehr als 167 000 DM.

Nur wenige Prozentpunkte Unterschied machen über eine lange Laufzeit ungeheuer viel aus wie folgende Tabelle zeigt. Die monatlich eingezahlten 100 DM bringen beispielsweise über 30 Jahre bei durchschnittlich sieben Prozent p.a. 125 180 DM; bei fünf Prozent p.a. aber nur 85 630 DM.

Junioren haben für den Kapitalaufbau, der ja erst mit etwa 60, bei dem dann bevorstehenden Ausscheiden aus dem aktiven Berufsleben abgeschlossen sein sollte, noch viel Zeit. Diese Zeit ist für die Kapitalanlage entscheidend, weil sich zum einen über lange Laufzeiten der Zins und die Zinseszins-Effekte auswirken. Zum anderen, weil die Zeit als Polster gegen immer wieder mal mögliche Einbrüche an den Finanzmärkten benötigt wird.

Sparplan mit 100 DM monatlich							
Bei einer Verzinsung p.a. von	nach 5 Jahren	nach 10 Jahren	nach 15 Jahren	nach 20 Jahren	nach 25 Jahren	nach 30 Jahren	nach 35 Jahren
3%	6653	14364	23306	33668	45684	59613	75760
5%	7122	16212	27811	42618	61515	85630	116411
7%	7622	18310	33300	54327	83817	125180	183191
Für mehr als 100 Mark monatlich, die Beträge entsprechend multiplizieren.							

Tabelle 37: Bei der Verzinsung machen kleine Unterschiede viel aus.

Der beste Aktienfonds kann sich über ein, zwei oder sogar drei Jahre wegen der für ihn entscheidenden Finanzmärkte in einer Baisse befinden. Der Anleger muß dies aussitzen können (bei dem Junior mit seinem über viele Jahre und Jahrzehnte laufenden Sparplan in der Regel der Fall). Ein gutes Fondsmanagement wird die vorübergehenden Einbrüche in der Wertentwicklung des Fonds wieder mehr als wettmachen.

Als extremes Beispiel hierzu ist der Crash vom Oktober 1987 heranzuziehen. Wer in den DWS-Fonds Akkumula über 23 Jahre und 8 Monate insgesamt 28400 DM (monatlich 100 DM) eingezahlt hatte, konnte im September 1987 für seine Akkumula-Anteile noch insgesamt 108000 DM erhalten. Nur einen Monat später hätte die Rechnung mit einem Endbetrag von 80000 DM schon ganz anders ausgesehen. Die durch den Crash bedingte Differenz von rund 28000 DM innerhalb eines Monats entsprach der gesamten Einzahlungssumme des Anlegers. Je höher also die angesparten Beträge und je stärker die Kursbewegungen am Ende des Sparplans ausfallen, desto drastischer wird sich die Endsumme verändern.

Aber: Je heftiger der Einbruch, desto schneller und deutlicher erholen sich die Kurse wieder. In dem Crashjahr 1987 waren die Kurse an den deutschen Börsen innerhalb kurzer Zeit um 30,2 Prozent abgesackt. Auf diesen tiefen Sturz folgten Jahre mit Wertsteigerungen von 32,8 Prozent (1988) und 34,8 Prozent (1989). Wer also unglücklicherweise etwa ein Jahr vor dem 87er Crash in Aktien investierte, der hatte 1987/88 zu Freude wohl keine Veranlassung. Aber innerhalb von zehn Jahren lag seine Rendite schon bei durchschnittlich 6,1 Prozent p.a. und über 15 Jahre hatte er pro Jahr zweistellige Zuwächse erzielt.

Überdies laufen langfristige Sparstrategien über viele Jahrzehnte. Bei monatlich regelmäßig eingezahlten Beträgen führt dies auf die Dauer zu günstigen Einstiegspreisen. Bei niedrigen Kursen werden für den gleichen Betrag mehr, bei höheren Kursen weniger Fondsanteile gekauft (cost-Average-Effekt). Entscheidend: So früh wie möglich mit einem Altersvorsorgemodell mit Aktienfonds beginnen. Als Faustregel gilt dabei, daß der Anteil von Aktien am Vermögen 100 minus Lebensalter betragen sollte. Das heißt für einen 35jährigen: 65 bis 70 Prozent der gegebenen finanziellen Möglichkeiten für Aktienfonds reservieren.

Medior

Im Alter 35 bis 55 sollte der Risikoschutz à la Junior grundsätzlich beibehalten, bis 50 noch aufgestockt und danach reduziert werden. Wichtig ist es jetzt, den bereits angesammelten Kapitalstock nicht bloß zu halten, sondern nach Möglichkeit auszuweiten. Dies kann mit dem Abschluß einer kapitalbildenden oder fondsgebundenen Lebensversicherung erfolgen, wenngleich der Autor auch hier Aktienfonds grundsätzlich für die bessere Alternative hält.

Ab 50 schmilzt das Polster Zeit, das man bei Aktienfonds zum Ausgleich einer Baisse braucht, rasch dahin. Hier sollte man sich folglich schon auf einen günstigen Zeitpunkt konzentrieren, um von Aktienfonds teilweise in vergleichsweise stabile Anlagen wie Mischfonds oder kurzlaufende Rentenfonds (international, weil national anlegende Rentenfonds generell uninteressant) umzuschichten. Mit zunehmendem Alter hat die Stabilität (vergleichsweise geringe Wertschwankungen) der Vermögensanlage Vorrang.

Denken Sie an die Regel 100 minus Lebensalter in Aktienfonds. Wenn Sie also etwa acht bis fünf Jahre vor dem Beginn der Rente für Ihren oder Ihre Aktienfonds eine gute Wertentwicklung feststellen, dann ist es Zeit, einen Teil der Fondsanteile an die Fondsgesellschaft zurückzugeben und mit dem dafür erhaltenen Geld weniger volatile, also weniger im Wert schwankende Fonds zu kaufen. Hierfür bieten sich Geldmarktfonds ebenso wie Garantiefonds an. Beim Garantiefonds ist darauf zu achten, daß dessen Laufzeit etwa dann enden sollte, wenn das Rentenalter beginnt.

Senior

Im Idealfall hat der Senior bestenfalls noch ein Drittel seines Geldes in Aktienfonds (100 minus 60/65), den größten Teil in Geldmarktfonds. Aus diesem Fonds kann dann über die Vereinbarung eines Auszahlplans monatlich ein bestimmter Betrag zufließen. Mit dem weiter in Aktienfonds liegenden Teil des Geldes wird wie schon früher ein günstiger Zeitpunkt für den Verkauf der Anteile abgewartet. Der erhaltene Betrag geht zur Auffüllung oder Verbesserung des Auszahlplans wieder in einen Geldmarktfonds.

Bedenken Sie: Als 60jähriger haben Sie noch eine durchschnittliche Lebenserwartung von rund 24 Jahren; als Frau 28 Jahre. Wenn Sie folglich als Rentner nach dem Prinzip »100 minus Lebensalter« zumindest noch mit einem Teil ihres Vermögens in Aktienfonds investiert sind, wird das zur Verfügung stehende Geld länger vorhalten bzw. für eine höhere private Zusatzrente sorgen.

Verbrauchs-Planung mit 3 Prozent Zinsen *In Jahren (J) und Monaten (M)*					
Soviel bekommen Sie monatlich in DM	**So lange hält Ihr Startkapital von**				
	10 000 DM	**50 000 DM**	**100 000 DM**	**200 000 DM**	**500 000 DM**
200	4J, 5M	32J,4M			
300	2J, 11M	17J,10M	58J		
400	2J, 2M	12J, 5M	32J, 4M	Schon die Zinsen reichen aus. Das Kapital bleibt erhalten.	
500	1J,9M	9J,7M	22J,11M		
1000	10M	4J, 7M	9J, 5M	22J, 11M	
1500	7M	2J, 11M	6J, 1M	13J, 5M	58J
2000	5M	2J, 2M	4J,5M	9J. 7M	32J, 4M
2500	4M	1J, 9M	3J, 6M	7J, 5M	22J, 11M
3000	3M	1J, 5M	2J, 11M	6J, 1M	17J, 10M
3500	3M	1J, 3M	2J, 5M	5J, 2M	14J, 7M

Tabelle 38: Verbrauchs-Planung für scharfe Rechner 1.

Verbrauchs-Planung mit 5 Prozent Zinsen *In Jahren (J) und Monaten (M)*					
Soviel bekommen Sie monatlich in DM	**So lange hält Ihr Starkapital von**				
	10000DM	**50000DM**	**100000DM**	**200000DM**	**500000DM**
200	4 J, 8 M				
300	3 J	23 J, 1 M	Schon die Zinsen reichen aus. Das Kapital bleibt erhalten.		
400	2 J, 2 M	14 J, 6 M			
500	1 J, 9 M	10 J, 8 M	34 J. 2 M		
1000	10 M	4 J, 8 M	10 J, 8 M	34 J, 2 M	
1500	7 M	3 J,	6 J,6 M	16 J	
2000	5 M	2 J, 2 M	4 J, 8 M	10 J, 8 M	
2500	4 M	1 J, 9 M	3 J, 8 M	8 J, 1 M	34 J, 2 M
3000	3 M	1 J, 5 M	3 J	6 J, 6 M	23 J, 1 M
3500	3 M	1 J, 3 M	2 J, 6 M	5 J, 5 M	17 J, 9 M

Tabelle 39: Verbrauchs-Planung für scharfe Rechner 2.

Verbrauchs-Planung mit 7 Prozent Zinsen *In Jahren (J) und Monaten (M)*					
Soviel bekommen Sie monatlich in DM	**So lange hält Ihr Startkapital von**				
	10000DM	**50000DM**	**100000DM**	**200000DM**	**500000DM**
200	4 J. , 11 M				
300	3 J, 1 M	40 J, 10 M	Schon die Zinsen reichen aus. Das Kapital bleibt erhalten.		
400	2 J, 3 M	17 J, 11 M			
500	1 J, 9 M	12 J, 2 M			
1000	10 M	4 J,11 M	12 J, 2 M		
1500	7 M	3 J, 1 M	6 J, 11 M	20 J, 5 M	
2000	5 M	2 J, 3 M	4 J, 10 M	12 J, 2 M	
2500	4 M	1 J, 9 M	3 J, 9 M	8 J, 10 M	
3000	3 M	1 J, 5 M	3 J, 1 M	6 J, 11 M	40 J, 8 M
3500	3 M	1 J, 3 M	2 J, 7 M	5 J, 9 M	24 J

Tabelle 40: Verbrauchs-Planung für scharfe Rechner 3.

Automatische Umschichtung

Vielen mag es kompliziert erscheinen, Wertpapier-Depots und die Märkte zu beobachten, um dann zu einem günstigen Zeitpunkt aus Aktienfonds umzusteigen. Die Fondsgesellschaften haben hierfür entsprechende Konzepte entwickelt. Zuerst der zur Dresdner-Bank-Gruppe gehörende Deutsche Investment-Trust (DIT) mit seinem seit Februar 1996 nur verhalten angebotenen DIT-Vorsorgeplan. Dann die Deutsche-Bank-Tochter DWS mit dem für die werbemäßige Unterstützung der DWS Investmentrente eingekauften Fußballer Oliver Bierhoff. Danach die Union Investment GmbH mit ihrem Programm Quattro Vorsorge und schließlich die Deka, die Fondsgesellschaft der Sparkassen, mit ihren Concept-Modellen. Alle diese Modelle rücken die Aktie stärker in den Vordergrund und enthalten automatisch vorgenommene Fonds-Umschichtungen.

Die Vorsorgemodelle der Fondsgesellschaften setzen dabei an der Tatsache an, daß Aktien eine vergleichsweise hohe Rendite haben. Diese Renditen werden aber mit einer größeren Volatilität, Wertschwankung der Anlage während der Laufzeit, erkauft. Zu Beginn des Ansparprozesses sind diese Konzepte folglich mit einem vergleichsweise großen Anteil an Aktienfonds ausgestattet, der zum Ende der Laufzeit zugunsten von kursstabileren Rentenfonds abgebaut wird. Damit soll vermieden werden, daß zum Ende der Vertragszeit ein Aktien-Crash den gesamten Sparerfolg gefährdet.

Die Tauschaktionen von Aktien- in Rentenfonds beginnen beim DIT-Vorsorgeplan am frühesten. In der ersten Phase (sechs Jahre bei zwölfjähriger Laufzeit; sieben Jahre bei 15 bis 40 Jahren) werden alle Einzahlungen für den Erwerb des in europäischen Aktien anlegenden Aktienfonds Industria verwandt. Das siebte bis zwölfte Jahr (bei anderen Laufzeiten das achte) stehen im Zeichen der Umschichtung der Industria-Anteile in den Rentenfonds DIT-Eurozins (europäische Anleihen). Gleichzeitig werden die neu eingezahlten Monatsbeträge nur noch für den Kauf des DIT-Eurozins verwandt.

Unabhängig von der Laufzeit wartet das Programm Quattro Vorsorge mit der Umschichtung bis zu den letzten vier Jahren. In der Aufbauphase gehen die monatlichen Einzahlungen in den Aktienfonds UniFonds. In den letzten vier Jahren gehen alle Einzahlungen in einen Rentenfonds, gleichzeitig wird der angesammelte Bestand an UniFonds-Anteilen in den Rentenfonds umgeschichtet. Am Ende liegt das gesamte angesparte Vermögen im Rentenfonds.

Noch ein Jahr länger als die Union wird bei der DWS-Investmentrente mit der Umschichtung von Aktien in den Rentenfonds Inrenta gewartet. Für die Sicherung stehen nur drei Jahre zur Verfügung. Das Ausmaß der Umschichtung wird von der Kursentwicklung in den letzten drei Jahren abhängig gemacht. Bei einer Performance von 30 und mehr Prozent in einem Jahr werden 80 Prozent des in Aktienfonds investierten Vermögens in den Inrenta umgeschichtet. Bei 30 Prozent Wertzuwachs nur 60 Prozent, bei Null oder negativer Performance nichts. Die Chancen der Aktie sollen also noch stärker ausgereizt werden. Als einzige Gesellschaft bietet DWS die Möglichkeit, zwischen dem deutschen Aktienfonds Investa und dem internationalen Akkumula zu wählen.

Von einem erstaunlichen Achtungserfolg berichtet die Union Investment. Bis Mai 1997 wurden innerhalb weniger Monate rund 70000 Quattro-Depots mit einer Anlagesumme von insgesamt mehr als einer Milliarde DM eröffnet. Und weil beim Marktführer DWS sowie seiner Versicherungsschwester Deutscher Herold von einem »Mehrfachen« die Rede ist, meint DWS-Geschäftsführer Christian Strenger derzeit vor allem die Investmentrente seines Hauses, wenn er Fonds als »die vierte Säule der Altersversorgung« bezeichnet.

Was das für die bislang dritte Säule der Altersversorgung, die kapitalbildende Lebensversicherung (KLV), bedeutet? Natürlich eine deutlich verschärfte Konkurrenzsituation mit den Banken und ihren Fondsgesellschaften. Dann aber auch ein Wettlauf der Systeme. Denn während bei Fonds und den Fonds-Konzepten ausschließlich der Anleger das Rendite-Risiko trägt, wird bei der traditionellen KLV ein Ertrag von derzeit noch vier Prozent p. a. garantiert (= quasi ein nicht öffentlicher Rentenfonds mit mäßiger Renditegarantie + Risiko-LV). Was darüber hinausgeht, liegt im Risiko des Anlegers.

Auch den Lebensversicherern ist klar, daß sich Investment- und Versicherungsgeschäft vermischen. Noch versuchen einige, diesen Prozeß mit formalistischen Abgrenzungen zu bremsen. Aber diese Versuche erinnern stark an das Verhalten der amerikanischen Einsenbahngesellschaften bei der Entstehung des Luftverkehrs. Die damals mächtigen Eisenbahngesellschaften lehnten unter der Führung des Großbankiers J.P. Morgan den Einstieg in die Luftfahrt mit dem Argument ab: »Unser Geschäft ist die Schiene.« Die richtige Antwort hätte lauten müssen: »Unser Geschäft ist Transport«; damit auch die Luftfahrt. Und weil ähnlich hierzu das Geschäft der Lebensversicherer nicht bloß Versichern, sondern auch Vermögensverwaltung heißen muß, sollten sich Versicherer mit fruchtlosen Debatten über Aktien-, Rentenanlage oder Lebensversicherung contra Investmentfonds eigentlich nicht mehr beschäftigen. Sondern so entschlossen wie es der Marktführer Allianz macht, beide Bereiche miteinander verbinden.

Sie als Kunde brauchen sich die üblichen Argumente der Assekuranz in der Diskussion nicht anzuhören. Schließlich gibt es bei Investmentfonds generell, und bei den Vorsorge-Konzepten erst recht, ein Fonds-Management, das dafür bezahlt wird, die Wertschwankungen der Anlage zu mildern und innerhalb der entscheidenden Zeitpunkte im Sinne des Anlegers zu agieren.

	DIT-Vorsorgeplan (DIT/Dresdner Bank)	**DWS Investmentrente** (DWS/Deutsche Bank)	**Quattro Vorsorgeplan** (Union Investment)
Allgemeine Bedingungen			
Mindestbetrag	ab 200 DM monatl. oder durch 50 teilbaren Betrag	ab 100 DM monatl.	ab 100 DM monatl.
Laufzeiten	8 Laufzeiten zur Auswahl; mind. 12, max. 40 Jahre	mind. 12 Jahre; keine max. Laufzeit	10 Jahre als minimale Laufzeit empfohlen
Auszahlungsplan	möglich	möglich	möglich
Zusatzversicherung	BU, RisikoLV	keine	keine
Zahlungsvereinbarung	monatl.; Unterbrechung der Zahlung bis 24 Monate	monatl.; Unterbrechung möglich	monatl.; einmalige Zuzahlung möglich
Kündigung	jederzeit	jederzeit	jederzeit
vorgez. Auszahlungen	möglich	möglich	möglich
Kosten			
Depotgebühr	16,10 DM p.a. (inkl. MwSt.)	mind. 9,78, max. 19,55 DM (inkl. MwSt.)	keine
Transaktionskosten	Industria: 5%; DIT-Eurozins: 3%. Bei Umschichtung keine zusätzliche Gebühren.	Investa: 5%; Akkumula: 5%; Inrenta: 2,5%. Nach 5 Jahren »Treubonus« in Form von reduzierten Ausgabeaufschlägen (anhand der Laufzeit 24–50% vom jeweiligen Ausgabeaufschlag). Keine zusätzliche Gebühren	UniFonds: 5%. Keine zusätzlichen Gebühren

	DIT-Vorsorgeplan (DIT/Dresdner Bank)	**DWS Investmentrente** (DWS/Deutsche Bank)	**Quattro Vorsorgeplan** (Union Investment)
Investmentprofil			
Fonds Portfolio	Industria (Aktienfonds); DIT-Eurozins (Rentenfonds)	Akkumula oder Investa (Aktienfonds), Inrenta (Rentenfonds)	UniFonds; Union Rentenfonds
Umschichtung	a) *Einzahlungsphase*: Zunächst ausschließlich in Industria; danach in wachsendem Umfang in DIT-Eurozins. b) *Ablaufoptimierung*: ab Hälfte der Laufzeit Umschichtung des Aktienvermögens in DIT-Eurozins.	a) *Einzahlungsphase:* In den ersten Jahren zu 100 % in die Aktienfonds; drei Jahre vor Vertragsende in Inrenta. b) *Ablaufoptimierung*: Innerhalb der letzen drei Laufzeitjahre Aktienfondsbestand in Rentenfonds Inrenta umgeschichtet.	a) *Einzahlungsphase:* Unifonds. b) *Ablaufoptimierung:* Vier Jahre vor dem Vertragende erfolgt in vier gleich hohen Raten eine Umschichtung in Union Rentenfonds.
Ausschüttungen:	automatische u. kostenfreie Wiederanlage in betr. Fonds	automatische u. kostenfreie Wiederanlage in betr. Fonds	automatische u. kostenfreie Wiederanlage in betr. Fonds

Tabelle 41: Die Vorsorgekonzepte der Fondsgesellschaften.

Aktien turmhoch überlegen				
Aktienfonds				
Fonds	Gesellsch.	seit 1.1. 97 (bis 11.7.97)	seit 1.1.96 (bis 11.7.97)	5 Jahre (bis 31.5.97)
Industria	DIT	35,2	79,7	90,4
Investa	DWS	39,6	83,4	109,4
Akkumula	DWS	28,4	52,2	82,3
UniFonds	Union	39,9	78,3	82,3
AriDeka	Deka	43,3	85,9	77,0
DekaLux Pazifik	Deka	8,3	29,2	–
DekaFonds		45,3	83,1	89,8

Rentenfonds				
DIT-Eurozins	DIT	7,8	29,0	54,3
Inrenta	DWS	4,0	12,0	53,1
UniBond	Union	5,8	14,7	53,4
Deka Bund + SFinanz:1-3	Deka	1,9	6,5	-
Quelle: FINANZEN Investmentfonds; jeweils in Prozent.				

Tabelle 42: Wertentwicklung der in die Vorsorge-Konzepte integrierten Fonds.

Fahrtenbuch für schwindelfreie Anleger

Nachdem Sie all das gelesen haben und vielleicht auch an der einen oder anderen Stelle zustimmend genickt haben, steht die schwierigste Aufgabe an. Wenn die grundlegende Entscheidung schon mal Aktienfonds heißt: Welche Fonds kommen in Frage? Zu der Auswahl der passenden Aktienfonds halten Sie sich ab 1998 an den einfachen Grundsatz: Nur breit anlegende Aktienfonds (Europa oder weltweit) mit einer nachweislich langen Erfolgsgeschichte des Fonds oder der Fondsgesellschaft.[1] Sie sind damit auch gegen die Unwägbarkeiten des Euro bestens abgesichert.

Weil der heranrückende Euro viele Investmentfonds aufs Abstellgleis schieben wird, scheiden jetzt Länderfonds, mit Ausnahme USA, aus. Fonds, die nur in ein EU-Land investieren, zum Beispiel ausschließlich oder überwiegend bloß in deutsche Werte, dürften zu Regionalfonds degenerieren und kommen damit für eine Empfehlung schon jetzt nicht mehr in Frage. In der europäischen Währungsunion verlieren diese Fonds schlicht und einfach ihre Existenzberechtigung, weil Europas Aktienmärkte nach dem Januar 1999 über kurz oder lang zu einem einheitlichen Markt zusammenwachsen werden.

Wenn sich die deutschen Anleger in der Vergangenheit überhaupt für Aktienfonds interessiert haben, dann standen deutsche Aktien stets ganz oben auf der Kaufliste. Dafür gab es auch gute Gründe. Die Erfolge deutscher Unternehmen auf den Weltmärkten und die Stabilität der DM waren auch als eine Art Versicherung gegen allzu große Risiken anzusehen.

1 Sie finden hier nur eine Auswahl aus weit über 100 empfehlenswerten Investmentfonds. Insgesamt werden einige 1 000 angeboten.

Dies trifft aber nicht mehr zu, weil mit dem Start der Europäischen Währungsunion jeder Aktienfonds, der vorwiegend in deutsche, britische oder französische Werte investiert, bald bloß noch als Regionalfonds zu betrachten sein wird. In einem einheitlichen Aktienmarkt werden an die Stelle nationaler Indizes wie Deutscher Aktienindex (Dax) schon bald Europa-Indizes treten.

Wie entwickelten sich vor diesem Hintergrund die großen, schon über viele Jahrzehnte in Deutschland angebotenen Aktienfonds?

Aktienfonds mit internationalem Anlageschwerpunkt				
Fonds	Investment-Gesellschaft	Soviel wurde aus monatlich eingezahlten 100 DM nach		Einmalanlage 1997 (1.1.-12.12.97)**
		10 Jahren	25 Jahren	
Templeton Growth	Templeton	27 272	239 279	29,7 %
Akkumula	DWS	21 761	170 978	25,6 %
FT Interspezial I	Frankfurt-Trust	21 777	142 791	24,5 %
Kapitalfonds Spezial	Gerling Invest.	23 605	142 407	30,3 %
Gerling Dynamik Fonds	Gerling Invest	22 106	137 300	30,0 %
BW-Wartberg-Univer Sal-F.	Universal.	21 885	123 474	28,4 %
Interglobal	DIT	20 669	105 818	28,0 %
Durchschnitt der 15 seit mehr als 25 Jahren angebotenen Fonds in DM			21 185	127 368
Durchschnittl. Rendite in Prozent p.a.			10,93 %*	10,15 %*

** Bei Wiederanlage der Ausschüttung; Kaufgebühr berücksichtigt; Stand: 30. Juni 1997; Quelle: Das Wertpapier Nr. 18/97 nach BVI und FCS Computer-Service, Hürth, und FINANZEN Investmentfonds (**).*

Tabelle 43: Riesige Unterschiede bei Aktienfonds 1.

Aktienfonds mit Anlageschwerpunkt Deutschland				
Fonds	Investment-Gesellschaft	Soviel wurde aus monatlich eingezahlten 100 Mark nach		Einmalanlage 1997 (1.1.–12.12.97)**
		10 Jahren	25 Jahren	
Investa	DWS	27 522	191 626	39,4%
Concentra	DIT	25 869	179 206	41,8%
Adifonds	Adig	24 827	164 282	39,4%
DIT-F. für Vermögens-Bildung	DIT	25 184	163 925	32,1%
DekaFonds	Deka	24 642	158 529	40,1%
UniFonds	Union	24 032	156 644	35,4%
Thesaurus	DIT	23 048	149 848	36,9%
Hauck-Main Universal-Fonds	Universal	24 647	139 306	31,9%
Fondak	Adig	21 247	132 680	31,4%
Privatfonds MI	Metzler Invest	23 684	130 940	41,1%
Ring-Aktienfonds DWS	DWS	27 462	130 625	37,9%
MK Alfakapital	MK	23 007	126 666	41,5%
Durchschnitt der 18 seit mehr als 25 Jahren angebotenen Fonds in DM			24 535	152 023
Durchschnittl. Rendite in Prozent p.a.			13,68%*	11,28%*

** Bei Wiederanlage der Ausschüttung; Kaufgebühr berücksichtigt; Stand: 30. Juni 1997; Quelle: Das Wertpapier Nr. 18/97 nach BVI und FCS Computer-Service, Hürth, und FINANZEN Investmentfonds (**).*

Tabelle 44: Riesige Unterschiede bei Aktienfonds 2.

Fazit: Sparpläne mit Aktienfonds bringen ungleich mehr als solche mit Rentenfonds. Selbst ein durchschnittlicher Aktienfonds-Sparplan schlägt die besten Rentenfonds.[2]

2 Die aktuelle Performance aller Fonds liefert die darauf spezialisierte Datenbank von Micropal (Internet: http://micropal.com)

Rentenfonds mit Anlageschwerpunkt Deutschland			
Soviel wurde aus monatlich eingezahlten 100 DM nach			
	10 Jahren	20 Jahren	25 Jahren
Durchschnitt von 30 seit mehr als 25 Jahren angebotenen Fonds in DM	17 496	53 131	84 638
Durchschnittl. Rendite in Prozent p.a.	7,32 %*	7,35 %*	7,48 %*
Rentenfonds mit internationalem Anlageschwerpunkt			
Durchschnitt von 13 seit mehr als 25 Jahren angebotenen Fonds in DM	18 273	59 562	97 156
Durchschnittl. Rendite in Prozent p.a.	8,14 %*	8,33 %*	8,39 %*
** Bei Wiederanlage der Ausschüttung; Kaufgebühr berücksichtigt; Stand: 30. Juni 1997; Quelle: Das Wertpapier Nr. 18/97 nach BVI und FCS Computer-Service, Hürth.*			

Tabelle 45: Rentenfonds mit mäßiger Performance.

Die besten Investmentfonds 1997			
Fonds	Gesellschaft	Performance 97 %	3 Jahre %
Aktienfonds mit Anlageschwerpunkt Deutschland			
DIT-Wachstum	DIT	43,6	105,0
Nürnberger Adig A	Adig	42,3	106,0
DWS Deut. Aktien 0	DWS	37,9	
Nestor Deutschland	Nestor	37,4	
Lux-Linea	Universal	36,3	98,6
Aktienfonds mit Anlageschwerpunkt Europa/international			
DIT-Aktien Europa AF	DIT	63,8	
Thornton UK Sm. Comp.	DIT	55,6	
Deka-Schweiz	Deka	52,3	109,4
DIT-Schweiz	DIT	48,2	116,1
DVG-Helvetia	Deka	46,6	114,6

Rentenfonds mit Anlageschwerpunkt Deutschland			
Deka Bund 8–15	Deka	11,2	
DIT-Kapital plus	DIT	10,9	48,1
DKU-Fonds	Bank Delbrück	10,0	
SMH-Optiplus	SMH	8,8	29,5
Deka Bund 5–8	Deka	7,3	
Gemischte Fonds mit Anlageschwerpunkt Internationale Aktien und Renten			
Plusfonds	Adig	34,8	88,5
Trend-Universal	Universal	33,4	
HIS Schweizer Franken	Deka	33,1	
Veri-Tresor	Veritas	25,3	
DWS-Wandel und Opt.	DWS	25,0	53,6
Quelle: BVI. Wiederanlage der Ausschüttungen unterstellt; Ausgabeaufschläge berücksichtigt. Stand: Ende November 1997.			

Tabelle 46: Die Spitzenreiter 1997.

Alle hier erscheinenden Aktienfonds kommen für ein langfristiges Anlageprogramm in Frage (sofern Ausrichtung Europa oder international). Insbesondere aber der Templeton Growth, der auf staunenswerte Weise eine Erfolgsgeschichte sondergleichen vorweisen kann. »Hätten Sie 1954 in den Templeton Growth Fund 10000 US-Dollar investiert«, erläutert Mark Holowesko, der den Fonds seit rund zehn Jahren managt, »dann wäre Ihre Anlage Ende August 1997 weit über 3,6 Millionen Dollar wert gewesen«. Wer vor 20 Jahren 10000 Dollar in den Templeton Growth Fund investiert hatte, verfügt heute über 200000 Dollar (1902 Prozent oder 16 Prozent p.a.). Bei solchen Ergebnissen werden langfristige Anleger schon verkraften können, daß es auch Jahre gibt, in denen der Fonds weniger gut läuft.

Templetons Stärke bei Aktien gründet auf eine lange, von Prinzipien geprägte Tradition, immer die besten Aktien zu kaufen. »Wenn wir von besten Aktien sprechen, meinen wir beste Werte«, erklärt Holowesko. Und wie der legendäre Sir John Templeton bereits 1950 in Kundenbriefen schrieb, sind darunter Aktien zu verstehen, »deren Preis, gemessen am inneren Wert, extrem niedrig liegt«.

Diesen inneren Wert einer Aktie bestimmen die Analysten aus einer Fülle von Faktoren – Gewinnsituation der vergangenen Jahre, aktuelle Unternehmensgewinne, künftige Gewinnerwartung, Dividende, Qualität des Unternehmens-Managements usw. Aber, so Holowesko: »Unsere Einschätzung des inneren Werts vergleichen wir Monat für Monat mit dem aktuellen Marktpreis.«

Gekauft wird nur, wenn der aktuelle Marktpreis deutlich unter dem inneren Wert liegt. Das damit entstehende Problem, »außerordentlich unpopuläre Aktien zu kaufen«, kennt niemand so gut wie Sir John. Denn nur bei Aktien, die von anderen Anlegern gemieden oder abgestoßen werden, sind gravierende Unterbewertungen möglich. Deshalb erfordert die Templeton-Methode ein großes Maß an Disziplin. Der Investor muß sich auf eine längere Haltedauer einstellen bis der Markt die Unterbewertung bemerkt und sie allmählich ausgleicht.

Damit zeigt selbst ein Top-Fonds wie der Templeton Growth, daß es so etwas wie den jederzeit besten Investmentfonds nicht gibt und auch nicht geben kann. Das sollten Sie immer berücksichtigen. Lassen Sie sich zu keinem Zeitpunkt von der »gefährlichen Gier nach noch mehr Rendite« überwältigen. Und weil die Hausse von heute immer schon die Baisse von morgen ankündigt: Haben Sie Mut, zu einem für Sie bereits profitabel erscheinenden Zeitpunkt Ihre Fondsanteile abzugeben, die Gewinne mitzunehmen und damit auch auf künftig vielleicht noch mögliche Gewinne zu verzichten. Diese Fähigkeit zum Verzicht muß nun zu Ihrer mentalen Ausrüstung für die Neuzeit der Altersversorgung gehören.

Deshalb: Betrachten Sie den, der Ihnen erzählt, er habe in der Hausse durch Pokern noch einige zusätzliche Prozentpunkte herausgeholt, als Hasardeur. Aber: Mit der Einstellung eines Hasardeurs wird es Ihnen weder gelingen, die neuen Spielregeln der Altersversorgung zu verstehen noch aus diesen Regeln für Sie selbst das Beste zu machen.

Literaturverzeichnis

Empfehlenswerte Bücher (Auswahl, nur deutschsprachige bzw. in Übersetzung vorliegende Titel)

Hans Ambros: Virtual Reality – Virtual Banking, Wien 1995 (Betriebswirtschaftliche Schriftenreihe des Hauptverbandes der österreichischen Sparkassen).

Robert Beer: Wie verdiene ich am Euro? Die DM-Dämmerung, Düsseldorf, Regensburg 1997.

Albert Bruer (Hrsg.): Terrence Deal, Allan Kennedy: Unternehmenserfolg durch Unternehmenskultur, Bonn 1987.

Micha Brumlik, Hauke Brunkhorst (Hrsg.): Gemeinschaft und Gerechtigkeit, Frankfurt a.M. 1993.

Alexander Burger: Deregulierungspotentiale in der gesetzlichen Rentenversicherung. Reformnotwendigkeiten versus Reformmöglichkeiten, Frankfurt a.M. 1996.

Anke Dembowski: Profi-Handbuch Investmentfonds. Regensburg, Bonn 1997.

Amitai Etzioni: Die faire Gesellschaft. Jenseits von Sozialismus und Kapitalismus, Suttgart 1994 (Original: New York 1988).

Peter Fehrenbach: An Investmentfonds verdienen, Freiburg 1994.

Peter Fischer: Die Selbständigen von morgen. Unternehmer oder Tagelöhner?, Frankfurt a.M. 1995.

Manfred Gburek: Fit für Fonds. Ein Branchenführer für Anleger und Insider, Wiesbaden, 1996.

Birgit Godehardt, Andrea Worch, Günter Förster: Teleworking. So verwirklichen Unternehmen das Büro der Zukunft, Landsberg/Lech 1997.

John Hagel III, Artuhr G. Armstrong: NetGain. Profit im Netz, Märkte erobern mit virtuellen Communities, Wiesbaden 1997.

Heinz-Rüdiger Huly, Stefan Raake: Marketing Online. Gewinnchancen auf der Datenautobahn, Frankfurt a.M. 1995.

Kurt Junker: Insidergeschäfte. Vorsicht vor den Tricks der Banken, München 1993.

Bernd Klöckner: Mehr Geld für's Alter. Vermögensaufbau für scharfe Rechner, Frankfurt/New York 1995. Hans-Ulrich Klose (Hrsg).: Altern der Gesellschaft, Köln 1993.

Uwe Lang: Der Aktien-Berater. Kritische Einführung für den Anfänger und ein Rezeptbuch für den Erfahrenen, Frankfurt/New York 1977 (= 9. Aufl.).

Martin Lechner, Michael Keppler: Investieren in Emerging Markets. Chancen und Risiken der aufstrebenden Börsenplätze. Strategien für die Geldanlage, Landsberg/Lech 1996.

Peter Lynch, John Rothchild: Der Börse einen Schritt voraus, Kulmbach. 1990 (Orig.: New York 1989).

Peter Lynch, John Rothchild: Aktien für alle. So verdienen Privatanleger an der Börse. Kulmbach 1994 (Orig.: New York 1993).

Hans-Peter Martin, Harald Schumann: Die Globalisierungsfalle. Der Angriff auf Demokratie und Wohlstand, Reinbek bei Hamburg 1996.

Frank Mattern, Werner G. Seifert, Clara C. Streit, Hans-Joachim Voth: Aktie, Arbeit, Aufschwung. Wie der Finanzplatz Wirtschaft und Gesellschaft wieder in Schwung bringt, Frankfurt/New York 1997.

Peter Matthies: Telearbeit. Das Unternehmen der Zukunft. Umwälzungen in der Arbeitswelt, Haar bei München 1997.

Meinhard Miegel, Stefanie Wahl: Das Ende des Individualismus. Die Kultur des Westens zerstört sich selbst, München 1993.

Nicholas Negroponte: Total Digital. Die Welt zwischen 0 und 1 oder Die Zukunft der Kommunikation, München 1995.

Oswald Neuberger, Ain Kompa: Wir die Firma. Der Kult um die Unternehmenskultur, Weinheim und Basel 1987.

Thomas Pelkmann, Reinhild Freitag: Business-Lösungen im Internet. 25 deutsche Unternehmen berichten, Feldkirchen 1996.

Michael F. Price: Power Bankers. Vertriebsstrategien erfolgreicher Banken, Wiesbaden 1994 (Orig.: New York 1992).

Erich Priewasser: Die Priewasser-Prognose. Bankstrategie und Bankmanagement 2009, Frankfurt a. M. 1994.

Jürgen Rochlitz: Die individuelle Vermögensplanung. Profiwissen für private Geldanlager, Frankfurt/New York 1977.

Anthony Sampson: Geldmacht Geld – Der neue Reichtum in West und Fernost, Hamburg 1990.

Jörg Staute: Das Ende der Unternehmenskultur. Firmenalltag im Turbokapitalismus, Frankfurt/New York 1997.

Reinhard Schmidt-Tobler, Malte Nehls: Illusionen für Millionen. Die deutschen Lebensversicherungen auf dem Prüfstand, Hamburg 1997.

Jack D. Schwager: Magier der Märkte. Interviews mit Top-Tradern der Finanzwelt, Kulmbach 1997, 2 Bde.

Werner Schwanfelder: Aktien für Einsteiger. Schritt für Schritt zum Anlageerfolg, Frankfurt/New York 1977.

Achim Seffen: Sozialfibel – Das System der sozialen Sicherung in Deutschland und die Reformvorschläge, Köln 1995.

Ulrich A. Wever: Unternehmenskultur in der Praxis. Erfahrungen eines Insiders bei zwei Spitzenunternehmen, Frankfurt a. M. 1989.

Egon Wachtendorf: Kursbuch Investmentfonds. Optimale Anlagestrategien, Frankfurt a. M. 1997 (Orig.: Düsseldorf 1994).

Stichwortregister

Angaben zum Autor

Der Autor: Albert Bruer ist seit 1977 in der Beratung von Unternehmen und journalistisch tätig. Nach dem Studium der Geschichte, Politik und Jura in München (M.A., Dr.Phil.) war er u. a. Pressesprecher Bundesverband Deutscher Zeitungsverleger, Bonn, und Ressortleiter Management bei der Wirtschaftswoche in Düsseldorf; danach in leitender Funktion bei einer Vermögensverwaltungsgesellschaft in München. Seit Ende 1991 ist er in München als Unternehmensberater für Marketing/Kommunikation und Autor selbständig. Chefredakteur und Mitgründer der in Düsseldorf erscheinenden Zeitschrift »KURS, Monatszeitschrift für die Finanzdienstleistung« (eine Publikation der Handelsblatt Gruppe). Veröffentlichungen in nahezu allen namhaften deutschen Wirtschaftsblättern insbesondere zu den Themen: Unternehmensführung, Finanzen.

Buchveröffentlichungen (u. a.): »Unternehmenserfolg durch Unternehmenskultur«, mit Terrence Deal (Harvard Graduate School of Education) und Allan Kennedy (McKinsey & Co.), Bonn 1987. »Geschichte der Juden in Preußen«, Frankfurt a.M.1991. »Lassen Sie Ihr Geld für sich arbeiten«, mit Gerhard Mahler, Düsseldorf 1993.